Estrutura da Antiga Sociedade Portuguesa

Título original:
Estrutura da Antiga Sociedade Portuguesa

© Maria Teresa Ferreira Magalhães Godinho Leite de Noronha
e Maria Isabel Ferreira Magalhães Godinho, 2019

Revisão: Grupo Almedina

Capa: FBA

Depósito Legal n.º

Biblioteca Nacional de Portugal – Catalogação na Publicação

GODINHO, Vitorino Magalhães, 1918-2011

Estrutura da antiga sociedade portuguesa. - (História e sociedade)
ISBN 978-972-44-1729-5

CDU   94(469)

Paginação:
João Jegundo

Impressão e acabamento:

para
EDIÇÕES 70
em
Setembro de 2019

Direitos reservados para todos os países de língua portuguesa

EDIÇÕES 70, uma chancela de Edições Almedina, S.A.
LEAP CENTER – Espaço Amoreiras
Rua D. João V, n.º 24, 1.03
1250-091 Lisboa – Portugal
e-mail: editoras@grupoalmedina.net

www.edicoes70.pt

Esta obra está protegida pela lei. Não pode ser reproduzida,
no todo ou em parte, qualquer que seja o modo utilizado,
incluindo fotocópia e xerocópia, sem prévia autorização do Editor.
Qualquer transgressão à lei dos Direitos de Autor será passível
de procedimento judicial.

Vitorino Magalhães Godinho

Estrutura da Antiga Sociedade Portuguesa

Nota da editora

Nesta edição de *Estrutura da Antiga Sociedade Portuguesa*, a Edições 70 manteve a grafia adotada por Vitorino Magalhães Godinho nas edições anteriores (e, de um modo geral, em todas as suas obras), cumprindo assim a vontade expressa do autor. A grafia utilizada baseia-se na Reforma Ortográfica de 1911, com algumas modificações. É, em especial, dada atenção à contribuição de Rebelo Gonçalves, no Vocabulário Ortográfico da Língua Portuguesa publicado em 1940, pela Academia das Ciências de Lisboa. Neste sentido, a editora respeitou também as idiossincrasias do autor, bem como o seu estilo de pontuação.

Índice

Vitorino Magalhães Godinho e a questão da escravatura 13
    DIOGO RAMADA CURTO

Prólogo 29

PRIMEIRA PARTE
TENTATIVA DE ANÁLISE

I. EVOLUÇÃO DEMOGRÁFICA E URBANIZAÇÃO 35
1. A população 35
2. As cidades e os campos 40

II. A CONSTANTE FUGA DAS GENTES 55

III. A ESTRUTURA SOCIAL DO ANTIGO REGIME 75
1. Estratificação social e discriminações 75
2. Os três estados ou ordens 85
3. Composição social e factores de evolução 100

IV. A ECONOMIA AGRÍCOLA E MERCANTIL FRENTE
    À REVOLUÇÃO INDUSTRIAL 111
1. Revolução Industrial e Revolução Agrícola 111
2. Caminhos da industrialização e da modernização agrícola 116
3. Mercantilismo e industrialização 123

V. AS TRÊS IMPOSSIBILIDADES DO SÉCULO XIX
    PORTUGUÊS 129
1. A industrialização falhada 129
2. A irrealizada sociedade burguesa 134
3. Uma cultura sem eficácia social 139

10 | ESTRUTURA DA ANTIGA SOCIEDADE PORTUGUESA

VI. PERSISTÊNCIAS E TRANSFORMAÇÕES NUM MUNDO
MUDADO (SÉCULOS XIX-XX).. 147

SEGUNDA PARTE
ANTOLOGIA: PONTOS DE VISTA E FONTES

Ritmos da história social económica portuguesa
segundo Jaime Cortesão.. 173
Os cinco estados em que se divide a sociedade no século xv........ 191
Categorias sociais e hierarquia de vestuário 1472-1482............. 193
Em defesa da sociedade senhorial, contra a mercantilização,
em fins do século xv, começos do xvi.................................... 196
Comparação de Lisboa com Milão em 1546............................. 198
Os modos de vida na sociedade de Antigo Regime.................... 199
Um rico desafia as autoridades em São Tomé no século xvi....... 200
Os grupos sociais no Brasil no começo do século xvii............... 201
Composição profissional da população de Coimbra
em 1610-1613.. 203
A preferência pelos bens de raiz e o não-incentivo
ao investimento.. 205
Ostentação e prodigalidade: valores da classe nobre – 1578...... 206
Quem pertence à fidalguia e à nobreza.................................... 210
Quem no século xvii segue estudos universitários..................... 214
E o que estuda na Universidade.. 215
A inquisição contra a burguesia.. 215
O baixo nível de vida das classes populares............................. 216
O baixo nível de vida das classes populares
(uma aldeia do Minho em 1919).. 221
Os emigrantes (por Jaime Cortesão)....................................... 222
A mão-de-obra ínfima: ideologia e realidades.......................... 224
Os negros na população lisboeta... 229
Diferenças regionais.. 231
Lutas de poderosos e motim popular....................................... 235
O povo luta contra a apropriação de pinhais............................ 237
No rescaldo da Patuleia... 238
A afirmação dos valores burgueses – 1834.............................. 239
A negação romântica dos valores burgueses – Garrett 1843-1853 .. 244

ÍNDICE

A civilização burguesa implica a existência do povo
na cidadania e no direito ao trabalho 247

O Porto em 1855 – geografia social (Júlio Dinis) 249

O trabalho dos menores nas fábricas por alturas de 1860-1865
(Silva Pinto) 251

Orientação de leituras 255

Índice geográfico 275
Índice onomástico 279
Índice temático 283

Vitorino Magalhães Godinho
e a questão da escravatura

Diogo Ramada Curto

No centenário do nascimento de Vitorino Magalhães Godinho, é fácil derrapar no elogio fácil ou, no extremo oposto, na contestação deste ou daquele argumento. Confesso que, durante os meus anos de aprendizagem junto do mestre, sempre preferi o caminho da frontal provocação. Bastava, é claro, referir, à sua frente, alguns nomes e, a partir deles, evocar os seus respectivos programas para suscitar a discussão. Assim acontecia, sobretudo, com um conjunto de intelectuais franceses, a começar por Claude Lévi-Strauss, Michel Foucault, Pierre Bourdieu ou o mais novo dos quatro, Roger Chartier. Quaisquer destes autores puseram em causa as análises estruturais e o projecto de uma história total, tal como foram propostos por Lucien Febvre e Fernand Braudel, que Magalhães Godinho adoptara como guias das suas investigações, ainda antes de partir para França. Considerando, note-se bem, ter sido discípulo do primeiro e colega do segundo, como várias vezes nos repetiu.

Repare-se também que a reacção a tais provocações nada tinha de novo. Em 1968 – quase dez anos decorridos desde que defendera o seu Doutoramento de Estado na Sorbonne, na situação em que se encontrava, fora da universidade portuguesa por ter sido demitido pela segunda vez por razões de perseguição política – escrevera, contra os que punham em causa o seu projecto de fazer história: «Discuta-se Lévi-Strauss, Barthes, tudo quanto se queira: mas faça-se a análise estrutural da nossa sociedade, da nossa economia, das nossas maneiras de sentir, pensar e de nos comportarmos.»[1] De qualquer

---

[1] V. M. Godinho, *Ensaios*, vol. 1 – *Sobre História de Portugal* (Lisboa: Livraria Sá da Costa Editora, 1968), p. XI.

14 | ESTRUTURA DA ANTIGA SOCIEDADE PORTUGUESA

modo, será inútil vir agora a terreiro, para reconstituir o sentido de tais provocações – tão escusado quanto o exercício mais ou menos hagiográfico que consistiria em fazer-lhe o elogio – e repetir a classificação das suas acções, distribuindo-as pela investigação, o ensino e a intervenção cívica.

O exercício que me proponho realizar é de outro teor. Ou seja, não se trata nem de elogiar o mestre a quem tantos, entre os quais me incluo, são devedores de muitas lições acerca da maneira de fazer história, e não só, também acções de vida e de consciência cívica; nem de uma provocação baseada num confronto, tal como todos os que lhe fomos próximos tentámos, numa evidente luta de gerações. O objectivo deste exercício, de carácter assumidamente analítico, consiste em procurar situar a relevância da escravatura ou, mais precisamente, da mão de obra e do tráfico de escravos no interior da obra de Magalhães Godinho. O problema colocado por uma análise deste tipo – e que, por isso mesmo, servirá de fio condutor – diz respeito ao peso atribuído à escravatura, no interior de um processo mais vasto de expansão e de construção de um império colonial.

Definido o objectivo e formulado o problema, mesmo que de forma sumária, será necessário começar por enunciar alguns obstáculos. A primeira barreira diz respeito ao facto de este exercício se mostrar contrário à preocupação englobante, orientada sobretudo para a percepção das grandes estruturas, que percorre toda a obra de Magalhães Godinho. Ao particularizar um único aspecto, o da escravatura, não estaremos a ir no sentido contrário ao da intenção do mestre? Ora, no decurso da própria análise, julgo que será possível demonstrar que a questão da mão-de-obra e do tráfico de escravos está por todo o lado, sendo difícil de acantonar numa gaveta, devido ao facto de manter relações constantes com as mais diversas estruturas económicas e sociais. Aliás, a preocupação em perceber conjuntos, denominados «complexos histórico-geográficos», a uma escala macro e nos diversos ritmos temporais, a começar pela longa duração, correspondeu, no trabalho de Magalhães Godinho, a um constante esforço.

VITORINO MAGALHÃES GODINHO E A QUESTÃO DA ESCRAVATURA | 15

Antes de mais, refiro-me às sucessivas tentativas de elaboração de planos, arrumados sempre em função da apreensão de estruturas dinâmicas, e destinados a responder a ideias de conjunto, capazes de englobar o todo sob a égide do económico e social. Nesta sequência, repare-se no facto de a obra de Godinho ser atravessada por constantes reformulações, revisões e aperfeiçoamentos. Os quatro volumes de *Ensaios*, a que se seguiram dois de *Estudos e Ensaios*. A nova terceira parte que a primeira edição em português de *Os Descobrimentos e a Economia Mundial* acrescentou à edição francesa (existindo uma quarta parte, segundo Joaquim Romero Magalhães, relativa aos aspectos culturais que chegou a ser pensada, mas que não se concretizou). As quatro edições de *Estrutura da Antiga Sociedade Portuguesa*, com uma última em 1980 e que não voltou a ser publicada, livro que resultou de um «trabalho analítico» mais vasto, inicialmente concebido como *Estrutura e Conjuntura da Economia Portuguesa, Séculos XV-XIX*, em vários volumes, onde se trataria, «sempre que possível estatisticamente, as finanças públicas, os movimentos de preços e comerciais, as viragens estruturais e suas relações com a política económica, algumas ideologias, a textura das relações fundamentais da sociedade»[2]. A composição de *Mito e Mercadoria, Utopia e Prática de Navegar*, que aproveita e reorganiza textos publicados anteriormente.

Em todas essas obras prevalece a ideia de um plano de conjunto, acompanhado pela sua permanente revisão e melhoramento. Depois, na organização de todos esses planos e abordagens de conjunto, Godinho explicitou as suas filiações intelectuais, tal como sucedeu em relação a Sérgio, Cortesão, Veiga Simões ou Duarte Leite, ou como teve o cuidado de fazer em relação aos referidos historiadores franceses e a outros que tanto prezava, como todos os que praticaram

---

[2] Idem, entrevista conduzida por António Borges Coelho, *Seara Nova*, n.º 1480 (Fevereiro 1969), p. 56. Parte dos objectivos enunciados foi apresentada por Godinho em *Introdução à História Económica* (Lisboa: Livros Horizonte, 1970).

16 | ESTRUTURA DA ANTIGA SOCIEDADE PORTUGUESA

uma história económica fundada na reconstituição de séries de preços (Hamilton, Labrousse, Meuvret, etc.)[3]. Fê-lo, estou convencido, de forma militante, tal como se através de tais referências ficasse assinalada a sua inserção numa espécie de trabalho colectivo que tanto prezava. Por último, o estudo das estruturas incluía uma particular atenção aos ritmos temporais que se sobrepunham: do tempo longo e das curvas de preços, à necessidade de estabelecer periodizações e assinalar mudanças, das inércias associadas a arcaísmos e persistências de antigo regime a uma constante atenção aos factores de modernização.

Um primeiro momento da história económica e social

Dois livros iniciais balizaram um primeiro momento de construção de uma obra, correspondendo a sua feitura ao período anterior à partida para França: *A Expansão Quatrocentista Portuguesa: Problemas das origens e da linha de evolução* (Lisboa: Empresa Contemporânea de Edições, 1944) e *História Económica e Social da Expansão Portuguesa*, t.º I (Lisboa: Terra Editora, 1947). Através dessas duas obras, será possível reconstituir meia dúzia de directrizes de um programa de investigação que começava a ser cumprido: (i) em primeiro lugar, pretendia-se fazer uma história económico-social do processo da expansão europeia e das grandes transformações que provocara, sem com isso descurar o ponto de vista dos próprios europeus; (ii) em segundo lugar, impunha-se estudar, também na perspectiva económico-social, os continentes não europeus até à expansão europeia, tomando em linha de conta o «ponto de vista dos indígenas com que os

---

[3] Idem, *idem*, p. 185. Tentativas de organização de tais listas de autores, que indicam inserção e gosto pelo trabalho colectivo são extensivas à historiografia brasileira, conforme se pode ver em Idem, *Ensaios*, vol. I, *op. cit.*, p. 289.

VITORINO MAGALHÃES GODINHO E A QUESTÃO DA ESCRAVATURA | 17

europeu contactaram»[4]; (iii) em qualquer destes casos, existe uma preocupação pelas fontes – muitas delas a dormir «o sono dos arquivos, praticamente inacessíveis a quem se aventura a querer ascender a uma visão de conjunto»[5] – conforme já começara a demonstrar com a publicação dos *Documentos sobre a Expansão Portuguesa* (Lisboa: Gleba, 1943, 1945, 1956); (iv) depois, haveria que considerar tanto uma preocupação pela história de Portugal, a começar pelas suas estruturas económicas, a desenvolver sempre a par de uma outra respeitante à história universal; (v) bem como uma directriz mais interdisciplinar, segundo a qual seria preciso articular a história económica e social com a aprendizagem da economia e da sociologia, isto é, trata-se de defender a todo o custo o projecto de uma «historiografia com fundo sociológico», uma «historiografia de base sociológica, porque científica»[6]; (vi) uma última directriz assume a forma de combate e de crítica, incluindo a denúncia frontal, tantas vezes desqualificada através da sua redução ao gosto pela polémica.

Exemplo de uma atitude militante por uma história preocupada em compreender os grandes conjuntos da história universal e, por isso mesmo, capaz de criticar as perspectivas

---

[4] Idem, *História Económica e Social da Expansão Portuguesa*, t.º I (Lisboa: Terra Editora, 1947), p. 10. Um dos pontos mais altos da atenção dada por Godinho à relevância das sociedades e economias não europeias encontra-se, mais tarde, na explicação acerca da crise do ouro da Mina e da Guiné, quando pôs a tónica não tanto na concorrência europeia pelos mercados africanos, mas nos conflitos que opunham os comerciantes magrebinos aos negros que procuravam controlar os mercados sahelianos, mas não contavam com o apoio do império sonrhai do Gao; era neste quadro que os portugueses viam a sua influência diminuir, pois «a presença xerifiana em Tombuctu e em Gao, um império estendendo-se do Mediterrâneo às margens do Senegal e do Níger, que sombria ameaça não representava para as feitorias e resgates portugueses no litoral atlântico!», Idem, *Os Descobrimentos e a Economia Mundial*, vol. 1 (Lisboa: Arcádia, 1963-1965), pp. 193-202, *maxime* p. 201.

[5] Idem, *idem*, pp. 10-11.

[6] V. M. Godinho, *Comemorações e história (A Descoberta da Guiné)* (Lisboa: Seara Nova, 1947), pp. 50, 51.

18 | ESTRUTURA DA ANTIGA SOCIEDADE PORTUGUESA

mais míopes, encontra-se, por exemplo, no prefácio que Godinho escreveu para a *História Económica da Grécia* de Gustavo Glotz (1946; intitulada em francês *Le Travail en Grèce: histoire économique de la Grèce*, Paris: Félix Alcan, 1920), bem como nalgumas das notas à tradução portuguesa de Gordon Childe, *O Homem faz-se a si próprio* (1947), ambas as obras integradas na série «A Marcha da Humanidade» das Edições Cosmos[7]. No interior das tentativas destinadas a dar a conhecer os caminhos de uma história universal, para assim quebrar com o provincianismo de uma história nacional, multiplicavam-se os quadros de conjunto.

O tratamento da escravatura, enquanto mercadoria associada a formas de exploração económica e social, impunha-se.[8] E não adiantava escamotear estas mesmas realidades para continuar a alimentar mitos de celebração dos heróis. Talvez por

---

[7] Gordon Childe, *O Homem faz-se a si próprio: o progresso da Humanidade desde as suas origens até ao fim do Império Romano*, trad. e notas de Vitorino Magalhães Godinho e Jorge Borges de Macedo (Lisboa: Cosmos, 1947), p. 170 [onde, em nota, Godinho opõe, à interpretação do autor acerca da escravatura, uma ideia sugerida por Jacques Pirenne]. Pela mesma época, Antonino de Sousa e Flausino Torres fizeram um uso extenso das obras de Glotz, num livro intitulado *Primeiro Império Comercial*, vol. I – *Evolução Política e Social* (Lisboa: Empresa Contemporânea de Edições, 1946), pp. 207-208. Quatro aspectos da obra de Glotz afiguravam-se relevantes, aproximando-se de algumas das preocupações de Magalhães Godinho: (i) a emigração para as colónias gregas tinha como motivos capitais razões de natureza económica, *idem*, p. 43; (ii) a expansão colonial ia a par da «formação de uma classe de mercadores», *idem*, pp. 49, 62-63; (iii) esta última entrou em conflito com a «aristocracia agrária», tendo em vista decidir a direcção da sociedade, *idem*, pp. 49, 201; (iv) uma sociedade mais comercial e rica favorece a democracia, conforme se comprovava através do exemplo da Grécia antiga e do século xx, «é o que sucede tanto na democracia comercial grega como nas democracias capitalistas do século xx», *idem*, p. 65. Godinho retomou a obra de Glotz e explicou as suas teses, bem como as críticas que lhe foram feitas por Hasebroek e Rostovtzeff, em *Introdução à História Económica* (Lisboa: Livros Horizonte, 1970), pp. 42-46.

[8] V. M. Godinho, *A Expansão Quatrocentista Portuguesa: Problemas das origens e da linha de evolução* (Lisboa: Empresa Contemporânea de Edições, 1944), pp. 113-114.

isso mesmo, com o propósito claro de desfazer tais mitos, num texto que tem mais o formato de um manifesto sobre as Comemorações da Descoberta da Guiné, contra Avelino Teixeira da Mota, Godinho tenha recorrido a uma linguagem bem directa, pelo menos em duas passagens para sustentar que não mais seria possível repetir as histórias fantasiosas de um Infante D. Henrique, caracterizadas por um quadro tão simples de luta pela Fé e pelo sonho de dar novos mundos ao mundo, pois uns «impertinentes [entre os quais Godinho se incluía, ao lado de Duarte Leite] lembraram-se de estudar as fontes em vez de se masturbar[em] em glórias»; ou, mais adiante, desferindo contra os mitos alimentados pelo mesmo Teixeira da Mota: «E que treta é essa do bom tratamento dos escravos!»[9]

Flausino Torres escreveu então uma das críticas mais duras de uma obra de Magalhães Godinho. A respeito da *História Económica e Social da Expansão Portuguesa*, t.º 1.º (Lisboa: Terra Editora, 1947), considera que dois dos seus propósitos não são alcançados: por um lado, o europocentrismo não é banido do estudo sobre Marrocos, porque apenas se atende ao modo com o os europeus exploraram e dominaram outras sociedades; por outro lado, porque a intenção de se passar da descrição à explicação não é alcançada, porque não se explica a relação entre as classes sociais e a sua mentalidade, nem se procura entender o modo como esses grupos sociais se escalonam ou se foram sobrepondo na hierarquia social da época. Mais concretamente, acusa Flausino Torres, não se expõe «a situação do escravo e da mulher» e nada diz acerca da «vida social dos trabalhadores, além da referência apressada à organização dos moços de fretes de Fez»[10]. Como interpretar o azedume desta crítica, proferida por parte de quem tinha ingressado no Partido Comunista e andava na órbita de Bento de Jesus Caraça? Mera dissenção de um comunista em relação

---

[9] V. M. Godinho, *Comemorações e história...*, *op. cit.*

[10] Flausino Torres, recensão de Vitorino Magalhães Godinho, *História Económica e Social da Expansão Portuguesa*, t.º 1.º (Lisboa: Terra Editora, 1947), *Seara Nova*, vol. I, fasc. II (Junho 1948), pp. 112-114.

20 | ESTRUTURA DA ANTIGA SOCIEDADE PORTUGUESA

a quem o não era? Manifestação de rivalidade no seio de um círculo intelectual ligado à Cosmos, onde Godinho acabou por desempenhar o papel de sucessor?

O certo é que, na década de 1950, a presença de Godinho em França e o seu labor como historiador do Império Português decorreram a par das lutas anti-coloniais, organizadas a partir de França, da Grã-Bretanha e dos Estados Unidos. Por exemplo, em 1955, na revista *Présence Africaine*, Mário Pinto de Andrade, sob o pseudónimo de Buanga Fele, escreveu um importante artigo onde criticou a ideologia colonial portuguesa do luso-tropicalismo. Considerou-a uma impostura. No seu entender, Gilberto Freyre baseara-se numa «falsa interpretação da génese da expansão marítima portuguesa», a ela contrapôs precisamente a visão fornecida por Magalhães Godinho, quando este escreveu: «Os portugueses construíram no século XVI um império comercial cuja alma eram as especiarias; a sua razão, a pirataria e o saque; os seus nervos, os canhões.»[11]

As duas edições de *Os Descobrimentos e a Economia Mundial*

Tendo defendido a sua tese em 1959, Magalhães Godinho ensinou, entre 1960 e 1962, na antiga Escola Colonial, integrada na Universidade Técnica em Setembro de 1961. Foi demitido por ter apoiado o movimento estudantil e denunciado, pela sua incompetência, o mentor da referida escola, Adriano Moreira, que servia então como Ministro do Ultramar, durante o período em que Manuel Lopes de Almeida era Ministro da Educação. Depois, Godinho viveu, durante quase uma década, do seu trabalho como autor e das suas colaborações em diferentes projectos editoriais. As duas edições da tese defendida inicialmente em francês e publicada com o título

---

[11] Mário Pinto de Andrade, «Qu'est que c'est le Luso-Tropicalisme?», *Présence Africaine*, n.º 4 (1955), pp. 24-25 [tradução portuguesa «O que é o Lusotropicalismo?», in Aquino de Bragança e Immanuel Wallerstein, *Quem é o Inimigo?*, vol. I (Lisboa: Iniciativas Editoriais, 1978), pp. 225-233].

VITORINO MAGALHÃES GODINHO E A QUESTÃO DA ESCRAVATURA | 21

L'Économie de l'Empire Portugais aux XVe et XVIe siècles (Paris: S.E.V.P.E.N, 1969) e, em português, com um enorme aparato gráfico e em grande formato, *Os Descobrimentos e a Economia Mundial*, 2 vols. (Lisboa: Arcádia, 1963-1965, 1971) têm uma enorme diferença, a qual tem sido pouco ou nada notada. É que a edição francesa é composta por duas partes: a primeira sobre moeda e as economias monetárias e pré-monetárias; a segunda respeitante ao comércio das especiarias. Enquanto a edição portuguesa surgiu acrescentada de uma terceira parte intitulada «Economia de subsistência e mão-de-obra».

Vale a pena debruçarmo-nos sobre as três partes que compõem a edição portuguesa e procurar compreender a organização da terceira e última à luz de um diálogo – para não dizer mais propriamente de um confronto – com o primeiro volume, entretanto publicado, de Fernand Braudel, *Civilisation matérielle et capitalisme* (Paris: Armand Colin, 1967)[12]. Tomemos a questão da escravatura africana como fio condutor, pois ela surge desenvolvida, na primeira parte, a respeito dos mercados sudaneses do ouro e resgates da Guiné: «No rio Senegal – por exemplo – o resgate do ouro nunca foi muito importante, ao invés do que se deu com a escravatura.»[13] Mas é sobretudo na terceira parte que a escravatura ocupa um papel central. Ela está presente na análise da fazenda e do engenho, a respeito da produção do açúcar, e a obra encerra com um capítulo que lhe é inteiramente dedicado. Trata-se de compreender uma economia de subsistência no confronto tanto com inovações técnicas como com novos produtos destinados ao mercado. Melhor, o mercado impõe-se às economias de mera subsistência, a partir de um conjunto de produtos, com os seus próprios mercados: é o pão de mar que desafia essa «constante da economia portuguesa» que é «a escassez do pão», são os circuitos do trigo marroquino, a começar pela abastecimento das praças portuguesas, são as inovações conseguidas pela viagem

---

[12] Citado por V. M. Godinho, *Os Descobrimentos e a Economia Mundial*, *op. cit.*, vol. 2, p. 420.

[13] Idem, *idem*, vol. 1, p. 167.

de algumas plantas, a começar pelo milho, e são os grandes produtos da economia atlântica – o açúcar, a pesca, o sal e o mercado da mão-de-obra, sobretudo, os escravos. A questão da escravatura é tratada no seu conjunto. Godinho começa por distinguir áreas de assalto, de resgate ou de mercados em três complexos histórico-geográficos: das Canárias à Guiné, da Serra Leoa ao Benim e de Angola ao Brasil, para depois se ocupar do movimento do tráfico, nas suas grandes séries, relacionadas com as condições do transporte. Ao que acrescentou as relações de utilização e de poder suscitadas pela escravatura, bem como a análise do seu regime jurídico, das ideologias correspondentes e da situação real da vida do escravo. Trata-se, pois, de um tratamento da escravatura que vai do rés-do-solo do tráfico à análise das ideologias que a justificam. A escravatura assumiu, então, os contornos de um facto social total, sendo possível e necessário aplicar ao seu estudo a preocupação de a estudar no seu conjunto.

Além de ser tomada como unidade de análise, a escravatura, mais concretamente, o tráfico de escravos fez parte integrante da conclusão, onde o autor procurou formular três argumentos de carácter mais geral. O primeiro diz respeito à caracterização do processo de expansão dos séculos XV e XVI, o qual consistiu fundamentalmente em trocas que são «por essência desiguais», são estas que geram uma «comercialização do globo», logo, uma acumulação de capital e lucros ao longo dos séculos XV e XVI. Ou seja, o que está no centro de um tal processo são «relações que uma ou mais economias dinâmicas e com força tecem com economias não só estacionárias e menos desenvolvidas, como ainda estruturalmente diversas». No caso português, um dos exemplos apresentados para demonstrar que se trata de uma economia em expansão é o da compra de escravos. Estes eram comprados com artefactos de cobre e latão alemães, por tecidos magrebinos ou indianos, mas o certo é que a economia em expansão tinha as suas próprias indústrias, ou seja, o sal, o açúcar, a olaria e os têxteis. À superioridade económica, soma-se o facto de a economia em expansão dispor de uma força guerreira com capacidade para impor tratados, abrir mercados, criar novas formas de transacção e até de trabalho. Porém, o recurso à violência, mais concretamente, à «apropriação violenta» chega até a ser matizado por só ter existido em certas fases iniciais. Isto porque o que é determinante são as referidas trocas desiguais. E, mais uma vez, o exemplo esclarecedor encontra-se na escravatura: «a produção nas economias expansivas, por mão-de-obra que é integralmente mercadoria e nada mais – por escravos cuja perda só importa pelo custo de substituição – cria um sobrevalor que não é criado onde apenas trabalha a mão-de-obra livre contra salário, conquanto esse sobrevalor vá geralmente para o mercador do produto de preferência a enriquecer o próprio produtor»[14].

Uma segunda conclusão diz respeito aos limites que se impõem a esse processo de comercialização ou mercantilização. Tal como se um processo que é essencialmente de modernização económica tivesse de contar com travões, resistências sociais ou entrasse em contradição com uma mentalidade mais arcaizante. Nas palavras de Godinho é a «mercantilização que não consegue romper com a cruzada». Por um lado, os «cavaleiros cobiçosos» não se transformaram em «mercadores esforçados». Por outro, a concentração, nos aspectos práticos do processo da mercancia, tal como no da navegação, «impediu o aparente desvio teórico que aumentaria a eficácia prática». Em Gil Vicente e António Ferreira, encontram-se algumas das representações desse processo de recusa do novo, do capitalismo nascente, bem como o refúgio compensatório no elogio dos «feitos heroicos de tão justas guerras». Enquanto, mais tarde, Frei Amador Arrais, embora considerasse ser justa a guerra contra os Mouros, sublinhou os aspectos «perniciosos da escravidão para o Reino (escravidão que é fruto da expansão)», além de se colocarem limites à dispersão e ampliação excessiva do império, numa crítica que seguia ideias de Botero[15].

---

[14] Idem, *idem*, p. 608.
[15] Idem, *idem*, pp. 608-610.

24 | ESTRUTURA DA ANTIGA SOCIEDADE PORTUGUESA

Uma terceira e última conclusão identifica as «contradições e limitações institucionais e na prática». Muitas delas são imperceptíveis, pois derivam do «soco amplo da sociedade em que tais super-estruturas assentam». Conjugam-se, aqui, diversos elementos que são muito familiares aos leitores de Magalhães Godinho. A comercialização depende em parte de um Estado-mercantil ou alfandegário, como sustenta noutros lugares, atravessado por uma ideologia anti-mercantil, posta ao serviço de grupos nobiliárquico-eclesiásticos «que não sabem ceder ante os mercadores empreendedores». Oscilando entre o regime de monopólio e a abertura do comércio, o certo é que a hipertrofia do Estado se constitui um obstáculo à formação de companhias por acções. Depois, a acumulação de capital, a renda, é consumida pelos padrões de consumo dos referidos sectores nobiliárquico-eclesiásticos, que esmagam a população agrícola e oficinal, sem com isto se chegar ao investimento reprodutivo. Existe uma outra forma de o Estado mostrar a sua hipertrofia, uma vez que o seu funcionamento participa de «quadros mentais congelados e fortemente repressivos»[16].

Nesta última conclusão, ao contrário do que sucedeu nas duas anteriores, o caso da escravatura está subentendido, por representar uma forma extrema de desigualdade só possível de sustentar em situações onde a dominação se faz sentir. Expressão por excelência de uma profunda desigualdade, insista-se, a escravatura volta a estar presente de forma implícita nas últimas linhas da obra, quando Godinho sustenta que «a comercialização [...] dos séculos xv e xvi gerou uma economia e uma sociedade que se auto-bloqueou em linhas rígidas, de tal maneira que não conseguiu posteriormente industrializar-se nem aceder ao universo da ciência e da cidadania». É a crítica à sociedade capitalista que só foi possível graças ao aproveitamento de uma extrema desigualdade, sustentada por situações de dominação. Ao publicar estas conclusões em 1971, terminando o seu livro com um capítulo dedicado à

---

[16] Idem, *idem*, pp. 609-610.

VITORINO MAGALHÃES GODINHO E A QUESTÃO DA ESCRAVATURA | 25

escravatura, Godinho criticava abertamente aqueles que continuavam a manter sonhos de manutenção de um império. É que, afinal, esse mesmo império, construção política que era parte de um processo mais geral de expansão capitalista, que se aproveitava e ao mesmo tempo gerava estruturas de desigualdade, tinha impedido ou bloqueado a modernização. Esta surge, por último, representada pela racionalidade científica e pelo acesso à cidadania.[17]

A Estrutura da Antiga Sociedade Portuguesa

A primeira edição de *A Estrutura da Antiga Sociedade Portuguesa* foi publicada em 1971, ano em que ficou completo o segundo volume da edição portuguesa de *Os Descobrimentos e a Economia Mundial*. Na base, estavam alguns artigos publicados no *Diário de Lisboa*, num período compreendido entre Dezembro de 1967 e Maio do ano seguinte, mais outros de Julho de 1970 (estes últimos resultaram de uma conferência que, fez questão de explicitar, tinha proferido no Colégio Moderno). Toda essa década de 1960, depois de ter sido demitido em 1962 da Universidade Técnica, até à partida para a Universidade de Clermont-Ferrand, no início da década de 1970, tinha sido dedicada a um vasto trabalho editorial. Modo de subsistência forçado ou, pelo menos, sem alternativas, os direitos de autor – provenientes da publicação de obras na Sá da Costa, de traduções e de colecções, incluindo a colecção «Rumos do Mundo» na Cosmos e a enciclopédia *Focus* – surgiram como fonte de independência financeira. A tese do bloqueio da modernização – por se terem mantido em Portugal estruturas arcaicas, próprias de uma sociedade de Antigo Regime – foi então desenvolvida. Como pano de fundo da argumentação de Godinho, encontra-se uma ideia clara de modernização económica e social. A atenção prestada aos escravos volta a ser recorrente.

---

[17] Idem, *idem*, pp. 611.

26 | ESTRUTURA DA ANTIGA SOCIEDADE PORTUGUESA

Primeiro, os escravos surgem como uma variante que põe em causa uma sociedade que só juridicamente se concebe como dividida em ordens ou estados. De novo, os escravos surgem, só à primeira vista contraditoriamente, como produto de uma economia dinâmica e em processo de expansão capitalista. São os fornecimentos de escravos para as Índias de Castela ou para Espanha e as zonas mediterrânicas; é o seu emprego nos arquipélagos atlânticos, no Brasil, mas também no Reino, onde chegam a atingir um décimo da população. Retomando, aliás, o que escrevera em *Os Descobrimentos e a Economia Mundial*, depois de serem identificados como mercadoria, integrando cálculos em série comparáveis com outras mercadorias, são os modos do seu tratamento – «frequentemente entre o gado e as cousas» – que importam. É também a sua presença maciça em Portugal, nomeadamente em Lisboa e nas ilhas.[18]

No apêndice documental, pelo menos por três vezes, a questão da escravatura é retomada. Antes de mais, em meados do século XVI, a respeito de um homem rico e poderoso de S. Tomé, que representava uma minoria a usufruir de uma economia escravista.[19] Depois, a respeito da caracterização da estrutura social do Brasil, feita com base em Ambrósio Fernandes Brandão (1618), em que todas explorações agrícolas, a começar pelos engenhos de açúcar, faziam as «suas lavouras e grangerias com escravos de Guiné, que para esse efeito compram por subido preço»[20]. Por último, são diversos os testemunhos de estrangeiros, cobrindo uma longuíssima duração que vai do final do século XV a meados do século XIX, que demonstram a presente constante de negros entre a população lisboeta.[21]

---

[18] V. M. Godinho, *A Estrutura na Antiga Sociedade Portuguesa* (Lisboa: Arcádia, 1971), pp. 64-67. Cálculos sobre o preço dos escravos surgem também em Idem, *Introdução à História económica* (Lisboa: Livros Horizonte, 1970), p. 171.

[19] Idem, *A Estrutura na Antiga Sociedade Portuguesa, op. cit.*, pp. 173-174.

[20] Idem, *idem*, p. 176.

[21] Idem, *idem*, pp. 204-206.

Conclusão: comemorações e história

Revisitar a obra de Vitorino Magalhães Godinho em função do lugar nela ocupado pelo tratamento da escravatura tem o duplo propósito de recuperar um lugar da nossa memória colectiva, sobre o qual urge reflectir, e de ir em contramão em relação às lógicas comemorativas que tendem a dominar o espaço público. É que a profissionalização da escrita da história e a monopolização académica da sua investigação têm tido resultados paradoxais. Um expectável espaço de autonomia e de isenção na produção de conhecimento histórico parece cada vez mais dar lugar a uma submissão às lógicas da comemoração e da celebração, concebidas como resposta às solicitações dos discursos do Estado e dos poderes públicos. Nas suas razões mais imediatas, aquilo que pode ser considerado um desvio, em relação às condições de uma certa autonomia e da criação de uma distância crítica, explica-se pela força financeira dos programas públicos, concebidos a pretexto da defesa de uma memória nacional. Tal como se existisse uma relação mecânica entre a arte de conceber a comemoração e a de defender a memória, assim vamos em matéria de grandes programas e da definição de uma ordem prioritária de despesas públicas no que respeita à investigação histórica.

Claro que existem outras razões que explicam a generalização de uma cultura da comemoração e do espectáculo, orientada para a celebração do passado e concretizada na invenção de espaços de memória. O refúgio no passado ou nos seus locais, com a sua sequência de acontecimentos e a sua galeria de heróis, parece corresponder a uma regressão, face aos desafios impostos pelo presente, bem como a uma intenção de encontrar justificações fáceis para escolhas que radicam na actualidade, mas têm a necessidade de mergulhar as suas raízes numa espécie de ancestralidade. Escusado, por isso, atribuir todas as responsabilidades de formação de uma cultura áulica de celebração a programas públicos, impostos do alto. É que existem solicitações determinadas por gostos de consumo massificado, alimentadas por engrenagens de

28 | ESTRUTURA DA ANTIGA SOCIEDADE PORTUGUESA

interesses empresariais e associativos, que, em lugar de suscitar o sentido crítico, promovem entendimentos superficiais e generalizados de símbolos, personagens e cenografias cerimoniais.

Em suma, impõe-se responder às políticas de comemoração, inseridas numa cultura que exprime as suas ansiedades através da busca de celebrações mais ou menos espectaculares. Ganhar distância, por recentramento dos lugares da memória, ou recolocar as questões, fugindo a uma natural evidência da ordem das celebrações – apelando, por exemplo, a uma reflexão sobre Magalhães Godinho e a escravatura – , são tarefas da responsabilidade do historiador de ofício. Só assim se pode recusar andar a reboque de agendas que tudo confundem num afã que se encontra expresso, de modo bem patético, nas palavras de uma exposição sobre o Museu das Descobertas, inaugurada a 30 de Maio de 2019, no Museu Nacional de Arte Antiga.[22]

---

[22] Nas palavras do convite para a exposição de um suposto Museu das Descobertas no MNAA, o que verdadeiramente se descobre é a vacuidade das instituições oficiais, quando pensam que a sua afirmação depende apenas da ocupação de um espaço deixado em aberto por agendas oficiais. Sem prescindir dos estribilhos mais ou menos lúdicos da intuição, da iniciação e até da provocação, pelo contrário, servindo-se deles com uma intensão matreira destinada a captar públicos alargados, que têm de ser entretidos nos seus tempos de lazer, aqui fica a declaração patética: «A experiência do museu assenta no ato magnético e muito pessoal da contemplação, e esta, por seu turno, origina-se no valor insubstituível do objeto como testemunho intemporal e redentor da capacidade criadora humana. É no êxtase particular e iniciático da contemplação que radica o poder do museu, o poder de suspender o tempo, proporcionando um encontro essencial com o próprio eu. Ao Museu Nacional de Arte Antiga pareceu oportuno levar a cabo a organização do presente projeto, abrigado sob a designação provocadora de Museu das Descobertas, num tempo que assiste a uma renovada atualidade do conceito de museu, amplamente ilustrada na febre constitutiva de novas instituições.»

Prólogo

Não faz sentido aplicar indiscriminadamente esquemas interpretativos e paradigmas de acção, sem estarmos prèviamente certos de que entre as sociedades para que foram elaborados e aquelas a que se pretende aplicá-los há efectiva analogia estrutural e paralelismo conjuntural. Nada resolveremos copiando servilmente modelos alheios, mas não basta proclamarmos a busca de uma via própria continuando, consciente ou inconscientemente, a limitarmo-nos à imitação. Se queremos traçar rumos e encontrar a inserção eficaz dos nossos esforços, temos de nos debruçar, sim, com atenção perscrutante sobre a realidade em que mergulha a nossa vida e donde emergem os nossos problemas; há que procurar vê-la do âmago naquilo que lhe é próprio tanto quanto naquilo que a aproxima de outros complexos histórico-geográficos.

Mas – e é já essa uma das fecundas directrizes do método de Marx, como de tantos outros, aliás – não podemos confinar-nos ao tempo curto, à fina película do que chamamos o presente ou à pouco mais espessa do que se designa por «a nossa época», nem sequer à época nossa e dos que nos precederam, pois não passam de situações conjunturais, não permitindo formular com clareza os problemas: a curteza de visão temporal conduz ao anacronismo, raiz de ineficácia e reduto do anacrónico. Há que integrar as diferentes conjunturas e «cortes» simultâneos da realidade económico-social e cultural-política no processo a longo, ou mesmo longuíssimo prazo, da estrutura, vista todavia no seu devir, nessa constante mudança ora imperceptível e insidiosa, ora em rompimento abrupto, e que portanto inclui permanências e variações. Não conhecemos pior deformação do que a resultante de estreitarmos o nosso campo visual a um pequeno número de anos, em vez de nos situarmos no contexto da história, que é de resto muito mais do que um contexto para as nossas preocupações, para os nossos anseios e para a nossa acção, porque é o próprio texto que as forma, a sua própria trama.

Mal de que enferma tradicionalmente a análise económica e política, e que até se agravou, sobretudo em Portugal (mas não só) nos últimos lustros, e mais ainda recentemente, com a obsessão do imediato. Por isso se tem caído em tremendíssimos equívocos, assim, por exemplo, julgar que a emigração é um fenómeno novo, dos derradeiros anos, na evolução de Portugal, quando é, bem pelo contrário, *a solução tradicional dos nossos problemas sempre adiados*. Por isso se tem confundido a mercantilização da agricultura no século XIX português com avanço capitalista inovador, quando é processo que vem dos Descobrimentos. Por isso os nossos programas não são capazes de prèviamente identificarem a especificidade da nossa estrutura económico-social.

Certos círculos tendem a papaguear cartilhas estrangeiras sem fundar a reflexão no humus nacional, e no entanto, paradoxalmente, quando se consideram as nossas cousas, não se inserem na Península Ibérica e no vasto mundo, não as estudamos empregando o método comparativo. Aplicamos às nossas cousas gazuas «abre-te Sésamo» fabricadas para abrir os segredos de outras realidades, descurando todavia situá-las nos parâmetros exteriores que tantas vezes as condicionaram, em que influíram.

Num mundo em acelerada mudança, a que imprimem o ritmo as civilizações altamente industrializadas, quando não já terciárias, mantêm-se vastas zonas de subdesenvolvimento e persistem, noutras, estruturas de Antigo Regime, aquelas que não chegaram a ser plenamente modeladas pela Revolução Industrial. Para lançar a aventura do porvir nesses povos que têm persistentemente (ou os seus círculos dirigentes) recusado a modernidade – e mesmo se para a sua criação tanto contribuíram –, há que desafundar as raízes da sua situação

PRÓLOGO | 31

presente, deslindando os factores contra os quais esbarram as transformações. Estes factores remontam, no caso da Península Ibérica, geralmente, a séculos recuados, e a chave dos problemas em que nos debatemos parece estar nessa economia e sociedade agrícola e mercantilizada, nobiliárquico-eclesiástica e de abortada burguesia mas poderosa oligarquia que os Descobrimentos geraram e no autobloqueio do desenvolvimento que dessa expansão veio a decorrer.

Graças ao 25 de Abril de 1974 a paralisação política começou a desbloquear-se, e um ano volvido o povo português pronunciou-se sem equívocos, e revelando alta maturidade política, sobre os destinos que quer sejam os seus. Recusou o paternalismo de movimentos elitistas (mesmo se apresentando-se como populistas) que pediam um cheque assinado em branco para serem eles a definir esses destinos, considerando que o povo não estava preparado para os traçar. Recusou terminantemente os totalitarismos, de direita ou de pseudo-esquerda, afirmando de maneira peremptória que quer a mudança económica, social, política, cultural, por via socialista, para uma sociedade de democracia, isto é, de autêntica liberdade e plena dignidade na cidadania. Mas o quotidiano traz de novo à superfície os problemas e atitudes ancestrais. A construção de um Portugal novo só se fará sobre a base do respeito pela vontade nacional, claramente expressa, e de uma reflexão sobre a nossa história que permita a consciência lúcida dos nossos problemas. É um esboço de introdução a tal reflexão que aqui vai ler-se – bem fruste ainda.

Esta tentativa de análise percorrerá os seguintes temas: o número das gentes e sua ocupação do espaço; as cidades e os campos; a emigração; a estrutura social de Antigo Regime; a economia agrícola e mercantil frente à Revolução Industrial; as três impossibilidades do século XIX português (e em parte peninsular); persistências ulteriores de velhas estruturas subjacentes e formas de mentalidade. Resolvemos reproduzir excertos de um escrito de Jaime Cortesão onde se expõe uma concepção global da evolução económico-social desde a Idade Média até ao século XVIII: incluída numa obra extensa ' e cujo título não incitaria a ir lá buscá-la, não tem por isso sido objecto de discussão como merece. Com tais excertos introduz-se uma segunda parte, antológica (embora comentada), através de cuja documentação coeva, estendendo-se do século xv ao xx, se pretende que o leitor assista a episódios com significado sociológico mas também com o aliciante do vivido, e penetre mais em pormenor nas formas de estruturação da sociedade portuguesa tradicional. A encerrar o volumito, uma Orientação de leituras, necessariamente sumária.

Retomam-se aqui artigos publicados no jornal *Diário de Lisboa* em Dezembro de 1967 e Janeiro de 1968 (cap. IV), em Janeiro e Fevereiro de 1968 (cap. V), Fevereiro a Maio do mesmo ano (caps. I e II) e em Julho de 1970, estes reproduzindo uma conferência anterior no Colégio Moderno (cap. III). Estas datas têm interesse, por se situarem em pleno fascismo, e por outro lado porque outros posteriormente retomaram algumas das nossas ideias, apresentando-as até como críticas ao que disséramos... Esperemos que esta tentativa fruste, agora retocada e prolongada, continue a suscitar pesquisas e reflexões: que isso é o que importa.

PRIMEIRA PARTE

TENTATIVA DE ANÁLISE

Capítulo I
Evolução Demográfica e Urbanização

1. A população

Se o território português na Península quase não variou desde finais do século XIII, o número de habitantes que o tem habitado, esse, variou e as suas variações são necessariamente a primeira abordagem à compreensão global deste povo.

Situemo-nos em 1960: na metrópole, 8 milhões e meio de portugueses, aglomerando-se 1/10 na capital. Ontem, ao abrir o nosso século, 5 milhões. A população mais do que duplicou em cem anos, visto contarem-se 3 700 000 em 1861. Surto demográfico que vem do fecho das guerras civis: em 1835 havia 3 milhões, o mesmo número que em 1800 – no primeiro terço do século XIX oscilara em redor deste total. Durante a era setecentista aumentara, a partir de 2 100 000, apenas uns 43%, e é claro que desde a Restauração até 1700 o crescimento não excederia 10%, tanto mais que tivera de colmatar as quebras das guerras com a Espanha. Por conseguinte, em 1800 a população portuguesa tinha crescido de pouco mais de metade em relação a 1640, quando não atingia os 2 milhões. Ao lançarem-se as caravelas nos Descobrimentos e ao partirem as lanças para as conquistas ultramarinas, por alturas de 1415, temos um povo de 1 milhão, no máximo de 1 100 000; em Lisboa vivem menos de 60 000 habitantes, no Porto viverão 10 000. Reportemo-nos ao apogeu do império português: 1527-1531, Portugal é a primeira potência marítima do Mundo, as suas velas sulcam os mares da Terra Nova ao Rio da Prata, do Mediterrâneo à Flandres, de Lisboa às Molucas, do Brasil ao Estreito de Meca; apesar disso, o volume demográfico não

36 | ESTRUTURA DA ANTIGA SOCIEDADE PORTUGUESA

alcança 1 milhão e meio, deve andar à volta de 1 400 000, sendo Lisboa uma cidade de uns 70 000 habitantes.

Nós e os outros

Tais números da história global da população portuguesa metropolitana só adquirem significado quando comparados com os das outras populações. Porque este mundo feito formigueiro de seres humanos, que volta a pôr-se, como Malthus em começos do século XIX, a angustiante pergunta de se caminhamos para a fome (René Dumont), é resultado de transformações recentes, e não vão distantes os séculos em que as mãos dificilmente se apertavam por cima das lonjuras de matagais e desertos. A Europa, com 540 milhões em 1939, contava 400 ao começar o século, e nem sequer 100 em 1600. Vejamos, portanto, a relação da população portuguesa para as populações vizinhas ou com maior significado para medirmos a importância relativa, o equilíbrio de forças e de potencialidades.

No século XVI, quando Portugal conta 1 400 000 habitantes, a Espanha tem 7 milhões – portanto, cinco vezes aquele número; a França, 14 milhões – o dobro da Espanha, 10 vezes Portugal; a Inglaterra, só 3 – pouco mais do dobro do nosso país. Saltemos para começos do século XVIII: aos 2 100 000 deste recanto peninsular contrapõem-se 7 milhões e meio a 8 milhões para os outros reinos ibéricos: estes têm, pois, entre três vezes e meia e quatro vezes a população portuguesa, em lugar das cinco que tinham. Vê-se que a Restauração foi possível porque no território ocidental não houve as perdas humanas que houve no resto da Península – situação favorável que no plano económico geral se explica pelo açúcar do Brasil e pelo sal de Setúbal, mas tem uma razão pròpriamente alimentar na «revolução do milho maíz» e na não menos decisiva do bacalhau. À nação francesa cabem 19 milhões – nove vezes os habitantes de Portugal, em vez de dez vezes, evolução quase imperceptível – e à inglesa 6 milhões, ou seja, quase três vezes, em lugar do dobro – a Grã-Bretanha vai-se avantajando, ou,

EVOLUÇÃO DEMOGRÁFICA E URBANIZAÇÃO | 37

dito de outro modo, a relação torna-se menos favorável para a nação portuguesa.

Coloquemo-nos agora em 1800 – a máquina a vapor está a revolucionar a economia britânica, industrializando-a pelo maquinismo, a Revolução Francesa abalou os Antigos Regimes. A Espanha, com 10 milhões e meio, está no coeficiente 3,5 relativamente a Portugal (com 3 milhões), e no mesmo pé a Inglaterra, cuja posição quanto às outras nações continua assim a fortalecer-se. A França conta neste momento mais de 28 milhões, quase nove vezes e meia a população portuguesa – neste caso a alteração é mínima. Volvido um século, já o absolutismo pertence ao passado e já a segunda Revolução Industrial – a da electricidade e do petróleo – começa a afeiçoar o mundo, frente aos 5 milhões de Portugal metropolitano, encontramos os 18 milhões e meio da Espanha (coeficiente 3,7, apenas ligeiramente mais favorável ao país vizinho que cem anos antes), os 38 e meio da França (coeficiente 7,7, francamente indicador de quebra na posição demográfica francesa, aliás ainda mais acentuada em relação à inglesa) e os 37 milhões da Inglaterra (coeficiente 7,4, que traduz brutal predominância em contraste com o de 3,5 um século atrás). Em 1940 e 1960 a população espanhola representa um pouco mais de 3,4 vezes a população portuguesa, regressando-se deste modo à relação que vigorava por alturas de 1800. Constata-se que entre Portugal e o resto da Península a razão pouco tem oscilado desde o século XVII, o que revela os imperativos de uma estrutura à escala peninsular.

A população e o espaço: variações da densidade – em Espanha.

Os números globais, até aqui apresentados, são um primeiro indicador, donde já se conseguem inferir relações de forças, mas só valem em aproximação inicial. Qual o espaço que os homens ocupam, qual a intensidade dessa ocupação, como se distribuem as suas manchas de lés a lés, do mar à Meseta?

38 | ESTRUTURA DA ANTIGA SOCIEDADE PORTUGUESA

Em 1940 a Espanha tem uma densidade média de 50,8 habitantes por km2, em contraste com os 80,6 de Portugal. A diferença era bem menor no ocaso do século XVI, se é que chegava a existir: 16,7 e 19 respectivamente (mas o segundo número é incerto). Todavia a distribuição das gentes no todo da Península é muito desigual, e a densidade média ilude. Passemos, por isso, a uma perspectiva regional.

As regiões espanholas mais povoadas, em 1940, são a de Valência (densidade 110), a Catalunha (91), as Vascongadas, Santander, as Astúrias, a Galiza (88,6). Repare-se que estamos na periferia setentrional e levantina – à beira-mar ou sob seu influxo; e imediatamente inscrevemos na mesma estrutura periférica Portugal com os seus 80,6, embora aqui a densidade não atinja aqueles números. As regiões de Espanha menos povoadas são Aragão (23), a Mancha e a Estremadura (27,7), Navarra (34), Léon, Castela, Guadalajara, Toledo, Madrid (38,5). Em posição intermédia, a Andaluzia e Múrcia (59), embora periféricas. Rápida inspecção ao mapa, e logo ressalta a oposição entre a mole interior – a Meseta, imenso tabuleiro elevado –, de um lado, e de outra banda a orla marinha traçada nuns casos pelos rebordos montanhosos dessa meseta, abrindo-se nela, noutros casos, graças às bacias fluviais. A região central, isto é, Léon, Castela, Guadalajara, Toledo, Madrid, que ocupa 23,2% da superfície da Península, entra apenas com 16,2% da população total: ora em fins do século XVI entrava com 29,4%. Vê-se por aqui que a periferia se avantajou em relação ao interior – o mundo da «marisma», com seus pescadores, marinheiros, mercadores, e com suas indústrias (ferro de Biscaia, por exemplo), frente aos planaltos, mundo dos pastores e cavaleiros.

Em 1594 os Espanhóis habitavam com maior densidade a zona setentrional (22,2), e logo a seguir a zona central (esta com 21,6 habitantes por km^2); o Levante tinha povoamento ténue – 15,4 em Valência e Catalunha, descendo a 7 em Aragão; a Andaluzia e Múrcia encontravam-se ao mesmo nível do Levante, com 15,9, a Estremadura e a Mancha um pouco abaixo, com 13,2. No conjunto, as diferenças regionais eram

EVOLUÇÃO DEMOGRÁFICA E URBANIZAÇÃO | 39

menos acentuadas do que no nosso século, a sua amplitude, francamente menor. Isso por um lado. Por outro lado, não havia o marcado contraste entre o Centro e as «marismas» (os ribeirinhos do mar). Ao acabar o século XVIII já, porém, o Centro planáltico estava em inferioridade demográfica relativamente às orlas (incluindo o Noroeste português) – menos de metade da densidade. Cabe perguntar se muitas vezes não procurou o Centro compensar esse desequilíbrio dominando pelas armas ao redor.

– E em Portugal?

Mas passemos de novo a raia, para entrar no Portugal do reinado de D. João III. Já então Entre Douro e Minho era a província de maior densidade – 35 – e o Alentejo a de menor – 7,7; mas as diferenças entre as outras não são amplas, pois se a Estremadura conta 15,3, Trás-os-Montes parece contar com 14, a Beira tem 12,2: não se desenhava ainda o contraste violento entre o litoral e o interior, a norte do Tejo, como virá a desenhar-se posteriormente. Saltemos, na verdade, para 1864, num voo de mais de três séculos sem escala. Agora, um terço da área do país, abrangendo os distritos de Braga, Viana, Porto, Aveiro, Coimbra, Viseu, Leiria e Lisboa, pesa com 62,5% da população total – quase dois terços: enquanto à maior extensão do território metropolitano – os outros 2/3 – isto é, terras ao sul do Tejo e interior ao norte, cabem tão-só 37,5% dos habitantes. E seguidamente o desequilíbrio ainda se veio a agravar, pois terminada esta última Guerra Mundial, o Noroeste (acima do Tejo) concentra 3/4 da população, ficando ùnicamente 1/4 para as regiões sertanejas e meridionais.

A densidade média de Portugal peninsular passou de 15,7 em 1527-1531 a 22 em 1640; depois, de 33,7 ao dealbar o século XIX, é de 57 em 1900 e alcança 95,2 em 1960. Em dois séculos e um quarto, da Restauração ao primeiro recenseamento geral (1864) não chegara a duplicar, enquanto mais do que duplicou nos cem anos decorridos desde esse primeiro

40 | ESTRUTURA DA ANTIGA SOCIEDADE PORTUGUESA

censo da população. O solo tem sido fracamente ocupado, e aos surtos demográficos tem faltado pujança.

Assim, por detrás dos números globais há uma evolução ritmada que faz contrastar o centro da Península, ou seja, geogràficamente, a Meseta, todas as terras altas do interior, a um lado, e a outro lado as suas fachadas marítimas; ora aquela, ora estas sobrelevam em importância económica e política, consoante as épocas; geralmente é a periferia que comanda a recuperação económica e as transformações de civilização.

Não basta, no entanto, precisar os números indicadores globais com as manchas de densidades, num espaço quase imutável desde o século XIII. Há que ver como é feito o povoamento, até que ponto os homens se juntam em cidades, e qual a sua dispersão para fora da Península, a todos os ventos da Terra. Os dois movimentos: o de urbanização e o de emigração.

2. As cidades e os campos

Ainda nos anos 70 os jornais dos trabalhadores agrícolas continuaram a subir, porque o quantitativo da mão-de-obra disponível para a agricultura continuou a diminuir; ora esta diminuição não traduz progresso técnico, mas sim as crescentes dificuldades da vida nos campos – um deputado falou, na sessão de 15 de Fevereiro de 1968, da falta de segurança social, condições arcaicas, evolução desfavorável do produto agrícola em confronto com os produtos dos outros sectores. Os camponeses fogem dos campos – irá este êxodo rural engrossar as nossas cidades, fortalecer a urbanização? Ou escoar-se-á por outros rumos?

O que deve considerar-se «cidade» tem variado consoante as épocas, embora haja sempre que atender a um duplo critério – numérico e funcional – para a distinguir da «vila» e da «aldeia». Uma cidade é necessàriamente, quanto às suas funções e natureza, um centro de actividades comerciais e industriais, e também, por vezes pelo menos, administrativas

EVOLUÇÃO DEMOGRÁFICA E URBANIZAÇÃO | 41

e políticas, de modo tal que a sua população (se não toda, a maioria) obtém indirectamente as subsistências; por outras palavras: pode haver citadinos que exerçam actividades do sector primário, mas não são esses que imprimem o cunho ao aglomerado. O critério quantitativo está mais dependente do tempo – uma cidade medieval não passaria hoje de uma vilória. Ora, importa aqui sublinhar, no entanto, que acima de determinado limiar numérico (variável, pois, de acordo com a época considerada), um aglomerado tem necessàriamente as funções urbanas que enumerámos. A formação das chamadas agro-cidades, isto é, centros urbanos em que a população se consagra às lides do terrunho, nos nossos tempos, só aparentemente desmente tal ligação: é que se trata do que melhor chamaríamos agro-vilas, à escala de hoje; e só na actualidade se tornaram possíveis, graças aos novos meios de transporte e à mecanização da agricultura.

O essencial é não confundir o critério económico-sociológico com a mera classificação administrativa. Para o estudo da urbanização temos de considerar: *a)* o limiar numérico de inclusão na categoria «cidade» – actualmente, 20 000 habitantes, na segunda metade do século XIX, 10 000, no século XVIII, uns 8 000; *b)* a distribuição das cidades por categorias numéricas – por exemplo, número das que contam 10 000 a 25 000, número de 25 000 a 50 000, número de 50 000 a 100 000, etc.; *c)* percentagem do somatório da população urbana para a população total (o que Kirk Stone, por exemplo, chama «nível de urbanização»); *d)* a distribuição espacial das cidades; *e)* as relações de subordinação ou imbricação entre cidades, ligadas à sua distribuição espacial e às suas funções (cidades satélites; conurbação, isto é, imbricação de dois centros próximos; megalópolis, ou seja, a formação de vastíssima mancha urbanística – com satelitização, conurbação, etc); *f)* a percentagem que a população da maior cidade representa em relação à população total, em relação à população urbana total; *g)* a percentagem que a população somada das maiores cidades (isto é, acima de um limiar, variável com as épocas – para hoje, propõe-se acima de 100 000 habitantes) representa em relação

42 | ESTRUTURA DA ANTIGA SOCIEDADE PORTUGUESA

ao total da população urbana (*grau* de urbanização, para alguns autores).

Convém insistir noutro ponto: urbanização não é o mesmo que diferença entre concelhos «rurais» e concelhos «urbanos». Por 1850-1870, consideravam-se «urbanos» os concelhos com população igual ou superior a 2500 ou a 3000 habitantes; no século xx, o limiar tem de subir para 4000 pelo menos. Problema que entre nós foi discutido por Rebelo da Silva, no *Compêndio de Economia Rural*, 1868, por exemplo.

Será Portugal um país urbanizado?

Nos dias de hoje, como vimos, devemos considerar como um mínimo para inscrever um aglomerado na categoria de cidade 20 000 habitantes (na Idade Média, seria já uma grande cidade, e ainda na Idade Moderna se classificaria como média). Em 1960, no Portugal metropolitano, com cerca de 8,255 milhões de habitantes, há tão-sòmente doze centros urbanos acima desse mínimo, *e todos com menos de 50 000* – Coimbra, Vila Nova de Gaia, Setúbal, Braga, Matosinhos, Amadora, Almada, Barreiro, Évora, Guimarães, Covilhã, Moscavide; além destes, e acima de 100 000 habitantes, unicamente Lisboa e Porto, aquela com pouco mais de 800 000, este com pouco mais de 300 000. Ora, daqueles doze aglomerados urbanos, dois integram-se na capital – Amadora e Moscavide – e dois outros são seus satélites – Almada e Barreiro –, sendo satélites do Porto Matosinhos e Vila Nova de Gaia. As duas primeiras cidades somam 1 105 000 habitantes, representando 13,3% da população total; as restantes doze somam 405 105, ou seja, 5% da população do Portugal peninsular. Adicionando, temos 1 510 105 habitantes, isto é, 18,3%.

Comparemos com a vizinha Espanha, na mesma data. Aí, duas cidades com mais de 1 milhão cada – Barcelona e Madrid, totalizando 5 100 000 (em Portugal nenhuma atinge aquele limiar); uma terceira excede o meio milhão – Valência (505 000); depois, deparam-se-nos vinte cidades com população

EVOLUÇÃO DEMOGRÁFICA E URBANIZAÇÃO | 43

entre 100 000 e o meio milhão (embora a esmagadora maioria abaixo dos 250 000), somando 3 460 000 habitantes; entre 50 000 e 100 000, contam-se 26 cidades (em Portugal não há nenhuma nesta categoria), cuja adição dá 1 833 000; e de 20 000 até 50 000 habitantes, nada menos de 56 cidades, somando 1 686 000. Ao todo, a população destas 105 cidades alcança 12 milhões, ou seja, 41,5% da população espanhola total de então (29 milhões).

Sùbitamente, a aproximação destes números projecta clarões sobre um traço fundamental da nossa estrutura. Tendo a Espanha uma população que não chega a ser três vezes e meia a portuguesa metropolitana, às suas 105 cidades (núcleos de mais de 20 000 habitantes) deveriam corresponder deste lado da fronteira umas trinta – ora, só contamos 14, e essa população realmente urbana deveria elevar-se acima de 3 400 000 – quando apenas soma menos de metade. E note-se o vazio nas categorias quer de 50 000 a 100 000, quer de 100 000 a 250 000, que em Espanha entram respectivamente com 26 e 16 cidades, logo em Portugal deveriam registar pelo menos 7 e 4. E se Portugal é (porque é) um país macrocéfalo, concentrando-se tudo na capital, esta capital será realmente uma grande cidade, com menos de um milhão, em tempos em que este número tende a tornar-se o limiar mínimo de definição das autênticas grandes cidades?

Um mapa do Atlas de Amorim Girão

No *Atlas de Portugal* de Amorim Girão (Coimbra, 2.ª edição, 1958) figura, com o n.º 19, um mapa do movimento populacional das cidades portuguesas desde 1864 a 1950. Lisboa cresce sensacionalmente, o Porto visìvelmente; mas as outras cidades (aqui no sentido administrativo, que não é o sociológico), com excepção de Setúbal e, em menor grau, Coimbra, quase não crescem, mantêm-se numa tanto mais surpreendente horizontalidade quanto eram bem modestos os seus níveis na data de partida. Em 1864, com efeito, a capital tem

44 | ESTRUTURA DA ANTIGA SOCIEDADE PORTUGUESA

190 000 habitantes, o Porto, 80 000, e acima de 20 000 não encontramos mais nenhuma; há somente cinco entre 10 000 e 20 000, que são Braga (a única a aproximar-se desse máximo da categoria), Coimbra, Évora, Setúbal e Elvas, estas quatro a rasar o mínimo. Aglomerados com população entre 4 000 e 10 000, registam-se doze – Tavira, Faro, Viana, Beja, Guimarães, Santarém, Aveiro, Castelo Branco, Viseu, Portalegre, Bragança, Guarda. Nestes dezanove aglomerados com mais de 4000 habitantes vivem ao todo 411 600 – não chega a 11% da população total, entrando Lisboa com 5,5%. Cabem à capital e à cidade do Douro conjuntamente 270 000 habitantes, enquanto os dezassete restantes aglomerados totalizam tão-só 140 000. Mesmo para o século XIX, estes números demonstram uma fraquíssima urbanização.

Miriam Halpern, em crítica ao que escrevêramos em 1968 e 1971, objectou: «A comparação da evolução demográfica nas cidades, vilas e aldeias põe em evidência o crescimento da população urbana: de 1864 a 1900 foi respectivamente de 77%, 30% e 22%.» «Uma das características desta urbanização foi a forte concentração populacional nas cidades de Lisboa e Porto. Não penso que isso deva levar a negar o fenómeno da urbanização em si, apenas tornaria necessário definir o *tipo* de urbanização verificada.» (*Assimetrias de crescimento*, p. 15). Esta historiadora retoma assim o que já Angel Marvaud dissera em 1912 (*Le Portugal et ses Colonies*. p. 168). Mas trata-se da confusão que denunciámos entre classificação administrativa e realidade económico-social: tais crescimentos dizem respeito às «cidades», «cabeças de concelho» e «freguesias rurais» nas denominações do primeiro critério, que inscreve em 1900 como «cidades» trinta aglomerações, quando só doze igualam ou excedem 10 000 habitantes (são verdadeiras cidades); de modo que o crescimento diz respeito realmente às vilas (no sentido sociológico, único que interessa). Lisboa e Porto crescem conjuntamente 85%, sem todavia se tornarem monstruosas de tamanho. As cidades (aglomerados de mais de 10 000 habitantes) passam de 8 ou 9 em 1864 a 12 em 1900, mas nenhuma (salvo Lisboa e Porto) atinge 25 000 habitantes,

EVOLUÇÃO DEMOGRÁFICA E URBANIZAÇÃO | 45

isto no Portugal peninsular. Nas Ilhas Adjacentes há três cidades – Angra, Funchal e Ponta Delgada, que globalmente só crescem 10%, e a primeira diminui; a Horta não atinge o limiar em nenhuma das datas, e também diminui.

Aliás, mesmo considerada a classificação administrativa, as percentagens efectivas de aumento são de 70,9% para as «cidades» (85% para Lisboa e Porto, e 49% para as restantes), 32% para as cabeças de concelho e 22% para as freguesias rurais, sendo o crescimento total da população de 31%. Os aglomerados de 10 000 habitantes ou mais somam 144 204 em 1900, ou seja, menos do que o Porto sozinho.

Num século, de 1864 a 1960, Lisboa mais do que quadruplicou de habitantes, o Porto cresceu menos de quatro vezes, Coimbra quase outro tanto, as demais «cidades» duplicaram, umas, triplicaram, outras; todavia estes coeficientes mais fortes resultam, nos casos em que se verificam, de aceleração do crescimento a partir de 1950 – por isso, no mapa de Amorim Girão, em que este é o ano final, predomina a horizontalidade, ainda. Ora o que importa destacar é que, apesar de tal aceleração, o movimento urbanizador permaneceu extremamente limitado. Portugal, quer à escala do nosso século, quer à do século passado, é muito mais um país de vilas e grandes aldeias do que de verdadeiras cidades.

Um poema de Junqueiro e o Diário *de Torga*

Lembram-se de *A Morte de D. João*? Se repararem bem, D. João é a cidade – o café, o *boulevard,* o teatro; qual a reacção do poeta?

> «*Era uma linda tarde: a tumultuária onda*
> *Da alegre multidão enchia o* boulevard;
> *E eu ia contemplando a podridão hedionda*
> *Deste delicioso inferno sublunar.*»

46 | ESTRUTURA DA ANTIGA SOCIEDADE PORTUGUESA

Sem dúvida, Junqueiro não acalenta cegas ilusões quanto ao campo e à aldeia: na «Introdução» os versos mais comovidos vão para «o triste aldeão exausto e sonolento» que não tem pão e tem de sair de madrugada para, «minado pela dor, varado pelo frio», ir trabalhar com a enxada na luta com a terra. Mas é ao ver «dos aldeões o alegre bando», que ainda conseguem cantar mau grado um dia de lide rude, que D. João encontra lenitivo, em contraste com a vida citadina que o bordel define – e o ventre insaciável do agiota. «Era a cidade imensa, a meretriz das gentes.»

E se viermos para os nossos dias – não temos esse espantoso serrano que é Miguel Torga? Com que garra nos conta a montanha e a vida dos bichos e a dionisíaca «terra do vinho novo»! Perante o Porto, o simples Porto, que desorientação e incompreensão – para não falarmos das reacções mais do que surpreendentes no estrangeiro, tão enraizadamente provincianas. Mas não será toda a nossa literatura essencialmente de *corte na aldeia* (título da obra seiscentista de Rodrigues Lobo)? Herculano retira-se para Vale de Lobos. Camilo é o Minho, nos seus solares e conventos, quando muito nas vilórias de Santo Tirso e Penafiel; Aquilino é, acima de tudo, a Beira e um pouco o Minho, raro a cidade – esta, sobretudo a provinciana Braga de *A Casa Grande de Romarigães,* essa prodigiosa sucessão de novelas barrocas; mas os lobos uivam na serra, e a obra-prima do mestre é talvez essa multifacetada *Aldeia – Terra, Gente, Bichos.* No teatro de Gil Vicente não há mercadores – o elemento social que no século XVI definia as cidades –, mas principalmente camponeses, pastores, escudeiros. Romancista urbano, o estrangeirado Eça, decerto – a Leiria de *O Crime do Padre Amaro,* a Lisboa de Os *Maias* –, mas lá vem o tédio da cidade, desde o conto *Civilização,* que a serra cura milagrosamente, bucòlicamente. Júlio Dinis dá-nos o Porto de meio do século XIX em *Uma Família Inglesa* – e com certeiro vigor: mas quase toda a sua obra é rural. Redol é o Ribatejo e o Douro, Manuel da Fonseca, o Alentejo – e será preciso aguardar tempos recentes para Rodrigues Miguéis e Abelaira (sem de outros falarmos) nos introduzirem no ambiente citadino.

EVOLUÇÃO DEMOGRÁFICA E URBANIZAÇÃO | 47

Limitada urbanização, inscrevendo na paisagem predominantemente vilas provincianas impregnadas de rusticidade mais do que propulsionando os campos com a irradiação do armazém e da fábrica; horizontes em que as notas rústicas dão o tom dominante, e, por isso, a cidade atemoriza – e, logo, a civilização e a cidadania, essas florescências da cidade. Mas não estarão tais traços ligados à impossível industrialização no século XIX e ao malogro da formação de sociedade autenticamente burguesa no período que acabamos de examinar?

Desde meados do século XIX aos nossos dias, Portugal apresenta-se como país só ténue e limitadamente urbanizado, mesmo em comparação com a Espanha, onde as revoluções maquinistas estão longe de ter alcançado o impacto que alcançaram além-Pirenéus. Sem dúvida, o reduzido número de cidades portuguesas e o modesto volume de cada uma traduzem esse ficar à margem do grande movimento de formação das sociedades burguesas altamente industrializadas e alfabetizadas, essa persistência estrutural de Antigo Regime recusando a modernidade. Mas seria tal desnivelamento de prever quando, no final do século XVIII e começos do XIX, se iniciava essa prodigiosa transformação do Globo pela máquina a vapor e pelas ideias da Revolução Francesa? Por outras palavras: durante o Antigo Regime estaria já o nosso país desfasado relativamente à corrente de urbanização, primeiro tímida, logo depois avassaladora?

Estrutura urbana ao findar o Antigo Regime

Em 1801 a estrutura urbana de Portugal está já ao mesmo nível que estará em 1864. Apenas o Porto quase duplicou de população (de 43 000 para 80 000). Lisboa manteve-se nuns 190 000 a 200 000, se não diminuiu ligeiramente. Acima de 10 000 (e todas com menos de 20 000), inscrevem-se, numa e noutra data, Braga, Coimbra, Setúbal, Elvas e Évora; estas cinco cidades somariam até, na primeira data, um pouco mais (71 281) do que na segunda (63 600). Além dessas, acima de

48 | ESTRUTURA DA ANTIGA SOCIEDADE PORTUGUESA

8000 habitantes, registamos, em 1801, duas – Viseu e Santarém; abaixo desse limiar, mas com mais de 4000, há 22 aglomerados, totalizando 123 893 habitantes. A população dos centros de mais de 8000 soma 332 501, ou seja, 11% da população total do Reino; entrando os aglomerados superiores a 4000, temos ao todo 456 394, que representam 15,2%. Repare-se ainda em que Lisboa e Porto têm conjuntamente 243 000, ao passo que as restantes 7 cidades (de mais de 8000) somam apenas 89 501. Comparemos com os Estados Unidos da América, não há muito independentes e que vão lançar-se na gigantesca obra pioneira de povoamento. Em 1790, dos seus 4 milhões de habitantes (Portugal conta 3) 95% são rurais; nenhuma cidade excede 50 000 habitantes, e aliás há tão-só 6 cidades com mais de 8000. A Grã-Bretanha encontra-se em plena revolução industrial; com três vezes e meia a população de Portugal, tem uma cidade de quase um milhão – Londres (957 000) –, sete situam-se entre 50 000 e 100 000 habitantes, quatorze entre 20 000 e 50 000, e nove ultrapassam 10 000; essa população urbana representa 19% do total. A Espanha, com a mesma população global que a Grã-Bretanha, conta ao todo 143 «cidades» e 4 308 «vilas», definidas por critério administrativo; daquelas, há 40 que igualam ou ultrapassam 10 000 habitantes (que são *cidades* do ponto de vista sociológico), concentrando-se aliás dezassete na Andaluzia; para que o urbanismo estivesse na mesma razão, em Portugal deveriam contar-se umas doze cidades acima desse limiar, quando se contam ùnicamente sete. Mas Madrid tem o mesmo quantitativo que Lisboa; em contrapartida, as outras cidades tendem a trasladar-se para a categoria acima dos 20 000 habitantes, quando no nosso País apenas o Porto a ela tem acesso. Destes confrontos numéricos parece poder-se inferir que, se globalmente em Portugal o fenómeno urbano não revela acentuado atraso, está-se já a dar, contudo, um desfasamento, porque noutras nações as cidades avolumam-se uma a uma, entrando nas categorias numéricas superiores, enquanto entre nós permanecem os níveis modestos de antanho *e não vão crescer durante dois terços do século XIX.*

EVOLUÇÃO DEMOGRÁFICA E URBANIZAÇÃO | 49

Sondando uns séculos atrás

À medida que recuamos no tempo, escasseiam os dados numéricos, a confiança que merecem diminui e tornam-se de mais delicada interpretação. E, todavia, como esta análise nos está a revelar, é indispensável remontarmos uns séculos atrás para apanharmos os fios desta meada que são os nossos problemas de agora.

O primeiro recenseamento geral de fogos (unidades habitacionais) foi efectuado, em Portugal, em 1527-1531. No apogeu do império oceânico português, quando os avós de nossos avós contribuíam poderosamente para formar o mundo moderno, do capitalismo comercial à escala do Globo. Há então 91 cidades e vilas cujos procuradores têm assento em cortes; somam 63 572 fogos, ou seja, 22,6% dos 280 528 que se contam na metrópole. Mas dessas, nem todas são aglomerados urbanos: 37 é que excedem 500 fogos cada, e este limiar é baixo para definir o urbanismo, mesmo no século XVI; anote-se, todavia, que essas 37 «cidades» e «vilas» somam 52 111 fogos, portanto, 18,5% do total. Por fogo podemos contar, em média, 4,5 pessoas (entre 4 e 5), de modo que o limiar de 500 fogos pode servir para separar os concelhos «urbanos» dos «rurais», mas não as cidades propriamente ditas. À escala desse século de Quinhentos, cabe, na verdade, reservar tal qualificativo aos aglomerados com, pelo menos, 4000 habitantes, o mesmo é dizer a partir de 900 fogos, se não de 1000. Entre 900 e 2000 fogos, isto é, de 4000 a 10 000 habitantes, encontramos 14 aglomerados: três muito perto do máximo – Santarém, Beja e Elvas –, quatro abaixo do milhar de fogos – Aveiro, Estremoz, Viana e Vila do Conde – e os restantes sete, entre o milhar e 1 600 – Tavira, Guimarães, Coimbra, Lagos, Portalegre, Setúbal e Olivença; somam 18 749 fogos, o que dá uma população de uns 85 000 habitantes. Acima de 10 000, temos Évora, com uns 12 660, o Porto, com uns 13 500, e Lisboa, que alcança 70 000. A população urbana assim definida representa 12,7% do total do Reino. Em Espanha não há então nenhuma cidade comparável a Lisboa – é Sevilha a que menos se distancia, e só

50 | ESTRUTURA DA ANTIGA SOCIEDADE PORTUGUESA

conta 45 400 habitantes; mas entre 20 000 e 50 000 há nada menos de seis (oito ao findar o século), enquanto em Portugal nenhuma figura nesta categoria; entre 10 000 e 20 000 há sete (no fim do século, dez), contra duas no nosso País; e abaixo, mas do mesmo modo tomando como limiar inferior 4000, ùnicamente treze, menos uma do que no território português; a população urbana deve andar pelos 8% do total.

No século XVI, por conseguinte, o urbanismo reveste em Portugal a mesma feição que mantém no ocaso do Antigo Regime três séculos volvidos: uma boa armadura de pequenos centros urbanos contrastando com a inexistência das cidades médias – daqueles focos de vida citadina que verdadeiramente podem servir de base à *civilização* e à *cidadania* – palavras ligadas a *cidade*, como se sabe – e portanto à *política* (governo da *polis* – nome grego da cidade – pelos que a compõem, governo da nação pelos cidadãos). Inesperadamente, dada tal inexistência do urbanismo médio, a capital é das primeiras cidades do mundo de então: construção do império mercantilista, isto é, de uma economia de mercado de âmbito mundial.

Lisboa, porta dos oceanos

De 70 000 habitantes em 1528, Lisboa salta para 100 000 a meio do século, ultrapassa os 120 000 por 1590 e atinge 165 000 em 1619. Um italiano, Sassetti, di-la, das cousas da Península Hispânica, «a maior e a mais importante»; outro, Bolero, na sua *Geografia Universal* de 1595, classifica-a de «a maior cidade da Europa, exceptuadas Constantinopla e Paris» – e se havia bons entendedores em matéria de cidade, eram os italianos.

Não é classificação inteiramente exacta, no entanto, pois Nápoles, Londres e Veneza vão-lhe também à frente; mas a capital portuguesa ultrapassa Roma e Florença, Antuérpia e Amsterdão, para outras não citarmos. A corte, todavia, não estará aqui de 1580 a 1640, e fora lenta a fixar-se nesta cidade da beira-Tejo: no ocaso do século xv ainda Évora lhe disputa

EVOLUÇÃO DEMOGRÁFICA E URBANIZAÇÃO | 51

essa função, continuando mesmo depois o régio séquito a deslocar-se – é assim que os autos de Gil Vicente são representados em Almeirim, Évora, Coimbra, Caldas, Tomar, Almada. Mas Lisboa é a cabeça de um império e de uma economia mundial: ouro da Guiné e Mina, açúcar da Madeira, São Tomé e, depois, do Brasil, pastel açoreano, especiarias e drogas do Oriente, prata da Europa Central e, posteriormente, do México e Peru, pau-brasil, escravos negros, que vão formar a mão-de-obra de engenhos e fazendas nos arquipélagos de além-Atlântico, porcelanas e sedas da China, obras de cobre de Alemanha, tecidos italianos, flamengos, ingleses, que sei eu mais? Aqui está instalada a alta administração do Reino e Ultramar, e as rodas supremas dessa engrenagem económico-administrativa que lida com feitorias e colónias e que compreende a Casa da Guiné e Mina, a Casa da Índia, as Vèdorias da Fazenda – engrenagem articulada ao grande capitalismo cosmopolita. Cidade-porto cujos tráficos se medem à escala do Orbe inteiro, com activa Ribeira (arsenal, cais), exalça-a o francês Thevet, em 1575: «É um prazer ver o grande número de navios que aqui abordam, e a diversidade de nacionalidades, e o trato mercantil que aqui se faz: de tal modo que direi com justiça que é uma das mais comerciais de todas as Espanhas». Com umas dez mil casas, as mais delas de dois a cinco sobrados, conta na sua população, então, uns 10 000 escravos, perto de 600 mercadores, além de 145 ourives, 32 lapidários, 54 livreiros; centro de activo artesanato, o rol fiscal de 1565 arrolou 4 738 profissionais; industrialmente, além da construção naval, refiram-se, ainda, os fornos de biscoito; mas não é grande cidade industrial. Abastece-se com os cereais dos Açores, da Europa Setentrional e de Leste, da Sicília, com as carnes do Alentejo e Entre-Douro-e-Minho, com os lacticínios de Flandres; e irradia por todo o Sul e Centro do País o «pão do mar». Em toda a redondeza, mas especialmente em direcção a Sintra e Cascais, hortas e pomares, do outro lado do rio, os pinhais e soverais que lhe fornecem o «carvão» (vindo também do Porto). De Belém à entrada de Lisboa (paço de Santos) eram tudo quintas fidalgas, campos e pastos; no

52 | ESTRUTURA DA ANTIGA SOCIEDADE PORTUGUESA

vale de Santo Antão (ou da Anunciada), junto à cerca citadina, também Damião de Góis nos debuxa paisagem de jardins e pomares; dali nasce uma colina com denso olival, atravessa--se, depois, um campo de pastagem e a feira do gado, para chegar à Mouraria; Santa Bárbara é outro campo, a colina da Senhora do Monte é arborizada. Mas já em 1620 frei Nicolau de Oliveira nota que no interior da cidade propriamente dita não há currais, nem quintais, nem quintas, ao contrário do que acontece noutras. Van Linschotten, em 1590, observa que há quase tantos conventos, mosteiros e hospitais como outras casas – na realidade, 24 conventos de frades e 18 de freiras, anunciando um dos traços característicos do Antigo Regime em Portugal. E estrangeiros estantes e forasteiros oscilavam entre 7000 e 5000. De 1619 a 1801, Lisboa passa sòmente de 165 000 habitantes a perto de 200 000 – crescimento de 21% em quase dois séculos, modestíssimo.

Do Porto de Pêro Vaz de Caminha ao Porto de Uma Família Inglesa

O Porto não cresceu durante o século XV, conta apenas uns 10 000 habitantes em 1500 – quando o seu cidadão Vaz de Caminha acompanha Cabral e descreve com inebriante frescura o achado Brasil; em 1527, ainda só tem uns 3000 fogos, e um século volvido anda pelos mesmos 14 500 habitantes. Cidade de mercadores, armadores, pilotos e marinheiros, oficiais mecânicos, em cujas ruas os moradores trazem porcos, não obstante as proibições, não se desenvolve porque Lisboa açambarca os riquíssimos tratos oceânicos. O açúcar brasileiro (com que prosperam Viana e outros portos) não bastará para o seu arranque. É preciso esperar pelo vinho generoso do Douro, isto é, por finais do século XVII, para que comece a crescer: de 20 000 habitantes em 1732, mais do que dobra setenta anos depois, com 43 000 em 1801, e quase volta a dobrar nos seguintes sessenta e três anos, visto contar 80 000 em 1864. Joel Serrão mostrou que, até esta data, o seu desenvolvimento

EVOLUÇÃO DEMOGRÁFICA E URBANIZAÇÃO | 53

industrial é, relativamente, mais importante do que o de Lisboa. Júlio Dinis descreve-nos o Porto de meados do século XIX em *Uma Família Inglesa*. A cidade divide-se, então, em três zonas: a central, que é a portuense propriamente dita, de ruas estreitas, polvilhada de lojas, balcões, escritórios, mundo do trabalho, mas também das vielas escusas; a zona oriental é principalmente «brasileira», por mais procurada pelos retornados enriquecidos; aqui predominam os palacetes com varandas, por detrás de portões de ferro; a terceira zona, ocidental, é o bairro inglês, de casas elegantes e recatadas, o mundo do grande negócio do vinho e da Bolsa, dos tratos nas praças internacionais. Cidade em cujo teatro se ouvem óperas de Donizetti e outros compositores. Mas em que muitos dos caminhos são entre quintas, e a Rua da Boavista vai entre pinhais; passeia-se até à Foz, ou para os lados da Quinta da China, à beira-rio, onde as barqueiras de Avintes estão com as suas barcas para dar a passagem; mas aqui se vê uma fábrica de curtumes, além, armazéns. A pequena burguesia ocupa os seus serões a ler o jornal, tomando chá e leite, acompanhados de tostas. O campo ainda penetra profundamente na cidade. Mas a cidade, com a sua iluminação, começa a vencer a noite, a substituir aos ritmos fisiológicos os ritmos da civilização – da vida citadina – graças ao gás.

Insuficiência de desenvolvimento propriamente *urbano* dos centros provinciais – e atraso no arranque inclusivè do Porto. Embora numa que noutra época os portos secundários proliferem e prosperem, logo vem a tentacular Lisboa absorver os tratos marítimos e obstar a tais crescimentos. Alternâncias, afinal, de concentração plutocrática e de tentativas de surto burguês. A resultante é sempre a timidez e o carácter restrito do urbanismo, que não constitui no fim de contas, o sorvedouro do êxodo rural. Este é embarcadiço, espraia-se aos quatro cantos do Orbe – e se mais mundos houvera, lá chegara.

Capítulo II
A Constante Fuga das Gentes

Em 1966, pela primeira vez desde há longos anos, o saldo migratório ultrapassou o saldo fisiológico, de modo que a população total do Continente e Ilhas Adjacentes diminuiu de 22 454 indivíduos. Por outras palavras: como o excedente dos nascimentos sobre os óbitos (saldo fisiológico) foi de 106 852, mas os que partiram daquele território excederam em 129 306 os que regressaram (saldo migratório), houve finalmente essa diminuição. Tal não acontecia desde 1918-1920 (e nesses anos reflectiam-se os efeitos da participação de Portugal na Primeira Guerra Mundial) e 1912-1913. O salto no movimento de emigração que, esboçado em 1947, arranca em 1949, atinge o paroxismo.

Em um século, de 1866 a 1966, saíram de Portugal metropolitano e arquipélagos madeirense e açoreano, quer para o estrangeiro, quer para o Ultramar português, mais de dois milhões e setecentos mil indivíduos, descontados os que retornaram; ou seja, uma média anual de 27 000. Com os clandestinos, o total deve exceder os 3 milhões e meio. Visto de 1886 a 1959 o saldo fisiológico ter somado 5 385 768 e o desfalque pela emigração 2 042 796, este último representou 38%, isto é, quase 2/5 do primeiro. Desfalque tanto mais importante quanto a população portuguesa não cresceu ao ritmo das sociedades que se industrializaram.

Um século de curva da emigração

A incidência global não basta, porém, para compreendermos a pleno este factor de tão constante actuação na

56 | ESTRUTURA DA ANTIGA SOCIEDADE PORTUGUESA

história dos Portugueses: há que segui-lo no desfiar dos anos. Consideremos as médias anuais da «sangria» provocada pela emigração por períodos quinquenais (salvo três excepções):

1866-1871	8 584		1916-1920	30 899
1872-1875	12 103		1921-1925	31 431
1876-1880	11 565		1926-1930	33 519
1881-1885	16 882		1931-1935	7 492
1886-1890	20 990		1936-1940	8 849
1891-1895	31 676		1941-1945	3 840
1896-1900	22 327		1946-1950	14 212
1901-1905	25 668		1951-1955	48 962
1906-1910	39 585		1956-1960	43 019
1911-1915	54 255		1961-1965	73 480
			1966-1970	139 338

A debandada começa com a aproximação de 1870, embora com ligeiro refluxo nos anos de 1876-1878, não obstante o qual a média de 1872-1887 pula para 14 542, ou seja, mais 69,4% do que nos anos 1866-1871. Nova arrancada em 1888: doravante em nenhum ano até à Grande Guerra (exceptuando 1899) o desfalque é inferior a 20 000 indivíduos. A média de 1888-1905 saltou para 26 243, o que representa um aumento de 80% em relação aos dezasseis anos precedentes. Por alturas de 1905, novo passo na *escalada,* até o máximo de quase 89 000 em 1912; a média dos oito anos de 1906 a 1913 inclusivè voa para 53 020, nada menos do que o dobro da anterior. Depois, é o refluxo a estabilizar o período 1914-1930 na média, ainda assim superior à do final do século passado e abertura do nosso século, de 30 840 anualmente. Então os Estados Unidos e o Brasil vêm restringir a entrada de imigrantes, e anos volvidos é a Segunda Guerra Mundial: e deste modo de 1931 a 1946 temos a média anual mais rasteira desde há um século: 6 668. Todavia, mal esse conflito acaba,

A CONSTANTE FUGA DAS GENTES | 57

a fuga retoma: os dois anos de 1947 e 1948 contribuem já com 10 422 em média, e o período de 1949 a 1961 entra com 43 756 por ano – em aumento de nada menos do que 41 % em relação à estabilidade de 1914-1930. E esta nova *escalada* emigratória acentua-se, porquanto, como indicámos a abrir, em 1966 o saldo de saídas quase atingiu 130 000. Em 1970 e 1971 só os clandestinos ultrapassam a centena de milhar em cada ano. Depois, há uma quebra, mas o quantitativo permanece alto. Não há dúvida que, desde o termo desta última Guerra Mundial, Portugal se lançou em nova debandada emigratória, só comparável à do derradeiro quartel do século XIX. Para medirmos toda a gravidade desta torrente caudalosa de saídas actual basta a comparação seguinte: enquanto de 1886 a 1905, o desfalque representa, em média anual, 4,79 por 1000 habitantes, de 1951 a 1959 é de 5,32, continuando em seguida a agravar-se. Com efeito, essa permilagem salta a 14,2 em 1966, o que não acontecia desde o ano, excepcional, de 1912 (e permilagens superiores a 8,5, só em 1911-1913 e 1920).

Para onde vão os que embarcam?

Quais os destinos dessa emigração? Interessa-nos conhecê--los quer a fim de melhor conhecermos o próprio fenómeno no seu caminhar e as marcas que deixa nas várias regiões do Globo, quer para deslindarmos as suas condições.

De 1820 a 1909 entraram no Brasil 702 790 portugueses, à média anual, portanto, de 7 808. Mas também neste caso a média de tão longo período esconde as linhas de evolução. Na verdade, de 1855 a 1865 inclusivè essa média é de apenas 4 055, e cabe supor que anteriormente não excedia este número: mas em 1871-1874 já salta para 11 689, e para 14 000 em 1880-1888. Estamos na grande arrancada do movimento emigratório: nos anos de 1872-1873 vão para os Estados Unidos 1161 açoreanos. Não há dúvida de que o Novo Mundo constitui então centro de fortíssima atracção para os Europeus. É fácil descortinar porquê. O tráfico negreiro fora abolido e

58 | ESTRUTURA DA ANTIGA SOCIEDADE PORTUGUESA

extinguia-se sob os golpes de uma vigilância apertada, de modo que as nações escravagistas viam diminuir a sua reserva de mão-de-obra. O mercado brasileiro recebera, de 1840 a 1850, ainda perto de 33 500 pretos por ano, mas logo em 1851 recebe ùnicamente 3 287, menos de um décimo dessa média. A própria escravidão estava a ser abolida: a Guerra de Secessão acabara em 1865, nos Estados Unidos, e no Brasil a lei de abolição é de 13 de Maio de 1888. Acrescente-se, quanto ao Brasil, o grande surto cafezeiro, que descola em flecha de 1825 a 1855, atravessa uma recessão no decénio seguinte mas recupera a partir de 1865. É dos anos de 1861 a 1875 o desenvolvimento da cultura algodoeira em São Paulo, tão bem estudado pela historiadora brasileira Alice Canabrava. Graças a estes desenvolvimentos do café e do algodão, a balança comercial do Brasil, deficitária até 1861, passa aos saldos positivos a partir do ano seguinte, permitindo assim o crescimento das saídas de *invisíveis* com as transferências para as mães--pátrias feitas pelos imigrantes.

A corrida não é só de portugueses, é sobretudo de italianos, e ainda de espanhóis e alemães. No ano de 1888 entram por Santos e pelo Rio de Janeiro 131 268 emigrantes, quase três vezes o número do ano precedente, e cinco vezes a média de 1878-1886. Limitemo-nos aos portugueses. Dos que emigram em 1880-1888, dirigem-se para o Brasil mais de 85%, para as restantes Américas, 7,2% (sendo 4% para os Estados Unidos, 2% para a Argentina, e o que sobra para a Guiana Inglesa), para a Oceania, 2,6%, para a Europa e Ásia, 2%, para a África Portuguesa, 3%. Dupla constatação: por um lado, grossíssimo caudal emigratório para um destino – o Brasil; por outro, extrema dispersão da emigração aos quatro cantos da Terra – e anote-se o fluxo, da mesma ordem de grandeza que o fluxo para África, dirigido para as longínquas ilhas Hawai, a meio do Pacífico setentrional, no Trópico. Neste arquipélago perdido nas lonjuras, dos 17 000 brancos então lá estantes, 9377 eram portugueses (os indígenas contavam por 60 000). E até final do século XIX o Brasil devia absorver mais de quatro quintos da emigração portuguesa.

A CONSTANTE FUGA DAS GENTES | 59

Com o século xx a voragem brasileira só tènuemente se atenua. A percentagem desse destino na emigração portuguesa ainda é de quase 3/4 no primeiro decénio. De 1900 a 1930 inclusivè, mantém-se em 70%; depois, apesar das dificuldades à entrada, que reduz o número global, sobe mesmo a 76,1% de 1931 a 1946, e ainda, ligeiramente, para 78,6% de 1947 a 1954: em seguida vem o declínio. Até 1923, o outro destino cuja importância ocupa o segundo lugar são os Estados Unidos: 18,6% da emigração desde 1900 até essa data, em que a Argentina os vem em parte substituir. Terminada a Segunda Guerra Mundial, a princípio ainda é o Brasil que seduz, mas volvidos poucos anos entram em cena a Venezuela, o Canadá, e por último, mas guindando-se célere ao primeiro plano, a França: o número de portugueses que nesta nação industrializada se estabelecem, que não atingia o milhar até 1956, ultrapassa 5000 em 1961, é seis vezes superior em 1964, e desde 1965 absorve mais de metade da emigração portuguesa. Esta, agora canalizada no grosso caudal para França, continua de outra banda a dispersar-se por todo o Globo, mas a Europa desempenha papel que nunca desempenhara em atraí-la.

Para a África portuguesa iam, no derradeiro quartel do século passado, uma meia centena de emigrantes por ano. De 1901 a 1906 foram, em média, 2 023. De 1937 a 1945 não alcança 1 800 anualmente; em 1946-1950 salta para 6 857, e nos dois quinquénios seguintes ultrapassa 12 000.

Retornos e retornados: A Brasileira de Prazins

Começámos por determinar e analisar o saldo entre os que abalam e os que regressam. Acabamos de ver para onde se embarca, independentemente dos quantitativos que retornam. Convém apontar para o problema do regresso, e principalmente da contribuição dos envios monetários dos que andam lá por fora destinados à mãe-pátria.

No século xix o português que emigrava ia trabalhar quer de enxada, quer como marçano ou caixeiro. Os que triunfavam

60 | ESTRUTURA DA ANTIGA SOCIEDADE PORTUGUESA

no labor agrícola ficavam por lá investindo na terra ou passando ao pequeno comércio. Os que triunfavam no comércio de retalho, e depois ajuntavam pecúlio, regressavam a comprar terras e casas na mãe-pátria, a participar na especulação dos empréstimos públicos. Calculava Oliveira Martins que regressavam quase metade dos que tinham partido. Depois, a percentagem de retornados diminuiu consideràvelmente e, com excepção dos anos de refluxo a seguir a 1930, não deve ter excedido 10%. De 1951 a 1959 os retornados representam tão-só 3,2% dos emigrantes, e em 1966 nem sequer 1,5%. Com quanto contribuem os emigrados para a riqueza do país de origem? Em 1873, avaliava Herculano em 3000 contos anuais os retornos enviados dos destinos diversos; em 1891, Oliveira Martins considera que já se elevam a entre 12 000 e 15 000 contos só do Brasil, e durante a Primeira Guerra Mundial oscilariam entre 20 000 e 24 000 ou mesmo 30 000. No triénio de Abril 1925 a Maio de 1928 a média anual é de 26 600. Nos dias presentes (basta reportarmo-nos à exposição do Dr. Miguel Quina na Assembleia do Banco de Crédito em 1968), são as transferências privadas – desses emigrados para a metrópole – que, conjuntamente agora com a entrada de capitais estrangeiros a médio e longo prazo, saldam favoràvelmente a nossa balança de pagamentos, sendo, como é, largamente negativa a de mercadorias. Da média de 384 000 contos em 1950-1955, salta para mais de 1 milhão em 1956, nos anos de 1957-1962 a média é de 1 683 000, ultrapassa os 6 milhões em 1967, os 14 em 1970, e atinge 26 452 000 em 1974.

Mas hoje tais retornos são constituídos sobretudo pelas poupanças de operários trabalhando em países industrializados. No século XIX ia-se predominantemente para os países ainda a desenvolver-se, enriquecia-se lá, e boa parte dos retornos era constituída pelo pecúlio com que se regressava. Já em 1868 em *Uma Família Inglesa*, reportando-se a meados do século, vemos uma das três zonas em que se divide o Porto ser o bairro «brasileiro». *A Brasileira de Prazins* é de 1883; Feliciano, que no comércio em Pernambuco enriquecera, volta atafulhado de moedas de ouro, a comprar quintas por quarenta mil

A CONSTANTE FUGA DAS GENTES | 61

cruzados – e até conventos, se os houver à venda, pois «Com a economia e o trabalho bem propiciado em trinta anos arredondara trezentos contos»: assim se transforma a vida das aldeias, que os engenheiros andam a ligar com as estradas. De Camilo a nossos dias: agora são os pedreiros e pintores, idos «a salto», que vêm no *sud-express*, quando não no seu carro, com gira-discos e rádio, passar as *vacanças* na terra – e por vezes adquirir umas glebas, levantar uma casa, quando não preferem (é o mais geral) acabar por levar a família para além dos Pirenéus.

E se mais mundos houvera

Nos últimos cem anos, conquanto a população portuguesa não crescesse ao ritmo das sociedades que se industrializaram, a emigração desfalcou-a em quase 2/5 do saldo fisiológico. Se o grosso do caudal emigratório se dirigiu, até ao termo da Segunda Guerra Mundial, para o Brasil, e posteriormente para os países de capitalismo evoluído, todavia sempre, por outro lado, houve fluxos a dispersarem-se aos quatro cantos do Globo. Os retornos monetários deste incansável êxodo de braços os mais válidos constituem um dos pilares em que assenta, estruturalmente, a economia portuguesa.

Tais constatações irrecusáveis põem múltiplos problemas de explicação, que urge resolver se queremos também resolver as questões de acção, cada vez menos susceptíveis de adiamentos. Ora, como sublinhou fortemente Fernand Braudel, todos os problemas humanos são resolvidos, só podem ser resolvidos por uma história, não imediata, mas remontando muito longe no tempo, com a condição de a conhecermos bem. Desde quando se tornou permanente, na evolução do nosso país, a sangria emigratória? Quais as suas vicissitudes, a curva dos seus destinos, as condições, diversas ou sempre as mesmas, que a têm suscitado? Será a emigração uma constante estrutural não apenas do último século mas de toda a nossa história? E a haver tal permanência do fenómeno não esconderá todavia variações dos factores de que resulta?

62 | ESTRUTURA DA ANTIGA SOCIEDADE PORTUGUESA

A propósito de uma poesia quinhentista

Em 1534 o antigo secretário particular de D. João II, Garcia de Rèsende, põe em rima a crónica do seu tempo, as «novas novidades» que a todos impressionavam. A expansão ultramarina portuguesa ocupa, como seria de prever, lugar de destaque. E em certo momento observa penetrantemente:

«Vimos muito espalhar
portugueses no viver,
Brasil, Ilhas povoar,
e às Índias ir morar,
natureza lhes esquecer.»

Por então, os Portugueses tinham efectivamente povoado os arquipélagos, antes ermos, da Madeira, Açores, Cabo Verde, São Tomé, no Atlântico, ocupavam em Marrocos as cidades-portos de Ceuta, Tânger, Arzila, Alcácer Ceguer, Safim, Azamor, Mazagão, Cabo de Guer, instalavam-se com os engenhos de açúcar, seus modos de vida e instituições, no imenso Brasil que as «bandeiras» vão definir, têm feitorias ou pelo menos dominam os resgates no litoral saariano (Arguim), nos rios de Guiné, na Serra Leoa e em toda a costa do Golfo (São Jorge da Mina é povoação considerável), nas paragens congo-angolanas – e habitam até nas aldeias negras. Dobrado o Cabo de Boa Esperança, encontramo-los nas cidades-portos da África Oriental (e também aqui penetram no sertão, assentam aglomerados junto aos rios de penetração), senhoreiam, no golfo Pérsico, Ormuz, na Índia, Goa, Diu, mas estão também em Cochim e Coulão, Cananor, terão Bassaim e Chaul, mercadejam e estanceiam na costa de Coromandel e em Bengala. No Extremo Oriente, Malaca e as Molucas estão incorporadas, os portugueses frequentam e instalam-se em Banda, na China, pouco depois no Japão, em Timor e Solor, por todas as ilhas se nos deparam. Mas na própria Europa, sem falarmos das colónias de judeus expulsos ou fugidos à intolerância, há feitorias em Antuérpia e Sevilha, em Veneza e

A CONSTANTE FUGA DAS GENTES | 63

Chios, quando os bacalhoeiros portugueses já pescam nos bancos da Terra Nova e portugueses penetram no rio da Prata e no Peru. O poeta sintetizará bem: "E se mais mundos houvera lá chegara". No entanto Portugal conta por então 1 milhão e uns 400 000 habitantes.

Esta extrema dispersão começara com a tomada de Ceuta em 1415 e a colonização de Porto Santo e Madeira, logo a seguir. Ainda moderada durante o século xv, alastra depois como que elèctricamente, num rodopio vertiginoso. Tentemos medir esse caudal, algumas das manchas de povoamento que cria e o desfalque que produz na metrópole.

Números de saídas: infelizmente incertos

Um dos mais lúcidos historiadores portugueses, Costa Lobo, avaliou, relativamente ao primeiro terço do século xvi, a média anual de saídas em 2400 (descontados os que regressavam, cerca de 10%), exclusivamente pelas armadas da Índia. Decerto a mortalidade no Oriente era então muito elevada, devido às guerras, às privações em vários empreendimentos (fome e sede) e ao clima: em quatro anos – 1510 a 1513 inclusivè – teriam morrido pelo menos uns 3000 portugueses – uns 750 por ano; em Janeiro de 1514, da armada que fora do Reino em Março de 1510, já não sobrevivia metade da gente (Empoli). Mesmo assim, convém reduzir para cerca de 2000 o desfalque anual provocado pela atracção do Índico, e no decurso do século reduzir-se-á para uns 1500 a 1000, à medida que a era comercial suceder ao imperialismo guerreiro. Mas entretanto ampliou-se o povoamento dos arquipélagos atlânticos, as praças marroquinas todos os anos absorviam gente, e o Brasil começou também a atrair os colonos, sem falar dos portugueses que se estabeleciam nas Canárias e noutras regiões. Não sairiam definitivamente da metrópole menos de 3000, quando não saíam uns 5000 indivíduos anualmente: contava então Portugal população inferior a 1 milhão e meio. E a emigração avolumou-se para finais de Quinhentos e em

64 | ESTRUTURA DA ANTIGA SOCIEDADE PORTUGUESA

Seiscentos: em 1620 frei Nicolau de Oliveira avalia as saídas anuais em cerca de 8000. É já o Brasil que chama a si essa caudalosa corrente, mas houve forte fuga para o Sudoeste francês (de cristãos-novos vítimas da intolerância, sempre má conselheira; muitos também tinham ido, no decorrer do século XVI, e continuarão a ir para os Países Baixos, mau grado o seu patriotismo de que darão provas na Restauração). Numerosos, os portugueses que emigram para Espanha e possessões espanholas. Mesmo que descontemos no número proposto por Oliveira, não são menos de 5000 os que partem todos os anos a buscar a sorte fóra da pátria. Depois da Restauração o fluxo parece ter-se calmado um tanto, no ocaso do século XVII, e antes do grande *rush* mineiro ou quando ele se desencadeia devem orçar por uns 2000 os que todos os anos embarcam em Viana, Porto e Lisboa com destino a Pernambuco, Baía e Rio de Janeiro (Bibliothèque Nationale de Paris, Fonds portugais n.º 30, f. 206), A corrida ao ouro e aos diamantes brasileiros de novo avolumará o caudal, que não é aventuroso estimar, no século XVIII, em 8000 a 10 000 por ano.

Ousemos correr o risco de estimativas globais escandalosamente grosseiras. De 1500 a 1580 Portugal foi «sangrado» numas 280 000 unidades (a umas 3500 cada ano); nos sessenta anos seguintes, numas 300 000 ou 360 000 (a 5000 ou 6000 anualmente); de 1640 a 1700, o desfalque reduz-se para uns 120 000, e no século XVIII amplia-se uma vez mais, elevando-se talvez a uns 600 000 indivíduos nos primeiros sessenta anos (a população metropolitana é de 2 milhões e 400 000 em 1732). Não se nos afigura que jamais a metrópole diminuísse em número absoluto de habitantes; mas os fluxos emigratórios é que devem explicar uma certa lentidão do seu crescimento.

Aliás, as saídas foram em parte compensadas pelas entradas de escravos. Garcia de Rèsende já em 1534 contrapunha à dispersão dos portugueses pelo Globo inteiro:

A CONSTANTE FUGA DAS GENTES | 65

«Vemos no Reino meter
tantos cativos, crescer,
e irem-se os naturais,
que se assim for, serão mais
eles que nós, a meu ver.»

Não chegaram a exceder numèricamente os naturais: mas devem ter atingido os 10% da população do Reino; estudos recentes (por exemplo, os de Joaquim Magalhães para o Algarve) confirmam a importância do elemento escravo na mão-de-obra da metrópole, mesmo nas províncias e não apenas na capital. Entrariam um milhar a dois milhares por ano? Seja qual for o número, uma constante estrutural do Antigo Regime em contraste com o século XIX está nesse afluxo de mão-de-obra baratíssima ao nível ínfimo da sociedade, embora em muitos casos especializada no sector dos serviços.

Quantos portugueses pelo Mundo?

A Madeira foi o primeiro arquipélago colonizado: a meio do século XV contava a ilha principal mais de 3000 habitantes, enquanto Porto Santo ainda só terá uns 160 a 200 ao abrir a era quinhentista. A meio do século XVI a Madeira atinge 20 000 habitantes, dos quais uns 3000 escravos, com densidade de 23 por km^2 (contra 14 a 15 na metrópole). Nos Açores, se o grupo ocidental é o mais povoado, o Faial e o Pico já contam 1500 habitantes ao findar o reinado de D. João II. Das ilhas de Cabo Verde, em 1480 ainda só está habitada Santiago, e um quarto de século depois também a do Fogo; nas outras apenas há gado lançado. São Tomé começou a ser povoada sob D. João II, que para lá degredou centenas de meninos judeus; dessa leva viviam em 1506 uns 600 dos dois sexos; a Povoação, com umas 200 a 250 casas, tem um milhar de habitantes; toda a ilha (incluindo esse aglomerado), uns 4000, sendo metade escravos que sempre roçam, cavam e trabalham (e afora os escravos para reexportação, que andam por 5 a 6 milhares).

66 | ESTRUTURA DA ANTIGA SOCIEDADE PORTUGUESA

Para meio do século a cidade já conta 3000 a 3500 habitantes, quinze anos depois uns 4000, e por 1600 à volta de 7000 «almas» (8 a 9 mil habitantes, incluindo os pretos pacíficos e os alevantados; os brancos são poucos, por a terra ser doentia). Nas cidades marroquino-portuguesas há, na primeira metade do século XVI, uns 5000 homens de armas, e a população portuguesa deve orçar por 25 000 habitantes (só em Safim são 4 a 5 milhares). Mas nas Canárias, conquanto espanholas, há elevada percentagem de portugueses. No Oriente, em 1513 há pouco mais de 2500 susceptíveis de pegar em armas, e três anos volvidos uns 4000; por 1540 são 6 a 7 milhares; no reinado de D. Sebastião, segundo avalia Diogo de Couto, os portugueses no Oriente serão no mais 16 000, e quando da Restauração esse número não excederia 10 000 (G. de Melo Matos). Na realidade, a prodigiosa dispersão combina-se com a tenuidade do povoamento. Na Abissínia calcula-se em 1553 que há uns 200 portugueses «muito ricos». Em Mascate, pouco antes, estavam uns 30 portugueses. Em Ormuz, os portugueses casados oscilam entre 150 e 200 na segunda metade do século XVI; em Diu, além de 350 soldados da guarnição, uns 60 casais; na ilha de Moçambique, 40 a 50 casados, em Sena, uns 10; em Goa os habitantes portugueses devem andar entre 5000 e 6000 a meio de Quinhentos, talvez um pouco menos ao abrir o século XVII, quando em Cochim há um milhar (não chegavam a 350 em 1546) e na outra costa, em São Tomé de Meliapor, outro milhar (apenas uma centena em 1545); em Malaca o número de famílias portuguesas não excede a centena no ocaso do século XVI. Mas há portugueses em Lar (na Pérsia) e em Baghdade; ao serviço da armada moghol, em Bengala, andam mais de 900 em 1582. Macau conta um milhar no século XVII. No Brasil, ao aproximar-se o meio do século XVI, os brancos são cerca de 2000, e os escravos negros mais do dobro, elevando-se esses números respectivamente a 30 000 e 120 000 (neste incluídos os índios e mestiços) em 1600; em 1612 os colonos devem atingir 50 000.

Sintetizemos (embora com fortíssimo risco de erro grosseiro): na segunda metade do século XVI haverá uns 100 000 a 150 000 portugueses espalhados fora do Reino.

A CONSTANTE FUGA DAS GENTES | 67

Convirá tentarmos nova estimativa quanto ao século XVII e evolução subsequente, e examinarmos a proveniência regional, a fim de ficarmos apetrechados para a análise dos factores condicionantes. Há que perceber por que é que tantos abandonam a terra, sujeitando-se a guerras, insegurança, calores escaldantes, enquanto os que ficam correm touros, fazem maias, gastam em capas, gibões e saias, jogam canas, e só lutam com vinhos puros, não precisando de procurar favores do capitão; o contador da Guarda, João Roiz de Castelo-Branco, assim pinta o quadro do viver numa poesia que manda para Alcácer Ceguer, acrescentando:

«Toda nossa fantasia
Está posta em folgar,
e às vezes em ganhar
em qualquer mercadoria.»
De modo que
«paraíso nem inferno
nunca nos pode lembrar».

Ironia, sem dúvida, desse poeta de começos do século XVI, ou melhor, vida tão sòmente de alguns: pois se o quadro valesse para todos, o que é que poderia levar os portugueses em elevado número a espalharem-se pelo mundo?

Dispersão e proveniências

Ainda não há muito que abrira o século XV, e já os portugueses começam a irradiar do Reino, a radicar-se noutras terras ou pelo menos a correr mundo. De princípio saem para as praças marroquinas, para Madeira e Porto Santo, depois para os Açores e resgates de Guiné algumas centenas por ano, mas Portugal pouco excede então o milhão de habitantes; as paragens que buscam delimitam-se por ora ao Noroeste africano e arquipélagos. Ao dealbar o século XVI o caudal avoluma-se, o ritmo acelera-se, a dispersão alastra vertiginosamente ao

68 | ESTRUTURA DA ANTIGA SOCIEDADE PORTUGUESA

Globo inteiro. Quando a era quinhentista acaba, são mais de 100 000 do Brasil ao Japão, da Terra Nova ao Peru, dos Países Baixos a Moçambique e à Abissínia, de Ormuz e da Pérsia a Timor e às Filipinas, do Rio da Prata a Sevilha e ao interior de Castela.

Aventuremo-nos agora, relativamente a épocas menos recuadas, a estimativas como a que tentámos para o século XVI.

Quantos portugueses fora de Portugal depois da Restauração?

Para finais de Seiscentos, quando no Reino se contam uns 2 milhões de habitantes, as ricas ilhas da Madeira estão fortemente povoadas: com 50 000 habitantes, a densidade ultrapassa 58 por km^2; nos Açores, São Miguel, o celeiro de Portugal excede, embora de pouco, a Madeira, ao passo que nas seis ilhas dos grupos ocidental e central não vivem mais de 15 000, em Santa Maria, 3200, na Terceira, acima de 19 000; a soma do arquipélago orça por 90 000 habitantes, com densidade média de 37,5. A cidade principal, Angra, tem mais de 14 000, mas Ponta Delgada apenas 9500. No arquipélago de Cabo Verde, na Guiné e na ilha de São Tomé habitam 25 000 a 30 000. Não dispomos de fontes para conhecer o número dos que, em Angola e Moçambique, acatam o senhorio português: 80 000 a 100 000? Na Índia, Goa está em franca decadência, contará quando muito 50 000 (de que só uma parte são «reinóis»). Em todo o Oriente o número de portugueses não vai muito além da dezena de milhar. Macau é incontestàvelmente o seu empório mais animado, não obstante a perda do comércio com o Japão; uns 6000 chineses não cristãos, além de algumas centenas de convertidos, coexistem com um milhar de famílias portuguesas. No Brasil, que as *bandeiras* estão a desenhar territorialmente, o povoamento, que progredira a passo estugado durante o primeiro terço do século XVII, sofreu em seguida muito com as guerras holandesas e a crise açucareira, só retoma lenta ascensão para o ocaso do século; cobre principalmente o Nordeste, o planalto paulista e a região do

A CONSTANTE FUGA DAS GENTES | 69

Rio, a bacia amazónica e o Maranhão. Brancos, índios e negros representarão em conjunto meio milhão, do qual um quinto para os primeiros? A capital do vice-reino, Salvador (Baía), além de pelo menos 8000 brancos, regurgita de pretos e índios; o Rio de Janeiro situa-se ao mesmo nível populacional, enquanto Olinda, em declínio, e o Recife, em crescimento, contam uns 2000 habitantes brancos, e São Paulo não atinge este número. O «peso» demográfico do império (incluída pois a metrópole) no mundo deve andar pelos 3 milhões.

Antes da Restauração, dizia-se que um terço de Buenos Aires era constituída por portugueses, e também seria muito elevada a sua proporção em Sevilha: digamos que eram alguns milhares em ambas. A Inquisição persegue-os em Lima, e em todo o Peru contam por muitas centenas, se não milhares (as pesquisas de Gonçalo de Reparaz estão a revelar-nos este mundo dos «peruleiros»), são também perseguidos no México – prova de que eram numerosos e se receava sua concorrência. A Restauração atrofiou estes núcleos portugueses incrustados no império espanhol mas não os erradicou por completo. Mesmo depois, nas cidades castelhanas encontram-se artífices portugueses em número considerável. E uma vez mais cabe sublinhar que a expansão dos portugueses pelo mundo não se circunscreve aos quadros do império português, antes pululam fora dele, como mercadores, artífices, marinheiros, bombardeiros e homens de armas. Prodigiosa capacidade de adaptação a outros meios físicos e humanos, que os leva tanta vez, como disse Garcia de Rèsende em 1534, a «natureza lhes esquecer». O governador holandês van Diemen escreve em 1638 aos directores da sua Companhia das Índias Orientais: «A maioria dos portugueses estantes considera a Índia a sua mãe-pátria, não pensando mais em Portugal. Quase não traficam com a metrópole, ou mesmo nada, vivendo e enriquecendo dos tesouros da Índia, como se daqui fossem nativos e não conhecessem outra pátria.» E uns cinquenta anos antes o piloto João Galego observara que «É a terra [Índia] tão grande e tão grossa, que nenhum português quere mais voltar ao Reino, excepto se por força o fizerem ir, por ser terra tão farta

70 | ESTRUTURA DA ANTIGA SOCIEDADE PORTUGUESA

e de tantos contentamentos, como é, de modo que deixam mulher e filhos, e lá vão morrer sem os querer voltar a ver.»

Com o tempo, certas zonas de povoamento imigratório tornaram-se por seu turno irradiadores de emigrantes. Ao entrar no último quartel do século XVII a decadência do comércio açucareiro na Madeira levou o próprio Governo a fomentar a partida de gentes para o Brasil. Pela mesma altura famílias açoreanas vão estabelecer-se no Brasil e em Moçambique, e mais tarde irão para a América do Norte, sobretudo depois de esta conquistar a independência.

Do século XVIII aos nossos dias

Nos séculos XVIII e XIX é o Brasil que vai, em proporção esmagadora, absorver os fluxos emigratórios da metrópole e ilhas adjacentes. Ao entrar-se no último quartel da era setecentista, a Madeira está mais densamente povoada do que no século anterior – conta agora uns 70 000 habitantes –, ao passo que os Açores não parece terem aumentado; de igual modo não deve ter progredido o número dos portugueses nas ilhas de Cabo Verde e na costa da Guiné, nem na África ao sul do Equador – sob o domínio português continuarão a ser uns 80 000 a uma centena de milhar, enquanto na Ásia andarão por uns 120 000. O Brasil é que cresceu visivelmente: conta agora 1 850 000 habitantes, em contraste com os 390 000 nas ilhas adjacentes e restante império. E o Brasil é que continuará a crescer a passos mais agigantados do que Portugal: é possível que as populações estejam igualadas, com 3 milhões, ao abrir o século XIX (além-Atlântico um terço são escravos), em 1850 a brasileira é já de 8 milhões, e em 1900 ultrapassa os 17, elevando-se a 30 600 000 em 1920, a 41 500 000 em 1940 e a 52 600 000 em 1950. Ora até esta data, o Brasil, apesar de independente desde 1822, constitui a principal voragem da emigração portuguesa – mantém-se quase sempre nos 3/4. Os portugueses segundo o estatuto legal (não contando pois os que se fizeram brasileiros) são uns 120 000 em 1872 (fora promulgada a lei do ventre livre), andam entre 150 000 e 200 000 em 1890, atingem 800 000 em 1917, umas dez vezes mais do que no próprio Ultramar português.

Em 1940 a população do Ultramar é de 10 880 000 e dez anos volvidos é de 12 113 000; na primeira data o número de brancos é de 81 911 e na segunda de 185 609, sendo o de mestiços respectivamente de 168 473 e 171 693. Ressalta desde logo a fraca percentagem da mestiçagem, que apenas prepondera nas ilhas de Cabo Verde (à volta de dois terços do total); ainda importante em Timor e em São Tomé. Mas os portugueses originários da metrópole são em número muito menor do que a simples colónia portuguesa do Rio de Janeiro. Em 1966 residiam em França 270 861 portugueses, mais também do que em todas as províncias ultramarinas os de origem metropolitana. Parece que, ao longo de toda a nossa história, os portugueses têm preferido ir inserir-se em quadros pré--existentes a criá-los por si, com a excepção (de peso) do Brasil – mas mesmo aqui apoiando-se em imigração de outras proveniências nacionais e, sobretudo a partir do derradeiro quartel do século XIX, em estruturas capitalistas aplicadas por outros estrangeiros.

Donde se emigra?

Conhecidos quantos embarcam e para onde embarcam, as preferências de destinos e a importância numérica das fixações, cumpre averiguarmos donde se parte, distinguindo as contribuições das várias regiões metropolitanas para esse incessante e espantosamente dispersivo extravasamento.

Não dispomos, por infelicidade, de elementos numéricos das proveniências relativamente aos séculos anteriores ao XIX. Uma recolha sistemática de indicadores mesmo qualitativos permitiria chegar pelo menos a ordens de grandeza. Para já, Jorge Dias e Orlando Ribeiro ensaiaram uma aproximação muito sugestiva, com base no confronto dos traços culturais de várias zonas insulares com zonas do território na Península.

72 | ESTRUTURA DA ANTIGA SOCIEDADE PORTUGUESA

A mó braçal, que só persistiu no Algarve, encontra-se nas Ilhas Adjacentes e nas de Cabo Verde: daí ser-se levado a admitir uma primeira vaga de povoamento oriunda do reino algarvio. Mas os restantes caracteres culturais da Madeira aproximam--na do Noroeste português, ao passo que os da ilha de Santa Maria são algarvios, os de São Miguel correspondem à Estremadura e Alentejo, e os do resto dos Açores ao Minho e Beira; quanto ao arquipélago cabo-verdeano, cabe aproximá-lo do Sul de Portugal. Já no século XVI Entre-Douro-e-Minho devia contribuir fortemente para a emigração: em 1583-1584 Fernão Cardim constata, em Pernambuco, que os principais da terra são vianeses, e quando se levanta qualquer arruaça logo gritam, em vez de «ai que del-rei!», «ai que de Viana!».

Em 1866-1871, dos 51 509 emigrantes do continente e ilhas, 14 065 saíram da Madeira e Açores, 16 450 do distrito do Porto, sendo os distritos que a seguir contribuíram os de Aveiro, Braga, Viana, Viseu, Vila Real e Coimbra. Quer dizer: Noroeste de Portugal e Ilhas Adjacentes; com 59,2% do total, estas e o distrito do Porto. Se considerarmos os anos 1866-1888 (inclusivè), em que partem 309 574 emigrantes, Entre-Douro-e-Minho e a Beira Alta e Litoral participam com mais de 58%, Açores e Madeira com 27% – logo, o Noroeste com as Ilhas, só por si, 85%; a Estremadura dá apenas 7,2%, e o mesmo que esta província as do Algarve, Alentejo, Beira Baixa e Trás-os-Montes somadas; note-se todavia que a última destas quatro províncias é, do conjunto, aquela que com mais contribui – efeito da ruína dos vinhedos do Douro, tornado possível pelo caminho-de-ferro.

Nos anos de 1900-1957 (inclusivè) os Açores participam com 16,7%, a seguir vêm, por ordem, os distritos de Viseu, Porto e Aveiro, todos acima de 10% e conjuntamente representando 51,12% do movimento emigratório; um segundo grupo é constituído pelos distritos de Coimbra, Guarda, Vila Real, Braga e Bragança (de 7,55% a 5,9%), a que cabem, agrupados, 32,9%; os dois grupos totalizam 84%; um terceiro grupo inclui Leiria, Viana, Lisboa e Faro, e abaixo de 1,5% temos Santarém, Castelo Branco, Beja, Portalegre, Évora. Comparando com o século XIX (1866-1888), ressalta que a área emissora de emigração se ampliou consideràvelmente, passando a abarcar o Nordeste interior – possibilidade resultante dos caminhos-de--ferro; em contrapartida, o distrito de Viana, que nos séculos XVI a XIX tão importante papel desempenhara, figura agora no terceiro grupo, e abaixo de Leiria. Vejamos por fim o que aconteceu em 1966: em primeiro lugar, ainda as Ilhas, com 14 354 emigrantes, mas logo a seguir o distrito de Lisboa, que tradicionalmente não era fonte de emigração, com 12 335; por ordem, vêm os distritos do Porto (10 708), Braga (10 625), Leiria (9 756), Guarda (8 248). Cabe agora à Estremadura a percentagem mais elevada (18%), seguida pela Beira Litoral (15,1%); os arquipélagos adjacentes contam com 11,9%. As condições de estrutura que desde o século XV transformaram Portugal (primeiro o continental, depois também o insular) em país de emissão emigratória permanente estão, portanto, a alastrar a regiões metropolitanas que estavam quase imunes – indicativo de que a industrialização tem dificuldade em processar-se de modo tal que dinamize verdadeiramente o todo da economia e da sociedade.

Chegou a altura de buscarmos perscrutar os factores estruturais desta longa história.

Capítulo III
A Estrutura Social do Antigo Regime

1. Estratificação social e discriminações

A sociedade de Antigo Regime, que na esfera política corresponde à monarquia absoluta, nasce com as viagens de descobrimento e fixação além-mar e entra em convulsão, para em boa parte morrer, no final do século XVIII e nas revoluções liberais do primeiro terço do XIX. Ao abrir, os povos peninsulares são os pioneiros da grande aventura da descoberta do Globo e da criação do mercado à escala mundial; em razão dos seus empreendimentos de navegação e oceânicos é que se forja pouco a pouco a economia do capitalismo moderno. Ora, quando chegamos ao ocaso do século XVIII e a Inglaterra inicia, com o tear mecânico, com a fiação mecânica, com o emprego da energia do vapor, a grande transformação que levará à produção em massa e a novas condições de vida social, os povos peninsulares vão permanecer enredados nas estruturas, agora arcaizantes, que tinham feito a sua glória mas estavam inteiramente desajustadas. Em contraste com as civilizações altamente industrializadas, não apenas os povos subdesenvolvidos mas ainda os povos com estruturas persistentes de Antigo Regime; alguns, em vias de desenvolvimento, outros, recusando a modernidade para cuja eclosão até tinham contribuído.

Para responder a este problema fundamental, há, portanto, que remontar aos séculos XV a XVIII; impõe-se, além disso, vê-lo, não unicamente no quadro português, mas amplamente no contexto peninsular; não podemos, na verdade, isolar nunca o recanto ocidental, quer das terras altas da

76 | ESTRUTURA DA ANTIGA SOCIEDADE PORTUGUESA

Meseta, quer, até, das outras fachadas marítimas, umas atlânticas, outras mediterrâneas, de toda a Península Ibérica.

Na sociedade de Antigo Regime, o mais aparente é a divisão em estados ou ordens – clero, nobreza, braço popular. É uma divisão jurídica, por um lado, é, por outro, uma divisão de valores e de comportamentos que estão estereotipados, fixados de uma vez para sempre, salvo raras excepções. Cada qual ocupa uma posição numa hierarquia rígida, segundo tem, ou não, títulos e tem, ou não, direito a certas formas de tratamento.

Formas de tratamento

As maneiras nominais como há que dirigir-se a outrem, e que esse outrem pode exigir foram reguladas por lei em 1597 e 1739; proibia-se não só dar o tratamento, como mesmo aceitá-lo, às pessoas a que não era devido. Assim, o alvará de 29 de Janeiro de 1739 reserva a Excelência aos Grandes, tanto eclesiásticos como seculares, ao Senado de Lisboa e às damas do Paço; a Senhoria pertence aos bispos e cónegos, aos viscondes e barões, aos gentis-homens de Câmara e moços fidalgos do Paço; abaixo, há só direito a Vossa Mercê. Ora esta última forma fora exclusiva do rei até 1490, mas em Gil Vicente aparece já dada a burgueses; Vossa Senhoria, de origem estrangeira, de começo aplicava-se apenas ao rei e círculo real, depois alargou-se à nobreza, estando consagrada a seguir a Alfarrobeira; entretanto, o tratamento pronominal Vós, indicativo de cortesia e distância (que, com o *tu* familiar ou de superioridade, constituíra a única maneira de se dirigir a outrem nos séculos XIII e XIV, pois as formas nominais surgem no final de Trezentos e no século XV), desaparece a meio do século XVIII (Lindley Cintra).

Na realidade, as formas superiores vão-se depreciando à medida que os escalões inferiores procuram obter esse tratamento para ascenderem socialmente. Bem significativo, o que se passou com o *Dom*, que as Ordenações regulam

A ESTRUTURA SOCIAL DO ANTIGO REGIME | 77

estritamente (liv. V, tit. 92, § 7), cominando severíssimas penas aos contraventores: nada menos que a perda de toda a fazenda e a perda do privilégio de fidalgo, aos que o tiverem, ficando plebeus. Nem os condes nem os bispos o podiam tomar por razão de seus títulos (menos ainda os bastardos). Mas a severidade das penas levava a não as aplicar, e daí instalar-se a «devassidão» do uso, de modo que uma lei de 1611 *(Provas Hist. Genealógica,* II, n.º 7) autoriza o *Dom* a todos os bispos, condes, mulheres e filhas de fidalgos assentes nos livros reais, desembargadores, e até aos bastardos dos titulares nascidos depois da promulgação: e reduz a pena para 100 cruzados de multa e degredo de 2 anos para África, reservando a aplicação da *Ordenação* à reincidência.

Ora, que vemos nós em *O Hissope* de António Dinis da Cruz e Silva (entre 1768 e 1777)? Ao bispo já se dá a «Reverendíssima Excelência», ao deão (portanto, às dignidades eclesiásticas), «Vossa Senhoria», «Meu Senhor», ou só «Senhor», ao advogado dirigem-se por «Vossa Mercê» – e abaixo da Senhoria o poeta aponta «o Dom surrado». Sob a hierarquia, legalmente fixada, há uma constante tensão com as realidades sociais em mudança; mas a ordem tradicional defende-se com a promulgação de medidas constrangentes, e apega-se às distinções. Como se lê em *O Hissope*: «De mil cerimónias vãs rodeada/ Os assentos reparte a Precedência.» – é a altura em que desaparece o tratamento pronominal, substituído pelas enfáticas «Vossa Excelência» e «Vossa Senhoria» – e também a altura em que na Grã-Bretanha se está a processar a Revolução Industrial: vincado contraste de rumos.

Deste modo as pessoas inscrevem-se imediatamente em categorias que se distinguem pelo nome, pela forma de tratamento, pelo traje e pelas penas a que estão sujeitas. Na *Crónica de D. João I* enumeram-se quatro estados do reino: prelados, fidalgos, letrados, cidadãos (petição dos povos às cortes de 1385, na Parte II, cap. 1) – abaixo dos cidadãos, ou povo no sentido político (homens bons), há a grande massa, sem representação em cortes. O rei, quando se dirige às categorias sociais-jurídicas, escreve por ordem: juízes e oficiais (é a categoria

78 | ESTRUTURA DA ANTIGA SOCIEDADE PORTUGUESA

dos «letrados»), fidalgos, cavaleiros, escudeiros, homens bons, e por derradeiro, povo (por ex. carta de 1453, à vila de Elvas, em *Documentos das Chancelarias Relativos a Marrocos*, t. II, n.º 141; carta de 1494 à ilha da Madeira, em Silva Marques, *Descobrimentos Portugueses*, vol. II, p. 429 – e igualmente a carta do duque de Beja à mesma ilha, *idem*, p. 457). Em cortes e nas cerimónias principais, figuram em primeiro lugar os grandes prelados – arcebispos e bispos – em segundo os grandes senhores de *título* – duques, mestres de Ordens, marqueses, conselheiros, senhores de terras, alcaides-mores –, seguidos de outros fidalgos, depois os cavaleiros, em terceira categoria os cidadãos, por último o povo (pelo menos, os seus procuradores – claro que o povo, abaixo dos cidadãos, não aparece nas cortes) (*Relações de Pêro de Alcáçova Carneiro*, pp. 206, 207-212, 258 e 337-9, relativas a 1521, 1544 e 1562; Freire de Oliveira, *Elementos para a Hist. do Município de Lisboa*, t. II pp. 11 e 50).

Peão e pessoa de mor qualidade

A distinção fundamental é, porém, a que opõe o *peão* à *pessoa de mor qualidade*, ou seja, aos clérigos e aos nobres. O clero tem foro privativo; o fidalgo, quando é preso, é-o no castelo, com menagem, ao passo que o comum vai para a cadeia da cidade – tronco (por ex., T. T., São Lourenço, III, 7, Cochim, 1547). Por outro lado, o peão caracteriza-se por poder ser açoutado. Assim, quando alguém arrenega de Deus, ou da Fé, ou de Nossa Senhora, ou profere blasfémias contra os santos, se é fidalgo, cavaleiro ou escudeiro paga pena pecuniária (dobrada no caso do primeiro) e é degredado um ano para África (três, em caso de reincidência); sendo peão, além da pena pecuniária (metade da que paga o cavaleiro ou escudeiro), recebe 30 açoutes ao pé do pelourinho, com baraço e pregão, e se reincidir é degredado para as galés (Reformação da Justiça, 1582, em *Leys de D. Sebastião*, p. XXIII), Portanto, quando se sobe na hierarquia, o valor da pena pecuniária aumenta (duplicando de categoria para categoria).

A ESTRUTURA SOCIAL DO ANTIGO REGIME | 79

A variação da natureza da pena ou a sua proporcionalidade consoante a qualidade, estado e condição do criminoso, do autor do delito ou infractor mantém-se para todos os crimes, delitos e infracções. Ao açoute tratando-se de peão, corresponde o degredo em pessoa de mor qualidade. Por exemplo, o ocioso e vadio será preso e açoutado publicamente, ou, se for pessoa em que não caibam açoutes, degredado para os Lugares de Além por um ano (alvará de 1570, em *Leys de D. Sebastião*, p. 112; *Ordenações*, liv. V, tít. 68); quem tiver tabernas e vendagem fora dos lugares autorizados, se for peão, será açoutado pùblicamente, pagará 2000 réis e perderá o que tem para vender, mas sendo de mor qualidade, além de pagar o dobro e da perda das mercadorias, sofre degredo de um ano para os coutos do Reino (*idem,* pp. 116-7). Quando cabe pena de degredo qualquer que seja a qualidade da pessoa, no caso da de mor qualidade é para África, no caso do peão apenas para fóra de Lisboa e termo – assim a quem aluga casas a mulheres solteiras fóra dos bairros autorizados (*idem,* p. 120). Cabendo açoutes ao peão, o degredo é igual para as duas categorias: a mulher que ensinar moças sem licença da Câmara é açoutada pùblicamente e degredada para fóra de Lisboa e termo por um ano, sendo da categoria inferior, e em vez dos açoutes paga 20 cruzados se for da superior (em caso de reincidência, quer de uma quer de outra, o degredo é para São Tomé ou Príncipe) (*idem,* pp. 115-6). O homem que dormir com uma mulher virgem ou viúva honesta (neste caso, menor de 25 anos), e não casar com ela por vontade de qualquer das partes, desde que ela seja convinhável e de condição para casar, é condenado a pagar-lhe «casamento» (que no primeiro caso inclui a satisfação da virgindade) segundo sua qualidade, fazenda e condição de seu pai; não possuindo bens para isso, se for pessoa em que cabem açoutes, é açoutado com um baraço e pregão pela vila e degredado para África até mercê del-rei; se for fidalgo ou pessoa de qualidade que não possa ser açoutado, a pena reduz-se ao degredo (*Ordenações,* livro V., tít. XXIII). O adultério é punido (a menos de perdão do marido) com execução capital dos dois culpados; mas se o adúltero for de

80 | ESTRUTURA DA ANTIGA SOCIEDADE PORTUGUESA

mor condição que o marido, por exemplo, aquele fidalgo e este cavaleiro ou escudeiro, ou aquele cavaleiro ou escudeiro e este peão, a sentença não será executada sem confirmação régia (*idem*, tít. XXV); ao marido que encontrar a mulher em adultério é lícito matar o adúltero, mas não se este for fidalgo, cavaleiro ou de semelhante qualidade. Estas medidas revelam bem o sentido hierárquico da sociedade e quanto o poder está ao serviço da preservação dessa hierarquia.

Escala de valores e mentalidade colectiva

Essa escala de valores da sociedade estruturada em ordens está a tal ponto assimilada pela mentalidade colectiva que conduz a atitudes aparentemente paradoxais.

Não admira, decerto, que um Álvaro de Brito, poeta do *Cancioneiro Geral* (1516), se aflija com a confusão entre os três estados devida aos «trajos demasiados / em que todos sam iguais»: pertence ao círculo dominante; por isso afirma: «Nom devemos ser comuns / senam pêra Deos amarmos / e servirmos, / nam sejamos todos uns / em ricamente calçarmos / e vestirmos» (t. 1, pp. 232-3). Também não admira que outro poeta da mesma época, João Barbato, aconselhe a quem quer servir amores: «esta dama que servires / nam valha menos que ti / por linhagem»; é preferível ser menos amado, mas por dama de alto estado, a gozar a liberdade de outra de menos conta (t. M, p. 112). O que nos deixa perplexos ao primeiro embate, e depois nos leva a afirmar a assimilação de tal escala pela mentalidade colectiva, é ver que nas Cortes de 1472 e 1481-1482, por exemplo, são os procuradores das cidades e vilas – logo, do Terceiro Estado – que se queixam contra o alastrar do luxo, contagiando a «gente meã e meúda», que verberam a gente baixa por vestir panos de seda e fina lã, e acusam o luxo de dissipar as fortunas e deitar o Reino a perder (os fidalgos mudam trajes amiúde, vestem brocados, panos de seda e de lã da altos preços, abusam das guarnições douradas e prateadas nas armas); e são esses mesmos procuradores a

A ESTRUTURA SOCIAL DO ANTIGO REGIME | 81

pedir a fixação do vestuário e calçado segundo as categorias – os estados, qualidades e condições –, numa hierarquia minuciosa e rígida; o rei é que acha impraticável, limitando-se a proibir o ouro e panos de ouro aos não-cavaleiros. Nas Cortes de 1697-1698 um dos capítulos apresentados pela Câmara do Porto pede uma pragmática rigorosa que só aos nobres reconhecidamente tais autorize o uso da seda. Quer dizer que não só os mercadores e industriais se apegam à hierarquia tradicional e condenam a «confusão dos estados» pelo que hoje designaríamos «elevação do nível de vida», como ainda não vêem o interesse económico da transformação em negócio de massa de um negócio até aí de luxo.

Vale a pena aduzir outros exemplos para nos apercebermos do que representa na estruturação da sociedade de Antigo Regime a consideração, o prestígio. Quando no século XVII se pretendeu fomentar a produção de pão no Reino, visto as importações se terem tornado extremamente gravosas para a economia nacional e para o erário régio, Severim de Faria propõe, entre outras medidas, que seja concedida a categoria de fidalgo a todo o lavrador que lavrar três moios de pão – atribuía-lhe grande eficácia. Portanto o simples facto de isentar de certas penas infamantes e de dar direito a certas formas de tratamento e a certos tipos de vestuário constituía, como agora dizemos, uma motivação económica extremamente incentivante. No reinado de D. João II agravavam-se os povos de que os ofícios de correctores e fretadores de Lisboa andavam em «pessoas baixas e não pertencentes para eles»; de modo que uma carta régia de 1492 exclui desses cargos os oficiais dos ofícios mecânicos, reservando-os a «cidadãos da cidade de Lisboa» e a «pessoas honradas» – os mesteirais não são «honrados», trabalhar com as mãos (exercer ofício mecânico) é «vil». A atitude, neste caso, do grupo mercador perante o mesteiral. Noutro caso, atitude de nobreza perante esses mesmos oficiais mecânicos: o Regimento e estatutos das Ordens Militares, de 1572, exclui do hábito os filhos ou netos de oficial mecânico; e no seminário instituído em África para sustentar e crear no exercício da guerra os de nobre geração

82 | ESTRUTURA DA ANTIGA SOCIEDADE PORTUGUESA

mas pobres, só se receberão fidalgos de nobre sangue e geração por pai e por mãe.

A sociedade de Antigo Regime está, como vimos, estratificada juridicamente, e os estados e condições das pessoas distinguem-se pelas formas de tratamento e pelo vestuário, implicando estatuto diferente perante a justiça.

Na ordem jurídica inscrevem-se ainda certas discriminações de origem rácica ou, quando menos, religiosa, e a que opõe o livre ao escravo. Depois das expulsões e conversões forçadas do reinado de D. Manuel, mouros e judeus, que até aí formavam as suas comunidades próprias, embora sujeitos a tributação especial, só podem andar no Reino e Ultramar (salvas excepções regionais) com licença régia, e têm de trazer sinal pelo qual sejam conhecidos como tais: os judeus, carapuça ou chapéu vermelho, os mouros, uma lua de pano vermelho de quatro dedos, cosida no ombro direito, na capa e no pelote. Pena da contravenção; preso, pagará mil réis da primeira vez e 2000 da segunda; da terceira, será confiscado, quer seja cativo, quer livre (*Ordenações*, liv. V, tít. XCIV). Mesmo os que se converteram continuam a sofrer de certas incapacidades: por exemplo, o Regimento das Ordens Militares, de 1572, exclui do hábito os de raça de mouro ou judeu. Formalmente, todos os estantes são conversos; na realidade, muitos dos cristãos-novos continuariam a judaizar, cabendo à Inquisição manter a unidade da fé. Mas é certo que tal acção visou outros objectivos e resvalou mesmo preponderantemente para a sua consecução. O Santo Ofício serviu de arma anticapitalista por parte da ordem nobiliárquico-eclesiástica, ou nas lutas entre grupos de interesses rivais (assim, no reinado de D. João III, com o trato das especiarias). Numa poesia do *Cancioneiro Geral* (t. II, pp. 76-8) D. Martinho da Silveira, descrevendo o ambiente em Arzila, aponta a divisão entre cristãos e judeus, sublinhando que o triunfo pertence ao «que tem mais sotil mão, / mais maneiras d'apressão». E ainda em 1713 o cônsul francês Du Verger se fazia eco de que no Brasil os grandes negócios estariam nas mãos dos judeus, sendo estes os mais ricos. Tal discriminação agiu como freio poderoso no

A ESTRUTURA SOCIAL DO ANTIGO REGIME | 83

sentido de travar a formação de uma burguesia econòmicamente inovadora e de defender uma nobreza profundamente mercantilizada dos assaltos da concorrência (sobre os seus efeitos, veja-se o ensaio «Restauração» em *Ensaios,* vol. 2).

Os escravos

Sociedade de estados ou ordens, mas modelada por uma economia mercantilista, em que o trato de escravos desempenha um papel que não pode passar em silêncio: fornecimentos para as Índias de Castela – minas, plantações de exportação – e para a própria Espanha e outras zonas mediterrâneas, emprego da escravidão nas explorações agrícolas e nos engenhos nos arquipélagos adjacentes e outros do Atlântico, e no Brasil, além de servir a bordo dos navios. Mas mesmo no Reino há uma camada escrava que deve ter chegado a atingir um décimo da população total, pelo menos em certas regiões metropolitanas.

Se o escravo, na metrópole, já não é, como entre os Romanos, simples «instrumento com voz» (mas continua a ser contado frequentemente entre o gado e as cousas), se, no caso de se ter tornado cristão, já não pode ser vendido mas ùnicamente dado, todavia sofre de incapacidades decisivas que as *Ordenações* ainda registam. O asilo eclesiástico não lhe vale para, fugindo ao seu senhor, se livrar de cativeiro: é lícito arrancá-lo de lá pela força, e se, resistindo, for morto, o autor da morte não tem de responder por ela (liv. II, tít. 5). A ninguém é consentido manter cárcere privado; mas isso não se entende no que encerrar seu escravo a fim de o castigar de más manhas e costumes (liv. V, tít. XCV). Se o homem livre dormir com parenta ou criada daquele com quem vive, morra por isso morte natural; mas no caso de ela ser escrava branca é apenas degredado para sempre para o Brasil (liv. V, tít. XXIV) – não sendo portanto castigado se a escrava for de cor. Em caso de fogo posto, se o culpado for peão é preso e degredado por dois anos para África, anunciando-se o degredo com baraço e

84 | ESTRUTURA DA ANTIGA SOCIEDADE PORTUGUESA

pregão pela vila, e além disso pagará o dano (sendo escudeiro, a pena é a mesma, mas anunciada só na audiência; sendo cavaleiro ou fidalgo, paga o dano às partes, e o rei é que determina o outro castigo); ora tratando-se de escravo, é açoutado pùblicamente, e ou o dono paga o dano ou entrega o escravo para se vender e do produto fazer o pagamento (liv. V, tít. LXXXVI, § 5). O escravo, ora seja cristão, ora o não seja, que matar seu senhor, ou o filho do senhor, será atormentado com as tenazes e ser-lhe-ão decepadas as mãos, morrendo depois na forca; se apenas ferir, sem matar, sofrerá morte; e quando apenas arranque arma contra seu senhor, sem sequer o ferir, é açoutado pùblicamente com baraço e pregão pela vila, e é-lhe decepada uma mão (liv. V, tít. XLI). Ao escravo fugido, fará o juiz do lugar onde for apanhado dizer a quem pertence por meio de tormento de açoutes (até quarenta), sem mais figura de julgamento, e sem apelo nem agravo (liv. V, tít. LXI1).

São das mais dispersas proveniências geográficas os escravos que se importam para Portugal e Ilhas durante estes séculos de Antigo Regime. No século xv trata-se, evidentemente, de guinéus e canários. Lá diz Garcia de Rèsende em 1534, referindo-se aos pretos de Benim e Guiné: «Vem gran soma a Portugal / cadano, também às ilhas». O mapa dito de Cantino, de 1502, regista essa importação, e em 1578 Sassetti constata de igual modo a vinda para o Reino de escravos de Cabo Verde e São Tomé – provenientes, claro, da costa africana desde o Cabo Verde até ao Equador. Damião de Góis, em 1541, estima nuns 10 000 a 12 000 os que vêm da África negra, além dos que vêm de Marrocos e Sáara, Índia, Brasil. Estimativa muito provavelmente exagerada. O italiano há pouco citado avalia-os, no entanto, em mais de 3000 por ano, e Duarte Nunes de Leão, em 1599, escreve: «notório é os muitos mil escravos de Guiné e de outras partes da Etiópia e da Índia que neste reino há...»; Lisboa, a meio do século xvi, contaria uma dezena de milhar – 10% da sua população; na ilha da Madeira pela mesma altura, orçariam por uns 3000, numa população total de 20 000 habitantes. Nessa dezena de milhar parece ter-se mantido a população escrava da capital

A ESTRUTURA SOCIAL DO ANTIGO REGIME | 85

nas primeiras décadas de Seiscentos, a aceitarmos os números de Nicolau de Oliveira em 1620; e no intervalo o holandês Van Linschotten avaliara-a em mais de 10 000. Já em 1465-1466 Rosmithal assistia ao extraordinário afluxo de cativos ao Reino, e via mesmo no Porto «muitos infiéis escravos», cada ano chegando aos milhares. Também Münzer em 1494, se espanta com a quantidade de escravos pretos e acobreados existentes em Lisboa. Ainda em 1687, o pedido da Câmara de Lisboa, de rigoroso cumprimento da lei que proibia o porte de armas aos escravos, a fim de evitar as constantes desordens, revela que o seu número continuava a ser elevado (Damião Peres, em *História de Portugal*, t. VI, pp. 373-4.). Referimos o quantitativo de escravos na Madeira, onde chegou a preocupar o poder central, pretendendo limitá-lo. Nos Açores, no século XVI, também (testemunha Thevet, *Cosmographie*, liv. XXIII, cap. 7) os Portugueses possuíam numerosos escravos para trabalhar e cultivar as terras.

Na realidade, encontràmo-los, no Reino e Ilhas, em todas as actividades: na lavoura, na pesca, nos serviços domésticos ou da vida urbana (acartando água, vendendo peixe, por ex.), nos ofícios. Assim, frei João de São José, em 1577, indica que no Algarve os mestres de lagares de azeite são negros, negros trabalham nos olivais, o esparto é apanhado por negros e negras. Mas do Oriente também vinham, numerosos, pela rota do Cabo: japões, que exercem todas as artes com bom entendimento, de igual modo que os chins, de maravilhosa inteligência (e extraordinários cozinheiros), pretos de Moçambique para os trabalhos pesados (Sassetti, pp. 125-6).

2. Os três estados ou ordens

O clero

O clero constitui o primeiro braço do Reino, aliás, sob vários pontos de vista, de natureza bem diferente dos outros dois. Por um lado, forma uma organização própria, com a

86 | ESTRUTURA DA ANTIGA SOCIEDADE PORTUGUESA

sua hierarquia interna, para mais dependente de uma cabeça que se situa no estrangeiro. Além de gozar de foro privativo, rege-se pelas suas leis próprias (direito canónico), tem as suas regras de comportamento próprias, e, por outro lado, o resto da sociedade está-lhe subordinado no que respeita à sua função específica. É como que um Estado dentro do Estado. Mesmo os rendimentos régios estão, desde 1218, gravados com a «décima a Deus». A igreja é asilo onde não podem penetrar, salvo excepção (caso dos escravos, por exemplo) as autoridades civis ou militares. Como a nobreza, é ordem não tributária; a mais, tem a isenção do serviço militar (salvo em condições especiais). As suas rendas ou os seus bens não sofrem deduções a favor do Estado, a não ser quando o próprio clero vote auxílios financeiros ao Reino, com autorização de Roma. O clero – e é este um dos problemas fundamentais da época que tratamos – aumenta numèricamente de maneira extraordinária do século xv ao século xviii; avoluma-se, em especial, o número de conventos e a importância das ordens monásticas – um dos traços salientes da história social peninsular nestes séculos. De 203 no final da era quatrocentista, os conventos saltam para 396 no final da era quinhentista, quase duplicando, pois, num século; contam-se uns 450 quando da Restauração, 477 no primeiro terço do século xviii, e 510 (sendo 380 de frades e 130 de freiras) em 1833. Já o holandês Van Linschotten observara com espanto que Lisboa estava a tal ponto semeada de mosteiros, conventos e hospitais que quase igualavam em número as restantes casas da cidade – evidente exagero mas impressão convincente. Numa representação dirigida a Filipe II de Portugal talvez na segunda década seiscentista agrava-se que «são tantos os clérigos e frades que se comem uns aos outros» – e chega-se a propor que durante dez anos se fechem os estudos e não se ordene ninguém (F. Almeida, *Hist. da Igreja*, t. Ill, pp. 519-20), e D. Luís da Cunha dirá, volvido mais de um século, que a fradaria nos devora, a fradaria nos mata. Qual o sentido numérico de tais afirmações? A meio do século xvii, contando-se em Portugal mais de 25 000 frades e freiras e mais de 30 000 clérigos numa população de

A ESTRUTURA SOCIAL DO ANTIGO REGIME | 87

quase 2 milhões, há um eclesiástico ou religioso para 36 habitantes ou menos; na vizinha Espanha, ao findar esse século,a proporção andará por uns 33 (são 180 000 em menos de 6 milhões – Hamilton, *Florecimiento del capitalismo*, p. 728); dadas as incertezas dos cálculos, a Península deve girar toda à volta da mesma proporção.

A pressão social e económica do clero não resulta pròpriamente do número dos que o constituem, mas sim dos laços que a si prendem toda a população. É que, além de gozar dos privilégios e imunidades de que já falámos, arrecada para si um quinhão importante da «renda» nacional (veremos adiante o significado desta expressão). De toda a produção nacional cobra 1/10 – é o dízimo eclesiástico ou décima a Deus, cuja instituição remonta, entre nós, ao século XII ou ocaso do precedente, generalizando-se seguidamente. Estes dízimos podem «enfeudar-se» em comendas, unir-se a catedrais, mosteiros, etc., recebendo o pároco só a porção côngrua. Mas são, além disso, as oblações pias, a princípio ofertas graciosas ao eclesiástico pela administração dos sacramentos, depois generalizadas e transformadas em emolumentos pràticamente obrigatórios (donde nasciam demandas constantes, chegando os párocos a mandar penhorar os bens dos fiéis); entram também as ofertas ao altar, para celebração dos ofícios divinos (cera, lâmpadas, vinho, etc.) e o dar de jantar (vitualha) bem como as ofertas para obras de assistência ou de refeição das igrejas ou capelas, para pôr uma imagem no altar, e tantas outras. E mais, há as primícias – os primeiros géneros recolhidos, dados à igreja ou ao pároco ou ao prebendário. Outras ofertas ainda, de início voluntárias mas que o clero passa a exigir como devidas por lei. Um exemplo: na diocese de Braga muitos diocesanos ofereciam votos a Santiago para defesa contra os mouros: esses votos vieram a constituir boa parte da renda da mesa arcebispal; constavam de certa quantia de pão e outros frutos, e por cada jugada de bois uma medida dos melhores frutos a modo de primícias, assim de pão como de vinho, para a mesa dos cónegos; ora muitos diocesanos não queriam «pagar», e obtiveram sentença favorável do juiz dos feitos da coroa; mas

D. frei Bartolomeu dos Mártires convenceu finalmente o rei a julgar a favor da Igreja (Frei Luís de Sousa, *Vida do Arcebispado*, liv. IV, cap. 2); o Celeiro é que constituía, porém, a parte mais grossa de todo o rendimento do arcebispado (*idem*, liv. l, cap. 13).

Mas além de todos esses rendimentos anuais, a Igreja é grande proprietária de toda a sorte de bens. Sem dúvida as *Ordenações* proibiam que as igrejas ou ordens pudessem haver bens nos reguengos (liv. II, tít. XVI), bem como pudessem comprar ou por qualquer título adquirir (mesmo que em pagamento de dívida ou em testamento) bens de raiz sem especial licença del-rei (tít. XVIII). Todavia Igrejas e mosteiros recebiam constantemente heranças para obras pias e sufrágios (bens deixados por alma), e desde 1567 espalhara-se o costume de distribuir em obras pias as terças dos que faleciam sem testamento. Em 1715 o abade de Mornay dizia para França que o clero possuía 2/3 do Reino; não atingia essa proporção, mas a sua participação na propriedade do solo oscilaria entre 1/3 e 1/4. E o que representariam os rendimentos eclesiásticos em relação ao rendimento nacional? Em 1537 aqueles somariam 1 milhão de cruzados-ouro, em 1632, excediam 1 840 000; quer dizer que em 95 anos cresceram 84% *em moeda estável*. Ora na primeira data as receitas do Estado (sem os tratos nem o Ultramar) não alcançariam 400 000 cruzados, mas com as entradas «mercantis» aproximar-se-iam talvez do milhão; na segunda data, incluindo todas as fontes de receita (exceptuado o Ultramar) aproximar-se-iam dos dois milhões de cruzados--ouro. Pensava-se durante o Antigo Regime que na Península a «renda» (entendendo por tal tudo aquilo que se produz para além das necessidades imediatas de subsistência da classe produtora) se dividia de maneira aproximadamente igual em três quinhões: um ia para o rei (para o Estado), outro para o clero, e o terceiro pertencia aos nobres. As proporções oscilaram decerto, mas aquela divisão dá-nos, grosso modo, uma ideia estrutural da sociedade de Antigo Regime. Em 1832, no Algarve, as rendas eclesiásticas andavam entre 66 e 67 contos de réis e as receitas públicas (alfândegas, impostos, etc.), por 72.

A ESTRUTURA SOCIAL DO ANTIGO REGIME | 89

Por esta altura, no todo do Reino as corporações religiosas têm de rendimento 1162 contos, ao passo que os impostos directos somam para o Estado à volta de 1600 contos.

A nobreza e os seus réditos

Uma boa parte dos rendimentos eclesiástico-monásticos não é, contudo, para empregarmos uma expressão da época, «comida» pelo próprio clero. Este, aliás, nos seus escalões superiores está ìntimamente imbricado com a nobreza, e na Península Ibérica os fidalgos conseguiram chamar a si apreciável quinhão dos proventos das igrejas, mosteiros e diferentes fundações pias. Quando frei Bartolomeu dos Mártires pretendeu, no seu arcebispado, restituir o seu a seu dono, sabia que «entrava em guerra descoberta com a maior parte do Reino e, com toda a nobreza dele, cujas rendas principais constam de igrejas e comendas»; esses possuidores de rendas na origem eclesiásticas consideram-se e agem como proprietários, e não como usufrutuários, que afinal são (*Vida do Arcebispo*, liv. III, cap. 7).

Além dessa participação interposta na produção agro-pecuária, é a nobreza detentora directamente de percentagem muitíssimo elevada dos bens de raiz. Podemos calcular que no século XVII uns 95% do solo peninsular pertencem aos dois braços, nobre e clerical, conjuntamente, sendo a parte daquele, de longe, a maior. A fidalguia é uma ordem que assenta na propriedade fundiária, portanto, mas não exclusivamente – e esta constitui uma das originalidades da sociedade peninsular. Participa também largamente dos réditos públicos, tendo em boa-parte ao seu serviço um Estado profundamente mercantilizado: são os «casamentos», as tenças e outras mercês, e principalmente os assentamentos, ligados a certas categorias ou funções, ou ainda as actividades mais ou menos lícitas aferentes a determinados cargos (exercícios de capitanias, por exemplo). Chegam-se a elaborar listas de cargos com a estimativa do que podem render ao beneficiário – assim o livro de 1582, relativo ao Oriente (ed. Mendes da Luz).

90 | ESTRUTURA DA ANTIGA SOCIEDADE PORTUGUESA

Directamente ou por interposta pessoa, entra no tráfico marítimo, em todo o comércio com as regiões mais longínquas do Globo, seja a seda da China, a prata do Japão, o cravo e a noz de Banda e das Molucas, a canela de Ceilão, o açúcar brasileiro ou de São Tomé, os escravos de Guiné ou Angola. Tal participação é de importância decisiva. Na verdade, encontramos nobres a monopolizar as saboarias do Reino – caso do infante D. Henrique, e depois do seu filho adoptivo D. Fernando –, a armar navios para exercer um corso frutífero (por ex., Rui Valente, cavaleiro da Casa Real e provedor da Fazenda do Algarve, em 1463, arma caravela em que vai por capitão um cunhado, escudeiro, a fim de saltear os mouros no Estreito, recebendo do rei em mercê o quinto das presas) ou para tráfego lucrativo (o cavaleiro Gonçalo de Paiva passa em caravela sua ferro da ilha de Cabo Verde para os rios da Guiné, em 1499, e em começos do séc. XVI o porteiro Jorge de Melo arma navio para andar a resgatar no Senegal), a explorar engenhos industriais (um cavaleiro da Casa Real, Francisco de Almeida, é que fica em Azamor com dois lagares de fazer cera que eram do tempo dos mouros); encontramos nobres a organizar, ou como accionistas de companhias comerciais, nem que seja sob capa, com testas de ferro (e inclusivè o próprio rei), encontrámo-los em todos os tratos e mercancias, sejam eles quais forem. O capitão de Azamor, D. Álvaro de Noronha, ganhou milhares de ducados «com certas manhas», entendendo-se com os mouros; um judeu que dele se agravava é que foi preso, e o capitão continuou no cargo (o rei chegara a pensar em demiti-lo), apesar das grandes murmurações (Simancas, E 367, de Évora 9-V-1524). D. João de Castro, antes de partir para a Índia em 1545, confiou todos os seus bens ao mercador-banqueiro Lucca Giraldi. Em 1678 regressa da Índia o vice-rei Luís de Mendonça; consigo traz uns 2 milhões de cruzados – mas a fragata naufraga; tomara, porém, a precaução de colocar em vários bancos da Europa 4 a 5 milhões de cruzados, ganhos sobretudo no comércio com Moçambique (com um cabedal inicial de 200 000 a 300 000). Em 1715 os negociantes que tratam no Brasil queixam-se

A ESTRUTURA SOCIAL DO ANTIGO REGIME | 91

amargamente: é que o vice-rei, marquês de Angeja, negociou com os Ingleses a admissão directa de mercadorias britânicas nos portos brasileiros, e isto contràriamente a todas as leis portuguesas. O embaixador francês em Lisboa explica então que os governadores ultramarinos têm licença de mercadejar por conta própria, e que são eles que geralmente compram (ou encarregam outros de comprar) as mercadorias dos navios estrangeiros entrados nos portos sob todos os pretextos (do abade Mornay, 26-III e 14-V-1715, Paris, Arch. du Ministère des Affaires Étrangères). Quando, em 1722, o navio de guerra em que vinha de Goa o filho do conde de Ericeira foi tomado por corsários franceses, houve grande consternação em casa do conde por se afundarem as esperanças postas nesse regresso com copiosas riquezas; e foi também perda considerável para o rei, para a rainha (desde sempre interessada na rota do Cabo) e para uns tantos fidalgos que todos os anos recebiam rendas consideráveis do Oriente (De Montagnac, 14-IV-1722, Paris, Arch. Nationales, Aff. Étrang.). Em 1733 o irmão do patriarca de Lisboa e cunhado do secretário de Estado, D. Lourenço de Almeida, que fora governador de Minas dez anos, volta com uma fortuna imensa, que fizera passar para a Europa durante a sua estadia no Brasil; calculavam-na em 18 milhões de cruzados em ouro e diamantes (consigo trazia só 60 000). Foi muito bem recebido pelo rei, graças à acção do cunhado, que para preparar essa excelente recepção reconciliara primeiro o monarca com o conde de Assumar, governador precedente: quando este regressara, ao fim de seis anos de governo, com mais de 100 000 moedas de ouro, D. João V não o recebera e mantivera-o afastado da corte.

Comendas e vínculos

Estado-mercador, nobreza mercantil: como tipo social característico, o fidalgo-negociante, o alto funcionário-mercador enobrecido. Impera o mercantilismo (a economia dominada pela função de mercado), mas sem mentalidade

92 | ESTRUTURA DA ANTIGA SOCIEDADE PORTUGUESA

burguesa. É que essa classe dominante está, por outro lado, convém relembrá-lo, ligada à propriedade do solo: pelo sistema das comendas tem acesso aos rendimentos das ordens militares (cuja incorporação na Coroa, no século XVI, correspondeu, em parte, ao que foi a secularização dos bens eclesiásticos nos países que fizeram a Reforma), e pelo sistema do morgadio tem a possibilidade de centralizar nas suas mãos a maior parte dos bens de raiz. As comendas são afinal atribuições do usufruto de bens de ordens religioso-militares. Em começos do século XVII havia cerca de 600 comendas, cujo rendimento variava entre 1 conto e 50 000 réis, totalizando 150 contos (o rendimento da rota do Cabo anda então por uns 234). Herculano caracterizou Portugal como país de vínculos, comendas e bens da coroa. Um vínculo é um conjunto de bens que está vinculado, que está unido indissolùvelmente a uma família; trata-se de uma forma de propriedade inalienável e indivisível, transmitida em linha masculina através do primogénito, com exclusão dos irmãos, que apenas recebem subsídios tirados do rendimento do morgadio; não existe, pois, o direito de testar, e em cada momento o possuidor do vínculo não é mais do que administrador dos bens que o integram. Além do morgado, que é o vínculo de bens laicos a uma família nobre, há outra forma de vínculo, a capela: a capela é um conjunto de bens em princípio afectos a uma obra pia, a assegurar o culto, mas que em grande parte acaba por constituir um morgado; quer dizer, está também indissolùvelmente vinculado a uma família que cumpre os deveres religiosos inerentes a tal fundação, mas goza do usufruto desses bens.

Distribuição da propriedade

Estas instituições caracterizam bem a ordem nobiliárquico-eclesiástica. Interessa sobremaneira averiguar a sua incidência social e económica no conjunto da população. Em 1632 o juiz do povo de Lisboa envia à corte, em Madrid, um relatório financeiro, em que sublinha: não há nos Reinos lavrador que

A ESTRUTURA SOCIAL DO ANTIGO REGIME | 93

lavre em terra própria, por quase toda ser respectivamente das igrejas, reguengos da coroa, ou foreira a diversos senhores, e os foros e pensões dela, e imposições e tributos imoderados. Lembremo-nos de que os estudos feitos em relação à Espanha seiscentista concluem que uns 95% da terra pertencem à nobreza e ao clero. D. Luís da Cunha em 1736 dirá aproximadamente o mesmo: «O Reino de Portugal» é uma ourela de terra que divide em três partes, «de que a primeira não é, ainda que o poderia ser, bem cultivada, que a segunda pertence às ordens eclesiásticas, compreendendo as monásticas, e que a terceira parte produz um pouco de grão, que todavia não basta para subsistência de seus moradores, sem que lhe venha de fora.» Se tentarmos cingir estatìsticamente a situação, no ocaso do século XVIII, encontramos para Espanha, a seguinte distribuição: 51% do solo pertence à nobreza, 16,5% ao clero, e tão-só 32% aos plebeus (contra 68% àquelas duas ordens). Mas estas percentagens globais mascaram diferenças regionais extremamente importantes. Assim, na região de Ávila, Salamanca, Valladolid, aos morgados pertence 80% da terra, à Igreja quase 20%, ficando os plebeus reduzidos a 0,8%! Tracemos no mapa a distribuição geral da propriedade e dos sistemas de exploração. A cordilheira central da Península constitui a grande divisória. Para o Sul, incluindo o Alentejo, espraiam-se os latifúndios trabalhados por um proletariado agrícola – os jornaleiros, isto é, os que trabalham dia a dia, recebendo por cada uma dessas jornas de trabalho o respectivo salário (jornal), representam mais de metade da população rural. Para o Norte dessa cordilheira, são menos de 50%, mas em nenhuma região da Península os proprietários cultivadores, isto é, os que cultivam a terra própria directamente, alcançam metade da população agrícola; aqui convém distinguir três zonas: no Nordeste (Catalunha) e Leste (Valência) predomina a enfiteuse, no Centro setentrional (Biscaia, Navarra, Aragão), o arrendamento a longo prazo, no Noroeste (Galiza, Castela-a-Velha, Astúrias) o arrendamento a curto prazo, com mini-explorações (e sublocação, com foro) – é também o caso do nosso Minho.

94 | ESTRUTURA DA ANTIGA SOCIEDADE PORTUGUESA

Tipos de bens, categorias sociais e sua geografia

Tentemos, na esteira do jurista Lobão, uma classificação dos vários tipos de bens em Portugal. Em primeiro lugar, os bens da coroa – património do Estado; os bens realengos, ou reguengos, esses, são bens particulares do rei, e os que os cultivam solvem quota de frutos (1/4 ou 1/5), além de pagarem laudémio (muitos reguengos estão concedidos, usufrutuàriamente, a nobres); as comendas são conjuntos de bens cujos rendimentos estão concedidos a particulares nobres, não as havendo todavia vinculadas; os padroados são bens em que a sucessão se faz como nos morgados, andando aliás muitos anexos a morgados; bens alodiais são os de propriedade plena: raros em Portugal (e no resto da Península), a não ser em regime de latifúndio; bens jugadeiros são os que pagam só jugada (contribuição predial) e não laudémio; bens enfitêuticos ou emprazados, e censos reservativos ou consignativos (réditos ânuos); há ainda os bens concelhios, logradouros comuns, em que anualmente são pela Câmara repartidos quinhões (por ex., em Soure) – aliás já no século XVI, como se vê em Gil Vicente e Sá de Miranda, a nobreza andava a vedar os pastos, pelo menos nas serras. No Alentejo, já o notava Severim de Faria em 1624, província em muita parte deserta, em que o povoamento é em herdades muito afastadas (conviria juntá-lo em vilas, como é na Estremadura espanhola, a fim de fomentar o mercado interno), cada proprietário tem duas e três herdades, e o resultado é que as lavra mal; o gado é numeroso, mas como não é guardado em currais, sofre alta mortandade. E pouco depois Faria e Sousa, sublinhando que os lavradores são os mais deles poderosos em fazendas, indica que dos filhos, sustentados graças a essas fazendas nos estudos, estão cheios os tribunais, e por aqui chegam a ministros. Lobão, ao abrir o século XIX, continua a notar, relativamente ao Alentejo, que as herdades têm ranchos de criados, muitas juntas de bois, e nelas se semeiam muitos moios de semente. Já em relação à Beira, Minho, Trás-os-Montes e mesmo Estremadura, indica que os lavradores comumente são pobres,

A ESTRUTURA SOCIAL DO ANTIGO REGIME | 95

trabalhando por si e com seus criados (em pequeno número) (*Morgados,* cap. 3, § 14). No mesmo sentido, dois séculos atrás testemunha Severim de Faria (*Arbítrios para Abundância de Pam,* 1624) que em Entre-Douro-e-Minho são numerosos os pequenos lavradores, nenhum tem 10 ovelhas nem 20 vacas; o gado é melhor cuidado do que no Alentejo, guardado em currais. Mas aqui a proliferação demográfica afogava a nobreza na necessidade, esclarece-nos Faria e Sousa (*Europa Portuguesa,* t. III, parte III), estando no século XVII arruinados muitos castelos e torres. Todavia era na Beira (Aveiro, Coimbra, Viseu, Guarda, Idanha) que a população agrícola era na maior parte pobre – de trato e traje último; tanto mendigam os que nada têm como os que têm alguma cousa – acabados os labores, vão até Castela a mendigar. O cardeal da Mota, em 1734 («Parecer sobre a fábrica das sedas», ed. Borges de Macedo) acentua que no Norte de Portugal há tanta gente ociosa e pobre por falta de emprego (daí a vantagem de se estabelecerem manufacturas).

Segundo o coronel Franzini (Balbi, *Essai,* t. I, pp. 234-5) a população ligada à terra dividir-se-ia assim, no começo do século XIX:

	N.º	%
Proprietários e outros que vivem de suas rendas	60 000	11%
Cultivadores proprietários	96 000	17,7%
Cultivadores arrendatários	135 000	24,9%
Jornaleiros	215 000	39,7%
Pastores e outros serviçais para o gado	35 000	6,4%
Soma	541 000	

Não sabemos bem qual o grau de confiança que merecem estas estimativas. Parece pelo menos que devemos entender a segunda categoria – cultivadores proprietários – como abrangendo sobretudo os enfatiotas, os foreiros de prazos. Em 1952-1954 ùnicamente 14% dos agricultores são por conta própria, predominando no Norte e Algarve; e há 56%

96 | ESTRUTURA DA ANTIGA SOCIEDADE PORTUGUESA

de jornaleiros; então o grau de concentração das explorações agrícolas, dado pelo índice de Gini (de 0 a 1), inscreve acima de 0,700 os distritos de Portalegre, Évora, Setúbal, Castelo Branco, Beja, Santarém, Lisboa: como se vê, todos abaixo da cordilheira central; a menor concentração é no de Viana do Castelo, seguido pelo de Viseu, depois o de Leiria, Aveiro, Coimbra – (*Níveis de Desenvolvimento Agrícola no Continente Português*, Lisboa, 1963). Vislumbra-se, por debaixo das transformações do liberalismo, a persistência estrutural de Antigo Regime. Mas voltemos atrás do século XIX. Não podemos aperceber-nos do «peso» social-económico da ordem nobiliárquico-eclesiástica apenas pela espantosa concentração de propriedade de bens de raiz.

O senhorio

É indispensável não esquecer que essa ordem dominante, composta dos dois braços, domina ainda boa parte do Terceiro Estado pelos laços de dependência pessoal constelados no senhorio, que em Portugal persistiu sob a forma de capitanias (especialmente no Ultramar) e donatarias. Pelo senhorio gozam certos nobres de funções de autoridade (judicial, por ex.) sobre o comum integrado na sua donatária, e arrecadam certos direitos fiscais rendosos. O priorado do Crato, por exemplo, dividido a meio pelo Tejo, estende-se de Alter do Chão ao Zêzere entre os dois Pedrógãos; compreende, no Alentejo, as vilas de Crato, Tolosa, Amieira, Gavião, Gáfete, e ao norte Belver, Vila Nova dos Cardigos, Proença-a-Nova, Sertã, Pedrógão Pequeno, e 29 freguesias, 6000 vizinhos (30 000 habitantes); fóra do priorado, o Prior do Crato tem jurisdição secular e nas igrejas na Vila de Oleiros e na Vila de Álvaro; a fazenda, que rende ao todo uns 35 000 cruzados, compõe-se dos dízimos, dos direitos da quarta parte dos frutos, de censos perpétuos, direitos reais (excepto alcavalas), e muitas defesas e propriedades, que além dos dízimos pagam foro; são ainda do prior todas as águas dos rios – ninguém pode fazer moinhos

A ESTRUTURA SOCIAL DO ANTIGO REGIME | 97

nem lagares sem licença sua e sem lhe pagar o foro –, na Sertã muitos lagares movidos a água, um celeiro, armazéns de azeite, em Proença um lagar e um celeiro, em Pedrógão um lagar, no Crato 5 lagares hidráulicos e 2 celeiros; tem pesqueiras e caneiros, que andam aforados, e barcas, por exemplo a da Amieira, que rende 200 000 réis (Carvalho da Costa, t. II, pp. 575-6 e 590-1).

Visitemos uma comenda: a de Gontijas e Valada (no termo de Pias, ao norte de Tomar) dá para o comendador o dízimo do azeite, os oitavos do linho, e uma parte do dízimo e oitavo de pão e vinho, pertencendo a outra parte ao Convento de Cristo, que recebe além disso as primícias e meunças (*idem*, t. III, p. 219). Vejamos como são divididos os dízimos, por exemplo em Alcáçovas e seu termo (Alentejo): 1/3 é para o comendador de Cristo (que paga ao reitor 40 000 réis e dá para a fábrica da igreja 50 000), outro terço vai para o arcebispo e cabido de Évora (ao prelado cabem 2/3 desse terço, ou sejam 2/9, e ao cabido 1/3 dele, ou seja 1/9), e o restante terço é distribuído *pro rata* por quatro beneficiados (*idem*, t. II, p. 463). Passemos a alguns senhorios. O senhor de Guardão (serra do Caramulo) tem 1/8 de todos os frutos, com 42 casais que lhe pagam seus foros e fogaças. O conde de Redondo tem, nessa terra alentejana de que é senhor, 6300 réis de jugada, ou seja, 36 alqueires de cada moio que se semeia, mais os oitavos do vinho, e 50 000 réis de portagem; de igual modo em Alvito o conde-barão tem 1/8 dos vinhos e as jugadas do pão. De Peniche recebe o conde da Atouguia os dízimos do pescado e 10% das cargas das embarcações que saem a barra: esses direitos rendem-lhe uns 5000 cruzados; além disso, a Câmara dá-lhe um «jantar» cada ano que importará nuns 200 000 réis.

O *Terceiro Estado*

Como se compõe o Terceiro Estado? As *Ordenações* (liv. V, tít. 72), bem como o alvará de 1570 sobre os ociosos e vadios, fóra dos estados eclesiástico ou nobre, reconhecem três modos

98 | ESTRUTURA DA ANTIGA SOCIEDADE PORTUGUESA

de vida: viver com senhor ou com amo é um deles, ter ofício ou mester em que trabalhe e ganhe sua vida é o outro, e andar negociando negócio seu ou alheio é o terceiro; claro que daí deduzimos um quarto modo de vida lícito a quem não pertence aos dois primeiros braços (os privilegiados): é ser amo, isto é, proprietário ou arrendatário ou enfatiota de uma exploração, e trabalhá-la com os seus criados e familiares (a lei não tinha de se lhe referir como item na enumeração, porquanto visa os que se deslocam sem ter essa base de sustentação).

Encontramo-nos, pois, com quatro grupos: *a)* agricultores (trabalhando quer a terra própria quer a que têm de mão alheia); *b)* mercadores e negociantes; *c)* mesteirais, oficiais mecânicos, isto é, os ligados às actividades industriais: *d)* os que servem outrém – na agricultura, no comércio ou na indústria (nestes dois ramos, apenas se contam nesta categoria os serviçais não qualificados, os não profissionais pròpriamente ditos), nos serviços domésticos e anexos. Veremos noutro ponto (2.ª Parte, Antologia) que D. Duarte, abaixo dos oradores (clero) e defensores (guerreiros), coloca, além dos lavradores a que agrega os pescadores, a um lado, os oficiais, isto é, os quadros da administração pública, e a outro, conjuntamente, os mercadores, mesteirais, mareantes e profissões «liberais». Mas o funcionalismo, que, nos seus escalões superiores pelo menos, chegara a constituir uma ordem separada – a dos letrados –, integra-se em boa parte no braço nobiliárquico ou na sua ante-câmara: a carreira leva a receber o título de escudeiro, e depois o de cavaleiro, atingindo-se o grau de cavaleiro-fidalgo ou mesmo acima. Tal simbiose, parcial embora, introduz necessàriamente a ambiguidade na condição e mentalidade do funcionalismo.

Não é a única ambiguidade na passagem das ordens privilegiadas para o braço popular. Se nas Cortes de 1472, ao requerer-se a fixação dos trajes, os mercadores são colocados abaixo dos escudeiros, nas Cortes de 1481-1482 escudeiros e gente limpa (mercadores, funcionários) formam uma categoria única. Muitos mareantes (por exemplo, pilotos), construtores de navios, comerciantes obtêm privilégios de fidalguia, pelo

A ESTRUTURA SOCIAL DO ANTIGO REGIME | 99

menos de cavaleiros. Entre os moradores da Casa de D. João III, figuram como cavaleiros 3 filhos de doutores, 2 filhos de licenciados, 9 escrivães, 2 mestres de naus, 7 pilotos, 5 funcionários da Fazenda, além de um tesoureiro da especiaria, dois filhos do capitalista Bartolomeu Marchione, outro negociante italiano; e como escudeiros-fidalgos, 3 filhos de licenciados, 6 filhos de doutores, os filhos do contador-mor, o provedor--mor dos Contos, dois mercadores – Catanho e um francês; moços fidalgos, temos um filho de bacharel, 12 filhos de licenciados, 28 filhos de doutores, 5 filhos de funcionários superiores da Fazenda. Um recenseamento social da Península (excepto Portugal) em 1571 e 1586 junta numa categoria única fidalgos e mercadores porque a maioria dos mercadores são fidalgos.

Verificámos, já, por outro lado, que a nobreza está profundamente mercantilizada, e agora verificamos que os grupos de mercadores e negociantes buscam por todos os meios integrar-se na ordem nobiliárquica: a realidade é o mercador-cavaleiro e o cavaleiro-mercador, o fidalgo-negociante e o negociante-enobrecido, não sendo por isso fácil a existência de uma burguesia autónoma, com seus valores próprios.

No braço popular, mesmo não contando com esses elementos com um pé na ordem privilegiada, há que distinguir a um lado os cidadãos, os homens bons, que dominam as câmaras e que, pela sua aproximação dos privilegiados, podem considerar-se integrados nos «honrados» dos lugares, pelo menos fazem parte da «gente limpa», e a outro lado a «gente de ofícios mecânicos [e vis] e desta sorte, e outra de baixa mão», os que não vivem «limpamente», dos quais só os de alguns sectores (os organizados em mesteres) participam, pelos seus representantes, na vida pública local – o rei, em geral, dirige--se aos «cidadãos e mais povo», e apenas em circunstâncias especiais escreve aos mesteres, cousa que estes aliás sentem. A camada superior do Terceiro Estado compõe-se, portanto, dos proprietários rurais e dos mercadores; a inferior, dos mesteirais e dos que trabalham na terra por conta de outrem. Não se esqueça que mais de metade da população agrícola é composta por jornaleiros.

100 | ESTRUTURA DA ANTIGA SOCIEDADE PORTUGUESA

3. Composição social e factores de evolução

Tentemos cingir numèricamente a composição social da população peninsular, segundo as principais modalidades de maneiras de viver e ocupações. Em 1571 e 1586 levantou-se em toda a Espanha (mas não, infelizmente, em Portugal) o rol de todos os homens susceptíveis de pegar em armas, entre os 18 e os 60 anos: ao todo, 1 104 694. Falta evidentemente o clero, que podemos estimar nuns 150 000, o que eleva o total a cerca de 1 254 694. Eis como se distribuem pelas várias categorias:

	N.º	%
Clero – cerca de	150 000	11,9
Fidalgos e mercadores	311 910	24,9
Artífíces e trabalhadores manuais	350 350	27,7
Lavradores e camponeses	337 594	26,9
Marinheiros e pescadores	57 880	4,6
Servidores e ociosos	46 960	3,7

Consideremos, ràpidamente embora, a distribuição regional (não contando nestas percentagens com o clero, porque ignoramos o que lhe diz respeito). A percentagem de nobres e mercadores é máxima em Castela (32,5%), seguida da Andaluzia (29,9%) e de Toledo (28,6%); abaixo de 20%, conquanto sempre acima de 14%, por ordem crescente, no Condado, Aragão, Galiza, Astúrias e Oviedo. A população que vive da agricultura é mais importante em Aragão (48,1%), Navarra (46,1%), Estremadura (48,8%) e Catalunha (42,2%), não atingindo os 30% em Castela, na Andaluzia e na Galiza. A actividade industrial ressalta sobretudo em Castela (38,8%) e Toledo (33,4%), andando em todas as restantes regiões ao redor de 25%.

A pesca e a navegação alcançam o máximo na Galiza (19,4%), seguida da Biscaia (17,1%), em terceiro lugar temos a Andaluzia (15,1%) e a costa asturiana depois (14,6%), não tem grande relevo no litoral valenciano, nem sequer no granadino, e menos ainda no catalão.

A ESTRUTURA SOCIAL DO ANTIGO REGIME | 101

Estes números desvendam-nos uma situação estranhamente paradoxal: ao contrário do que tudo levaria a supor, a população agrícola, o sector primário de actividades, não tem a maioria, nem mesmo se aproxima de metade, fica à volta de 1/3. Ora numa economia de Antigo Regime, que desconhece a mecanização da agricultura, a escolha de sementes, os adubos artificiais, que não dispõe portanto de meios de fomentar a produtividade agrícola por trabalhador e em que essa produtividade é extremamente baixa, se estamos perante uma sociedade em que o sector primário se encontra muitíssimo reduzido, não pode deixar de tratar-se de sociedade cujos mecanismos estão bloquedaos.

E na verdade sabemos que a população da Espanha diminuiu em finais do século XVI e durante longas décadas do século XVII. O clero hipertrofiou-se, vimo-lo atrás. A percentagem do clero conjuntamente com os fidalgos e mercadores eleva-se a nada menos do que 36,8%; se ainda lhe somarmos os servidores e ociosos, temos a percentagem, astronómica para uma sociedade anterior à Revolução Industrial, de 40,5% para as categorias não produtoras da população.

O terciário de Antigo Regime

Repare-se que nesta soma formámos o que podemos designar por sector terciário de Antigo Regime. O chamado sector terciário das sociedades industrializadas, que se tem avolumado no nosso século, nada tem que ver com esse de outrora: o de hoje compõe-se das actividades fundamentalmente creadoras e de organização ligada ao desenvolvimento de indústria altíssimamente eficaz, incluindo a «explosão» do ensino, serviço nacional de saúde, a pesquisa científica e a criação artística, literária, cultural sob todas as formas, e múltiplos serviços ligados ao equipamento social de base. O terciário antigo não fomenta a produção; ao invés, opera sobre ela uma punção extremamente violenta para despesas sumptuárias, se exceptuarmos o grupo comercial pròpriamente

102 | ESTRUTURA DA ANTIGA SOCIEDADE PORTUGUESA

dito (mas a cujo desenvolvimento já vimos os entraves). Gastar mais do que a renda define em boa parte a mentalidade desse terciário nobiliárquico-eclesiástico; falta a ideia de investimento, de poupança para empregar produtivamente. O que não é gasto pode constituir reserva de valor, mas sob a forma de bens de raiz ou de jóias e objectos preciosos. Como advertia João Fogaça a um comendador, ao abrir o século xvi: «Cá segundo cá se diz, e eu avento, / de ter cousa sem raiz / nam se faça fundamento.» (*Cancioneiro Geral*, t II, p. 345). Uma lei de 1570 estipula que pessoa alguma, de qualquer estado e qualidade que seja, não gaste nem despenda mais do que aquilo que tiver de renda; trabalhe até, e muito, por gastar menos, e o que lhe sobejar, empregue em bens de raiz ou em prata chã, não noutras cousas escusadas (*Leys e Provisões de D. Sebastião*, p. 99): ausência de qualquer preocupação de mobilizar o que sobeja para incrementar a produção.

É certo que em Portugal não se deu, do século xvi para o xvii, a contracção demográfica que se processou na vizinha Espanha: as condições da economia de base ultramarina jogaram aqui diferentemente do que além. Mas a composição social deve ter sido, grosso modo, a mesma, e encontramos os mesmos sintomas; em suma: sociedade que, sem ter os meios modernos de produção de subsistências, viu extremamente reduzido o seu sector produtivo de base e extraordinariàmente avolumadas todas essas classes que não participam na produção e «comem» a renda (o excedente, retirado o essencial das classes trabalhadoras).

A composição social não permanece, evidentemente, estática, inalterável durante estes três séculos, já não é bem a mesma quando a Grã-Bretanha inicia a revolução da máquina a vapor e a França a revolução da cidadania. Em todo o caso, em 1787 ainda em Espanha o clero, a nobreza, o exército e a administração pública, as profissões liberais, os estudantes e serviçais somam 30% da população adulta masculina, e os agricultores, se aumentaram numèricamente, não ultrapassam 60%. Mesmo nas condições renovadas desta época (a agricultura beneficiou já de algumas transformações), não há

A ESTRUTURA SOCIAL DO ANTIGO REGIME | 103

dúvida de que é este um número ainda baixo de actividade primária para uma sociedade de Antigo Regime que não está a fazer uma revolução de técnica agrícola. Cabe perguntarmo-nos se não é precisamente nesta constituição estrutural da sociedade peninsular que residem as razões pelas quais, tendo iniciado a grande faina do descobrimento do Mundo, depois não participou na Revolução Industrial. E como foi possível essa atrofia do sector primário e essa não menos espectacular e estranha hipertrofia do sector que «come» a renda sem fomentar a produção? Uma e outra resultaram da expansão ultramarina, quer para Portugal quer para Espanha, com o correlativo crescimento mercantil e a possibilidade de satisfazer, graças aos circuitos comerciais, as necessidades que a produção nacional não pode satisfazer. Sabemos hoje que a Revolução Industrial foi precedida, tanto na Grã-Bretanha como em França e na Alemanha, por uma revolução agrícola, ligada à pressão demográfica; o aumento de produtividade na produção de subsistências libertou mão-de-obra que afluiu às cidades e constituiu a base do mercado do trabalho industrial, podendo, graças às trocas internas, ser alimentado pelo trabalho do camponês. Foi o que não se processou na Península.

Factores e ritmos de evolução

A estrutura de Antigo Regime não é, claro, um bloco monoliticamente isento de mudanças, repetindo-se homogèneamente ao longo destes três séculos e tal. Assim como a percorreram ritmos demográficos, ritmos na distribuição da população através do território peninsular, assim como pulsou consoante os ritmos económicos e a sua diversa configuração espacial, ritmaram-na também alternâncias sociais que ora avolumaram ora contraíram a importância da burguesia comercial-marítima ou das classes artesanais.

Esses ritmos da sociedade, foi Jaime Cortesão quem pela primeira vez os pôs em relevo. A sua ideia, afinal bem simples, é de que até ao ocaso do século xv a burguesia se desenvolve no nosso

104 | ESTRUTURA DA ANTIGA SOCIEDADE PORTUGUESA

país e desempenha um papel motor, tem as iniciativas fundamentais. No século XVI dá-se uma reacção nobre (de igual modo Veiga Simões acentuava o papel, para ele decisivo e irreversível, desta reacção), recuperando quer o poderio económico quer o poder político; teria sido necessário o açúcar do Brasil, ao findar Quinhentos e no século XVII, para que de novo a burguesia, ligada à actividade dos portos provincianos, renascesse e readquirisse a sua influência. Mas uma vez mais, para fins do século de Seiscentos, a nobreza e o clero conseguiram reaver às mãos as alavancas da obtenção das riquezas e do poder político; definhara a classe média, há agora rigidez social em castas (*Alexandre de Gusmão e o Tratado de Madrid*, Parte I, t. I, pp. 69-89).

Esquema rítmico talvez demasiado simples, em todo o caso significa, vàlidamente, que por várias vezes no nosso país, como no resto da Península, a burguesia tentou forjar os quadros da sociedade, chamar a si a iniciativa económica e a influência política, mas também por várias vezes esses esforços se goraram e a nobreza e o clero conseguiram recuperar o terreno perdido; a longo prazo, a sociedade assume por isso esse carácter ambíguo que lhe imprime uma ordem nobiliárquico-eclesiástica assente numa economia mercantilista até à medula. Aquela alternativa rítmica não é, aliás, exclusivamente portuguesa, nem sequer sempre ùnicamente hispânica. Sabemos que em toda a Europa, especialmente mediterrânea, o fim do século XVI representa uma decadência da burguesia e uma nova ascensão senhorial e nobre, bem como do poderio eclesiástico. Em Espanha, Juan Reglà constata, do ocaso de Quinhentos a cerca de 1680, a opressão senhorial e a miséria camponesa, a concentração da propriedade fundiária na nobreza, clero e coroa, a ruína da burguesia, a diminuição do artesanato, o alastrar de pícaros, vagabundos e bandoleiros; essa nobreza compõe-se aliás de uma minoria rica e que detém o poder, e de uma numerosa fidalguia pobretana; a economia sofre ciclos desastrosos de inflações e deflações. A partir de 1680 dá-se uma recuperação comercial e industrial da periferia, especialmente da Catalunha, mas também da costa setentrional e da Andaluzia.

A ESTRUTURA SOCIAL DO ANTIGO REGIME | 105

O problema da mentalidade

Em todo o caso, o que é característico da evolução social peninsular é que, depois daquela reacção nobiliárquico-eclesiástica, a burguesia não tenha conseguido vingar e formar uma sociedade moldada pelo seu sistema de valores. Juan Reglà acentua, com Filipe II, a «impermeabilização ideológica de Espanha»; o barroco, aqui, traduz-se no passionalismo e na preocupação da honra cavaleiresca, nos autos sacramentais e numa teatralidade popularucha, na poesia ascético-mística e no discurso contra a ciência. A Descartes e ao seu *Discurso do Método* contrapõe-se o Quixote, «discurso de la falta de método» (José Ferrater Mora).

Se acompanharmos a nossa literatura, como todos os testemunhos relativos à nossa vida social nos séculos XVII e XVIII, constatamos na verdade que a cultura portuguesa é essencialmente nobiliárquica e eclesiástica, extremamente atrasada em relação à Europa além-Pirenéus. Na mentalidade das classes dirigentes está sem dúvida a outra razão da travagem da evolução social peninsular. Em 1560 o embaixador francês Nicot, referindo-se às camadas dominantes portuguesas, escreve: «L'excès de ces gens d'ici est si grand en nombre de criades superflus, que l'écuyer veut tenir train de duc et le duc de roi: ce qui leur fait donner du nez en terre à toutes, heures». Lembremo-nos de *O Fidalgo Aprendiz* – o escudeiro que quer parecer cavaleiro, enquanto em *Le bourgeois gentilhome* é o burguês que quer ascender a gentil-homem. Em 1578 o italiano Sassetti diverte-se com a vaidade dos fidalgos: como não lhes deixa andarem a pé, e Lisboa é toda às subidas e descidas, havendo lugares por onde não podem passar carros nem cavalos, nunca por lá passam. Os portugueses cristãos-velhos (ao contrário dos cristãos-novos) das classes superiores são gente de pouco saber mas muita soberba, e tão teimosa que demovê-los das suas opiniões é impossível. Eles é que sabem tudo e a sua terra é a melhor do Mundo. Pecam pela loquacidade vã, três quartos das palavras consistem em «Vossa Mercê» e em juras – «pelos Santos Evangelhos», «e por estas barbas».

106 | ESTRUTURA DA ANTIGA SOCIEDADE PORTUGUESA

Com o que concorda surpreendentemente um relatório francês de 1684 (*Estat du royaume de Portugal*, ed. Veríssimo Serrão, p. 20): «Quoique les Portugais aient tous de l'esprit, il ne faut pas néanmoins s'estonner de leur présomption: ils n'ont aucune éducation, et comme ils n'apprennent rien des autres pays, et qu'on ne leur parle que de la grandeur de leurs maisons, et des belles actions de leurs prédécesseurs, ils croient qu'il n'y a point de noblesse plus illustre que la leur, ni de nation où il y ait tant de grands hommes. Ceux qui veulent s'appliquer aux sciences apprennent avec beaucoup de facilité, mais il y en a peu parmy les fidalgues. La pente naturelle qu'ils ont à la débauche, à laquelle ils s'abandonnent de très bonne heure, leur oste l'envie et de s'instruire, et de voyager. Ils sont fins, dissimulez tous, extremement paresseux, et très superstitieux.» Um testemunho respeitante ao clero: no século XVII os enviados franceses procuravam com frequência apanhar manuscritos e livros, respeitantes especialmente aos descobrimentos, mas também sobre outros temas. Eis o que diz o embaixador d'Oppede,em 1682 (Paris, Arch. Nationales, Aff. Étr. B): «J'ai cherché dans plusieurs couvents de cette ville [Lisboa] des manuscrits, mais les moines sont si ignorants et si peu curieux qu'ils n'en ont presque point.»

As duas causas do bloqueio

Deste modo, acabámos talvez por rastrear as duas ordens de causas que podem explicar que os mecanismos das sociedades hispânicas ficassem bloqueados nos séculos XVII-XVIII. Por um lado, essa peculiar estrutura em que há uma incrível intumescência das classes não produtoras, o terciário de Antigo Regime, e uma inesperadíssima contracção da população ocupada na produção das subsistências de base. Por outro lado, formas de mentalidade (conexas dessa estrutura) que permaneciam demasiado voltadas para o passado, arcaizantes, só de onde a onde se entreabrindo às tentativas isoladas e sempre frustradas dos estrangeirados. Aos «estrangeirados», a essa

A ESTRUTURA SOCIAL DO ANTIGO REGIME | 107

minoria que no estrangeiro se enrijara ao contacto com ventos de todos os quadrantes, opunham-se os «castiços», aqueles que, julgando defender valores, defendiam principalmente uma ordem de interesses estabelecidos. Essa mentalidade enformava muitas vezes a acção do poder, orientada por isso para a travagem. Já nas Cortes de 1472 vêm os agravos: o rei tem «Vosos regnos mal aforados, nem livres, nem exsemtos, como outras terras, de costumes muitos que liberdade e franqueza tolhem... e ao povo leixaes muyta perda e dano com pouca liberdade e franqueza, tirando a faculdade aos vossos naturaes per onde ajam de viver, apermando-os em maneira que nam possam levantar as cabeças e fiquem minguados e pobres», (citado por Costa Lobo, *Hist. da Sociedade no Séc. XV*, p. 283). E dois terços de século volvidos, Garcia de Rèsende não esconde que Portugal, se «a terra nom tem igual/nas fructas, nos mantimentos», todavia «governo, bons regimentos/lhe falesce, e nom al.» (*Miscellanea*, n.º 187). Também nas Cortes de 1687-1698 se verbera a desigualdade da justiça: «só a experimenta em seu dano o pobre» (J. Pedro Ribeiro, Dissertações, t. I, capítulos da Câmara do Porto, pp. 368-378).

A segunda metade do século XVIII trouxe algumas transformações que preludiavam a mudança estrutural a processar-se lá fóra. Assim, em 1761 um alvará estabelece que todo o escravo negro que entrar no Reino (metrópole) obtém a manumissão sem qualquer outra formalidade. Trata-se de conseguir que o tráfico não seja desviado do Brasil (Damião Peres, *Hist. de Portugal*, t. VI, p. 374), mas o que é certo é que não podia deixar de levar à extinção da escravatura metropolitana, e portanto de vir a pôr em novos termos o problema da mão-de-obra. Uma lei de 9 de Setembro de 1769 declara os religiosos professos incapazes de possuírem bens (alodiais ou prazos), e uma outra desse mesmo ano proíbe a instituição de capelas sobre bens de raiz, autorizando-a sòmente sobre quantias de dinheiro. Em 3 de Agosto de 1770 é simplificado e unificado todo o direito de morgados, extinguem-se muitos e exige-se de futuro autorização régia para a sua instituição. Por lei de 19 de Julho de 1790 são extintas todas as isenções de correção

108 | ESTRUTURA DA ANTIGA SOCIEDADE PORTUGUESA

e as jurisdições de donatários. Em 1769, a lei «da boa razão», sem revogar a vigência das *Ordenações Filipinas* (que estarão em vigor durante todo o Antigo Regime, e mesmo depois de 1834 ainda são fonte de direito; elas próprias, de 1603, retomavam no essencial as *Ordenações Manuelinas* de 1515), deixa de considerar o direito romano como direito subsidiário para a sua interpretação, e estabelece que o regime jurídico deve ser interpretado de acordo com a evolução nacional e o estado dos costumes, fundamentando-se numa análise racional que tenha em conta as situações. Quer dizer que se procura adaptar o edifício jurídico vigente às necessidades dos tempos, às novas estruturas económico-sociais; o apelo à «razão» denota bem explicitamente o avanço da mentalidade burguesa, por essência racionalista neste século XVIII das Luzes.

A burguesia – sobretudo mercantil – vai afirmar os seus valores próprios e crear os instrumentos da sua cultura. Em 30 de Setembro de 1755 é instituída a Junta do Comércio. Dois anos depois, o Marquês de Pombal cria a Aula de Comércio, que recebe os seus estatutos da Junta em 10 de Abril de 1759, confirmados por alvará de 19 de Maio. Trata-se de preparar profissionalmente os comerciantes quer de grosso quer de retalho, com o ensino da Aritmética, da escrituração (em especial por partidas dobradas) e contabilidade, da escrita de correspondência. Na realidade, a lei de 22 de Dezembro de 1761 impõe a contabilidade por partidas dobradas e a boa ordem nos livros da casa de comércio. Decerto, a generalização desse método contabilístico será lenta: Tollenare, em 1816, ainda o considera de emprego raro em Portugal. Mas já em 1758 se publicou em Lisboa, de João Baptista Bonavie (certamente italiano), o *Mercador Exacto nos seus Livros de Contas*, onde a técnica das partidas dobradas é exposta. Em 1763, um mestre de escrever e contar em Lisboa, com aula pública, lança a *Luz Universal de Arithmetica,* para uso de comerciantes, matemáticos, pilotos e engenheiros (e os engenheiros, no século XVIII, muito contribuem para a nova cultura, como já Jaime Cortesão mostrara e estudos recentes lá fóra confirmam). No ano seguinte, é o *Tratado sobre as Partidas Dobradas,* onde se

A ESTRUTURA SOCIAL DO ANTIGO REGIME | 109

apresentam também as tabelas das moedas das principais praças da Europa. Tal movimento culmina em 1815-1818, com *O Guarda-Livros Moderno* de Manuel Teixeira Cabral de Mendonça: além da explanação técnica de todas as operações de comércio, tanto em mercadorias como em banco, expõem-se o direito mercantil, os princípios de economia política (com importantes discussões), a história e importância do comércio. Pode dizer-se que a nova burguesia afirma a sua consciência essencialmente através, não só da contabilidade e escrituração (lembremo-nos do papel do guarda-livros e caixeiro na obra de Júlio Dinis), mas sobretudo da nova ciência da economia política, e assume o seu valor na sociedade e na civilização graças à história do comércio, promovida ao lado das crónicas palacianas. Esta burguesia pombalina virá a constituir o núcleo da nobreza liberal (Nuno Daupias mostrou-o bem) e será a classe portadora de uma nova arte, como revelaram os trabalhos de José Augusto França.

Em Espanha detectaríamos uma evolução análoga.

Parece, pois, que a velha ordem está a ceder. Até que ponto conseguirá manter-se – insidiosamente, embora – através das tormentas oitocentistas?

Capítulo IV

A Economia Agrícola e Mercantil Frente à Revolução Industrial

1. Revolução Industrial e Revolução Agrícola

Abeiram-se as sociedades altamente industrializadas de uma nova forma de economia que a invenção técnica do ordenador electrónico e a nova ciência da informática se preparam para plasmar. O capitalismo plenamente desenvolvido, como o socialismo, tinham-se formado graças às duas revoluções industriais – a primeira, a da máquina a vapor, do carvão e do tear mecânico, ao acabar o século XVIII e até meados do XIX, a segunda, a da electricidade e do petróleo, no ocaso de Oitocentos e com o abrir do nosso século. Por seu efeito, avolumara-se a população empregada na indústria e o contributo desta para o produto nacional, reduzindo-se a população dedicada à agricultura e a parte do produto agrícola; depois, começara-se a hipertrofiar o sector dos serviços, caracterizado porém, ainda, por fraca produtividade. Encerrada a Segunda Guerra Mundial, a energia atómica parecia vir lançar terceira revolução industrial e acentuava-se a importância das actividades ditas terciárias, ou seja, afinal, de organização a todos os escalões, de preparação humana em todas as idades e níveis. Mas eis que a mecanografia e os computadores (neste caso, é certo que seria melhor dizer: máquinas de calcular, ou calculadores), e logo depois os ordenadores vêm revolucionar as actividades terciárias, permitindo não apenas resolver sistemas de equações a número tal que a mente humana nunca calcularia, como até manipular a esfera das relações não quantitativas, programar em função dos objectivos fixados. O que importa hoje – chega-se a afirmar – já não é saber o *como*, a maneira de resolver os problemas, mas sim a decisão que estabelece as opções.

Ora, às sociedades que não fizeram as revoluções industriais, que por elas não foram modeladas mesmo se integram algumas infiltrações, põe-se o problema de recuperar tal atraso e de conseguir entrar a pleno na nova era humana que se avizinha. Ser-lhes-á possível saltar as etapes, e introduzir imediatamente os ordenadores (reduzamos a esta fórmula simplista toda a indispensável, a irrecusável, a urgente modernização)? Ou, embora a passo estugado, terão de percorrer as mesmas etapes que percorreram em dois séculos ou século e meio os países altamente industrializados? Bastará introduzir nas empresas circuitos de televisão, montar gabinetes psicotécnicos, multiplicar os cursos de gestão, abandonando a si próprias as estruturas tradicionais, à espera que, esfarelando-se estas com o impacto dos sectores modernizados, a economia arranque vitoriosamente para um desenvolvimento, seguido de crescimento firme e contínuo? Ou será necessário agir nessas estruturas tradicionais, adaptá-las, remodelá-las, a fim de que sirvam de trampolim a esse desenvolvimento e crescimento? Poderão os meios mais modernos funcionar como motor de arranque se não estiverem preenchidas certas condições, prévias, se a mentalidade não tiver sido reformada de modo a adequar-se à era do maquinismo? Como é que, por exemplo, o ordenador pode resolver os problemas de circulação rodoviária se o que faltarem forem estradas, se não forem suficientemente largas, se os pavimentos não aguentarem o movimento?

Perguntas com que se debatem os economistas do nosso tempo, para lhes responder têm-se voltado para a análise das condições em que, no passado, se deu a passagem da economia e da sociedade de Antigo Regime (de base agrícola, conquanto mercantilizada) para o capitalismo industrial e financeiro. Mas convém também estudar como os economistas e estadistas da época consideraram as questões de então, e confrontar as suas ideias com os resultados da análise histórica do desenrolar

A ECONOMIA AGRÍCOLA E MERCANTIL... | 113

efectivo desses *processus*. Talvez assim se esclareçam melhor as nossas dificuldades no mundo de hoje e a reflexão prospectiva possa realizar-se sobre alicerces mais sólidos.

No último quartel do século XVIII e nas primeiras décadas do XIX defrontam-se em Portugal três correntes de pensamento. Uma, ligada à sociedade então tradicional, define a riqueza pela moeda e busca garantir a maior quantidade de numerário (cunhado nos metais preciosos) graças sobretudo ao incremento comercial e a certas restrições aduaneiras. A esse mercantilismo, cada vez mais batido em brecha, contrapõe-se a fisiocracia, recente, que, conquanto definindo a riqueza das nações pela produção agrícola, está longe (vamos vê-lo) de ser a consagração da ordem existente. Mas muitos pensavam já que à agricultura deviam preferir-se as fábricas, e que só pela multiplicação das manufacturas de todas as espécies não apenas se tornaria a balança comercial favorável (sonho do mercantilismo), como os povos seriam prósperos. Pensavam estes, com Colbert, que a indústria mantinha segura e florescente a agricultura e que a multiplicação das fábricas aumentaria tanto a agricultura como o povoamento, «porque diminuindo-se a extracção do dinheiro, este servirá para o aumento da agricultura, fazendo subir o valor das suas produções»; e as fábricas ocupam a gente ociosa. Alegavam os exemplos das zonas da Marinha Grande, com a fábrica dos vidros, e de Azeitão, com a das chitas: ao redor, devido à maior quantidade de dinheiro a circular, cresceu a população e o consumo de comestíveis, e por isso floresceu a agricultura. A Academia Real das Ciências não foi insensível a esta corrente «industrialista»: sobretudo o sal foi objecto de vários trabalhos de académicos, mas também a pesca, em deplorável decadência; para a Academia estudou o barão de Eschwege as fundições e refinações de ferro, e por proposta da Academia é que José Bonifácio de Andrade e Silva irá como bolseiro do Estado estudar no estrangeiro as minas e metalurgia, de 1790 a 1800, sendo nomeado no regresso intendente geral das minas e metais e professor de metalurgia na Universidade. Não é essa, no entanto, a orientação dominante entre os académicos

114 | ESTRUTURA DA ANTIGA SOCIEDADE PORTUGUESA

nesse final do século XVIII que a Revolução Industrial britânica e a revolução jurídico-social francesa marcam com as suas convulsões e esperanças.

Fundara-se a Academia Real das Ciências, em 1779, com o fito de estudar, nos seus trabalhos, as ciências naturais, as ciências exactas e a literatura portuguesa. Eis como um dos fundadores, o abade Correa da Serra, entende tais objectivos. Trata-se de «estudar para comunicar o fruto dos seus estudos, e facilitar aos povos o seu uso»; ora, nos limites das ciências que a Academia pretende cultivar, desde logo se vê que fica incluído «o conhecimento de quase todas as matérias, que podem contribuir à prosperidade de Portugal». Sim, porque ver aproveitadas todas as vantagens naturais, de modo a preparar a nação (o abade escreve: a monarquia) para um alto grau de riqueza e poder, deve ser o desejo de todo o bom português, concorrer para tal, o alvo do seu patriotismo. Ao Estado caberá «dar providências, remover obstáculos, extirpar abusos», aos particulares, aproveitar-se das instruções, e fazer que sejam frutuosas. «O primeiro passo de uma Nação, para aproveitar suas vantagens, é conhecer perfeitamente as terras que habita, o que em si encerram, o que de si produzem, o de que são capazes.» É que «As artes todas não são mais do que uma aplicação do conhecimento da natureza às nossas precisões, e utilidades; o seu adiantamento depende todo das ciências naturais, e das exactas, e quanto mais estas têm sido cultivadas em cada povo, tanto mais as artes têm nele chegado ao seu auge.» De modo que a Academia se propunha, com os seus esforços unidos, alcançar «O conhecimento do que a Nação é, e do que pode ser, pelo que já tem sido», visto tal conhecimento ser «dos mais úteis para a sua felicidade». E como não sonhar, para o nosso tempo, com uma instituição assim (o nome certamente diferente), que pela investigação científica e técnica busque a felicidade da nação? Haveria apenas que incluir também as ciências humanas.

Embora os quatro tomos de *Memórias Económicas da Academia Real das Ciências de Lisboa* tenham por fim (o próprio subtítulo o indica) «o adiantamento da agricultura, das artes e da indústria em Portugal e suas conquistas», não há dúvida de que o primeiro desses sectores é mais desveladamente tratado – além daqueles quatro, há dois tomos de *Memórias de Agricultura* – e muitos dos académicos dir-se-iam de bom grado fisiocratas, subscrevendo as palavras de António Henriques da Silveira: «A verdadeira riqueza de um Estado consiste na abundância dos frutos; tanto o seu terreno for mais cultivado, quanto o Estado será mais rico e opulento.» Como subscreveriam as de Luís Ferrari de Mordau, provido intendente-geral da agricultura pelo Marquês de Pombal, ao considerar esta actividade «a matéria mais importante, mais vasta, e mais urgente, não só da Monarquia, senão do Céu para baixo depois da Religião»; é que «a terra foi feita para os Homens, e os Homens feitos para a terra, e que da terra, com braços é que saem os frutos, e destes a indústria, as artes, e o comércio, e ao depois a navegação, sendo assim a cultura, e os seus frutos as verdadeiras forças e riquezas». Mas nenhum destes economistas do último quartel do século XVIII pretende ver Portugal reduzido a nação meramente agrícola, nem se opõe ao desenvolvimento das artes e fábricas *desde que preenchidas determinadas condições*. Domingos Vandelli enunciou lùcidamente e com perfeita clareza o critério a adoptar: «todos os ramos da Economia civil, para que esta seja útil ao Reino, devem ser regulados por princípios deduzidos de uma boa Aritmética política; assim não se devem seguir sistemas, sem antes examiná-los e confrontá-los com as actuais circunstâncias da Nação». Visamos, pois certo, a modernização da nossa sociedade e da nossa economia, de modo a assegurar a felicidade dos povos; mas não a conseguiremos se não basearmos as opções da política económica a adoptar no conhecimento científico da realidade nacional e da sua ordem de prioridades.

Veremos, porque vale a pena, como Vandelli, Mordau e outros economistas setecentistas e oitocentistas aplicaram nas suas doutrinas esse critério fundamental.

116 | ESTRUTURA DA ANTIGA SOCIEDADE PORTUGUESA

2. Caminhos da industrialização e da modernização agrícola

Escrevendo em 1783 «Sobre a preferência que em Portugal se deve dar à Agricultura sobre as Fábricas», Domingos Vandelli estabelece logo de entrada que «Sem um exame do actual estado da Nação não se pode dar passo seguro, nem seguir sistema algum vantajoso: assim além das notícias, que se vão adquirindo acerca da Agricultura, e das Fábricas, deve-se ter sempre em vista o estado actual da povoação, da Indústria, das produções, do Comércio, e das Rendas, e despesas públicas.» Mas também há que atender à experiência dos outros povos, aos dados da história. Ora, Vandelli e Mordau encontram-se (seguindo aliás Boulainvilliers) para, da política agrícola de Sully no reinado de Henrique IV e da política industrializadora de Colbert no de Luís XIV, deduzirem que «sem se cuidar na Agricultura, não podiam florecer as Fábricas, senão precariamente» (Vandelli), ou seja, que o estabelecimento e conservação de fábricas «nunca há-de ser com prejuízo da cultura, porque, como móvel primeiro, se esta padece, padece o mais» (Mordau).

Ambos vão nas pisadas de Boesnier de l'Orme, quando pensam que há que assegurar primeiro as subsistências a fim de se constituir uma população industrial, e que a produção agrícola deve fornecer as matérias de base à laboração da indústria; de contrário, «prejudicando-se a Agricultura, prejudicam-se também as fábricas» e assim se arruinarão promìscuamente aquela e estas. É que, como sublinha Luís Ferrari de Mordau, «não há navegação, sem comércio, nem comércio, sem manufacturas, nem manufacturas, sem frutos, nem frutos, sem cultura; que por conseguinte é a base». Mas esta base, por seu turno, é vivificada pelas fábricas, precisas «não só para se porem em valor os frutos da terra, senão também para duplicar, e quadruplicar esse mesmo valor»; «com o dinheiro que lhe procuram, e reproduzem as Artes, e as Fábricas, aumenta a Agricultura os rendimentos das terras» (L. F. de Mordau); elas «promovem a Agricultura em razão do maior consumo (Vandelli). Quer-se «fazer florecer as Fábricas

A ECONOMIA AGRÍCOLA E MERCANTIL... | 117

no Reino»? O primeiro cuidado «deve ser o aumento da agricultura», pois «As Fábricas não podem subsistir, nem prosperar, senão em proporção do estado florecente da Agricultura. Todas as Fábricas precisam abundância, e barateza das primeiras matérias, e particularmente da mão-de-obra, que depende absolutamente da abundância das produções da Agricultura.» (Vandelli).

Que estes economistas não dispensam a industrialização (não exaltam eles a política equilibrada do Marquês de Pombal que, embora seguindo o sistema de Colbert, não perdeu de vista a agricultura?), aí está outro estudo do próprio Domingos Vandelli a demonstrá-lo: é o que incide «Sobre as Produções Naturais do Reino e das Conquistas, primeiras matérias de diferentes Fábricas, ou Manufacturas».

Quais os caminhos dessa industrialização? «As Fábricas, que merecem a maior atenção, são aquelas, que fazem uso das produções nacionais» (Vandelli): neste ponto estão todos de acordo. Evitar, portanto, a saída das matérias-primas que tanta vez regressam laboradas, laborando-as no próprio país e eventualmente com tais produtos industriais incrementando a exportação (que aliás, acentua Luís Ferrari, deve ser feita pelos nacionais, e em barcos nacionais, e não pelos estrangeiros). Também ambos os economistas estão de acordo em que não interessa multiplicar o fabrico de produtos de luxo, mas sim, entre as fábricas (como escreve o antigo intendente da agricultura), «hão-de ter preferência as dos géneros mais comuns; porque sendo o Povo a maior parte da Nação, e a parte menos acomodada, se há-de principiar pelo baixo antes de chegar ao luxo, o qual se não está bem equilibrado causa vício, e ruína». Quer um quer outro mostram-se contrários à concentração das diversas indústrias numa só região, pois dispersando-as repartem-se as ocupações e daí resulta utilidade ao comércio e não se prejudica a cultura da terra; vindo o salário fabril muitas vezes melhorar o nível de vida rural.

Significa isto que os preocupava a possível desigualdade geográfica do desenvolvimento, e pretendiam que a industrialização fosse factor dinamizador das diferentes regiões

118 | ESTRUTURA DA ANTIGA SOCIEDADE PORTUGUESA

consoante os recursos. Luís Ferrari prefere mesmo a instalação das fábricas nas zonas pobres, desde que de fáceis transportes, porque assim a mão-de-obra será mais barata e os indigentes terão de comer. Preocupa-os igualmente a incidência da industrialização no quantitativo da população activa agrícola; por isso preferem as indústrias que exigem menor número de braços, afim de não os roubarem ao cultivo da terra, e Vandelli mostra-se entusiasta do maquinismo (precisamente porque se poupa trabalhadores). Ambos dirigem os seus esforços no sentido de se modernizar a agricultura; mas não parece que concebam o aumento da produtividade agrícola de maneira a libertar braços.

Estes fisiocratas não são, portanto, adversários da industrialização, nem do comércio. (Mordau também aponta os meios de o fomentar), mas querem o sistema de fábricas adequado à situação do país e sua actual agricultura; às suas produções naturais e aos diferentes ramos do comércio. Que utilidade recebe a Nação se, para multiplicar as manufacturas, se aumenta em proporção a entrada de trigo e outros cereais? Pretendemos ser fabricantes? Então, responde Vandelli, imitemos os Ingleses, que primeiro promoveram a Agricultura, depois aumentaram o seu Comércio e multiplicaram as Fábricas, e para que estas não roubassem mão-de-obra à primeira puseram em uso máquinas. Ora esta posição da fisiocracia em Portugal, que se reclama da tradição pombalina, foi confirmada pelas recentes pesquisas históricas; sobre a Revolução Industrial: apontemos apenas a obra capital de Paul Bairoch, *Révolution industrielle et sous-développement* (Paris, 1963). Em todos os países que se industrializaram, a revolução da máquina a vapor, e do maquinismo em geral, foi precedida por profundas transformações na agricultura e na sociedade agrária, caracterizadas pelo acréscimo da produtividade agrícola e correlativa diminuição da mão-de-obra empregada neste sector de actividade. Esses progressos da agricultura fomentaram acréscimo considerável da procura de produtos siderúrgicos para o próprio trabalho agrícola (entre 30 a 50% da procura global), acréscimo progressivo da procura de bens

A ECONOMIA AGRÍCOLA E MERCANTIL... | 119

de consumo, nomeadamente têxteis (e por seu turno o desenvolvimento da industria têxtil chicoteia a procura de produtos siderúrgicos), e desencadearam a primeira revolução demográfica. O avolumar do mercado interno conduz à abertura de vias de transporte e à inovação nos meios de transporte (canais, estradas pelo sistema Mac Adam, melhor organização dos comboios de carroças e carros, posteriormente os caminhos-de-ferro), as quais por sua vez ampliam esse mercado interno e facilitam o escoamento para o exterior.

Decerto, a relação entre revolução agrícola e revolução industrial não é tão unilinear como Bairoch a apresentou. Michel Morineau (*Les faux-semblants d'un démarrage économique: agriculture et démographie en France au XVIII siècle*, Paris, 1971) pôde mostrar que a França não conheceu uma verdadeira revolução agrícola no século XVIII nem nas primeiras décadas do XIX – mas também não se deu aí, por então, a revolução do maquinismo. Na realidade, nessa nação o processo é alternativo e complexo, lento, ao longo do Oitocentismo depois de 1815, e sobretudo de 1830. Mas é não atender a pequenas mudanças de extraordinário alcance concluir, como alguns concluíram, que do século XIV ao fim do XVIII as condições de produtividade de vida pràticamente não se teriam alterado. Houve, sim, várias «revoluções agrícolas» e várias «revoluções industriais», por exemplo, no caso – o mais significativo – da Grã-Bretanha, encadeando-se umas nas outras (e com as «comercializações»). Apesar das restrições de Morineau, em Inglaterra é incontestável a modernização agrícola já para ocaso de Seiscentos (e uma primeira «industrialização» – ou segunda – por volta de 1715). E quanto à Catalunha do século XVIII e XIX, Pierre Vilar não hesita em fazer depender a sua industrialização de prévia modernização agrícola. A política tecnocrata em Portugal nos anos 60 e tal e 70 do nosso século, de instalação de unidades industriais sem reforma agrária e sem inovação tecnológica no trabalho dos campos, acabando num beco sem saída, confirma quase experimentalmente a teoria de Bairoch – mesmo que tenhamos, como temos, de a tornar mais fina e de inserir nela os processos de alternância

120 | ESTRUTURA DA ANTIGA SOCIEDADE PORTUGUESA

comercialização – revolução agrícola – industrialização (e os opostos, de desindustrialização e ruralização). Mas sem ampla e profunda transformação nos campos não se entra na economia moderna – industrial, primeiro, depois terciária.

Ora, Portugal não realiza no século XVIII a revolução agrícola. Quais, na análise dos economistas que temos vindo a considerar, as causas de tal estagnação – eles falam de decadência? Nenhuma pròpriamente inerente ao meio natural (as causas *físicas* de que fala Vandelli são realmente, na nossa terminologia de hoje, técnicas, económicas e sociais). Segundo Vandelli (seguindo aliás o pensamento dos economistas portugueses de Seiscentos já), «A decadência total da Agricultura teve princípio com as Conquistas». Enumeremos, porém, esse complexo de causas apontado pelo académico e pelo intendente-geral, tentando apenas agrupá-las segundo critério mais moderno: *a)* Muitos terrenos estão incultos, com charnecas, matos, tapadas e prédios de cavalaria (calculava-se na época que quando muito se cultivava 1/3 do território do Reino); por falta de moutas e encanamentos, dão-se destruidoras inundações dos rios; *b)* O povoamento também não ajuda, em algumas partes estão as habitações muito dispersas, noutras as aldeias muito afastadas entre si; falta gente ao Reino, não está convenientemente povoado, e sem braços não há desenvolvimento da cultura dos campos; *c)* Essa numèricamente insuficiente população activa agrícola dispõe de técnica atrasada: falta-lhe gado para o labor, as pastagens são ruins, não há prados artificiais, (excepto no Minho), ruins são os aviamentos das terras, lavra-se com pouca profundidade, utilizando-se um só tipo de arado ou charrua, sem procurar diversificá-los consoante os terrenos, gradam-se mal as terras fortes, não esterroando devidamente, à falta de gado empregam-se estrumes vegetais deficientemente preparados e de reduzido valor fertilizante, não se dispõem os terrenos cultivados de modo a evitar os estragos causados pela força das chuvas, agravada pela natureza montuosa; *d)* Mas como realizar benfeitorias de vulto, se há pouco dinheiro a girar, se faltam os meios para cultivar? (Repare-se no problema da escassez de capitais); *e)* E os camponeses

A ECONOMIA AGRÍCOLA E MERCANTIL...

121

são uma classe ignorante, com pouco conhecimento da verdadeira cultura e pouca aplicação, falta instrução ou educação aos lavradores; os costumes não favorecem o trabalho, dada a multiplicação dos feriados, e o camponês não tem noção do tempo, anda devagar nas obras; *f)* O Estado não delineia uma política de fomento agrícola, antes o contraria pela proibição de sacar os produtos da agricultura, pelos tributos sobre géneros de primeira necessidade, por gravosos encargos (por vezes não protege os lavradores, antes a Administração os oprime; pelo menos abandona-os); *g)* E vem a distribuição do território em grandes herdades – esses latifundiários que já perderam a Itália (como já em 1624 lembrava Severim de Faria); vêm as pensões e algumas imposições muito gravosas, a desigualdade nos tributos e rendas (porque não se observam as leis agrárias? parece perguntar Luís Ferrari); *h)* O cultivador anda sempre enredado em «perniciosas e morosas demandas», são «tudo demandas e execuções judiciais»; *i)* Os lavradores estão abatidos, têm-nos em desprezo, e contudo sobre eles é que recaem os cargos mais onerosos da república (da vida colectiva), são eles que sofrem os maiores gravames; *j)* A estrutura social levanta outros óbices: é a multidão de criadagem, de vadios e ociosos, são as levas de soldados arrancados à lavoura, é haver «mais gente de Justiça, que cultivadores», maneira simplista de apontar a hipertrofia do sector terciário de Antigo Regime, isto é, clero, nobreza, pessoal doméstico, quadros administrativos, mendigos; hipertrofia que assenta no (e o explica) gravame imoderado de tributos e pensões; *k)* Por tudo isso há nos campos «muita família pobre» (Mordau), miséria geral dos lavradores, contentando-se com vil sustento, sem cómodos da vida, de modo que faltos de forças pouco podem trabalhar, e pela miséria em que se acham muitos deles não se casam (Vandelli) – e daí baixa natalidade; a fugir a essa condição, os filhos desertam para as cidades, tomando outro ofício, muitos vão para criados ou andam na vadiagem, os que ficam são acusados, no trabalho, de «preguiça»; *l)* O mercado interno não pode desenvolver-se devido à carência de estradas, canais, meios de transporte («Os caminhos, e rios quase impraticáveis», diz Vandelli), e para mais há muitos atravessadores (intermediários açambarcadores), muitos abusos; *m)* Lisboa, a capital, tudo absorve, a si tudo chama (o tema do «país macrocéfalo» já vem, pois, da era setecentista, se não da seiscentista); opulência lisboeta, pobreza do Reino.

Neste diagnóstico (combinámos o que diz Vandelli com o enunciado de Mordau) encontramos muitos pontos já denunciados no século anterior, por exemplo por Severim de Faria em 1624 ou pelo juiz do povo Francisco Velho em 1632. Mas destaquemos ainda uma frase do intendente geral da agricultura: «por ser em grande número a Pobreza do Reino, principalmente nos campos, onde na verdade tudo é pobreza». Como não concluir que sem a substituição do Antigo Regime não seria possível o desenvolvimento agrícola, e que este é que veio tornar possível a tímida modernização geral da economia? No derradeiro quartel do século XVII com o conde da Ericeira (aplicando o programa doutrinal colbertiano de Duarte Ribeiro de Macedo), dobrado o meio do século XVIII com o Marquês de Pombal, e depois no estertor do absolutismo e dealbar do liberalismo, as políticas de fomento industrializador deram resultados limitados: não seria precisamente porque lhes faltou a base agrícola e a revolução nos transportes internos? Será preciso Mouzinho instaurando uma nova ordem jurídica na vida rural, será precisa a venda dos bens monásticos, será necessário o fontismo e a sua rede de comunicações dentro do país, para que a agricultura possa arrancar e mudar para as últimas décadas do século XIX. Mas sob as mudanças persistiam estruturas tradicionais, e a base para a autêntica industrialização continuou a faltar, sustida pela hipertrofia mercantilista, traço ainda do Antigo Regime.

Decerto, já na segunda metade do século XVIII se esboçam algumas modificações desse Antigo Regime. Todavia bem insuficientes, e por isso outros economistas vão buscar caminhos abreviados de desenvolvimento e modernização. São agora os nomes de Azeredo Coutinho, Rodrigues de Brito e Acúrcio das Neves que devem reter a nossa atenção. É que Luís Ferrari, embora tenha sido intendente-geral da Agricultura,

A ECONOMIA AGRÍCOLA E MERCANTIL... | 123

com o seu *Despertador da Agricultura de Portugal* de 1782 (cujo manuscrito, descoberto por A. Silbert, foi publicado por Mosés Amzalac), não conseguiu despertá-la, nem, portanto, graças a ela, a «riqueza do Reino».

3. Mercantilismo e industrialização

Assim como a política manufactureira de 1670-1690 tivera em Duarte Ribeiro de Macedo o seu doutrinário, no quadro do sistema mercantil, também o esforço de industrialização que se lança a partir de 1814-1815 é iluminado pela obra económica de Acúrcio das Neves, no quadro do sistema liberal. Nada de mais instrutivo do que um paralelo entre o pensamento de Acúrcio das Neves, elaborado em plena crise comercial, e o pensamento de Azeredo Coutinho, o doutrinário do período de florescimento mercantil do final do século XVIII. Ambos, como o luso-brasileiro Silva Lisboa (1756-1835), que inspirou a abertura dos portos do Brasil, adoptaram as grandes linhas do liberalismo económico.

Quais as preocupações dominantes de Azeredo Coutinho em 1794? Os malefícios de uma balança comercial constantemente favorável e os meios para o comércio português de aproveitar a fundo uma conjuntura geral estimulante. A vantagem permanente da balança comercial arruína as manufacturas: ninguém quer ser artífice ou operário, todos querem ser mercadores. Minas de metais preciosos demasiado abundantes arruínam igualmente as indústrias: ninguém quer fabricar, todos querem ser mineiros. Num, como noutro caso, o excesso de riqueza encarece a mão-de-obra, e esta carestia destrói as manufacturas. Não há qualquer interesse em estabelecer em Portugal manufacturas de luxo, nem sequer em promover as existentes (por outras razões, Coutinho adere à posição de Vandelli e Mordau): tornar-se-ia a balança comercial excessivamente favorável – o que as saparia –, por um lado, e aliás é impossível entrar em concorrência com a produção estrangeira (ora já Vandelli sublinhava que as fábricas

124 | ESTRUTURA DA ANTIGA SOCIEDADE PORTUGUESA

nacionais, para se julgarem úteis e sólidas, deveriam estar em condições de sustentar essa concorrência). A Portugal só convêm manufacturas que empreguem mão-de-obra numerosa (posição contrária à dos dois economistas anteriores), mas não qualificada, sem preparação técnica nem perícia; porque o que interessa é arranjar emprego para as mulheres, rapazes, velhos, mutilados. Produção, portanto, de fardas para o exército, de armamento terrestre e naval, de velame, cordoaria, coiros, papel. Uma política económica, para ser válida do ponto de vista do interesse de Portugal, deve basear-se na neutralidade em todos os conflitos internacionais – a qual importa tanto às outras nações como a Portugal mesmo. Vemos que Coutinho se recorda do impulso que imprimiu ao comércio português, neutro, a Guerra de Independência da América – e receia as consequências da situação internacional creada pela Revolução Francesa. Uma tal política económica deve visar o desenvolvimento da marinha e dos comércios portugueses. Por que vias? Duas, cuja divergência escapa a Azeredo Coutinho: manutenção firme do Pacto Colonial (mas a ela renunciará na 2.ª edição, de 1816) e liberdade económica na metrópole e, quanto ùnicamente à agricultura, no Ultramar. Por um lado, portanto, as colónias não devem poder comerciar directamente senão com a mãe-pátria, nunca com o estrangeiro, e não devem ter manufacturas, principalmente de algodão, linho, lã, seda, os seus habitantes devem vestir-se com as manufacturas metropolitanas, com uma única excepção: os teares para fabrico de panos grosseiros de algodão com que se vestem os pretos, a fim de não encarecer o custo da mão-de-obra indispensável às plantações de cana, tabaco, cacau, café, etc., e aos engenhos de açúcar. Por outro lado, o único meio de promover e fomentar o desenvolvimento da indústria, é deixar a cada qual a liberdade de realizar os maiores lucros possíveis com o seu trabalho.

O programa económico de Azeredo Coutinho desdobra-se nos tópicos seguintes: 1.º Tornar livre o comércio do sal entre Portugal e o Brasil e a exploração e comércio do sal brasileiro, a fim de valorizar as carnes tão abundantes do

A ECONOMIA AGRÍCOLA E MERCANTIL... | 125

outro lado do Atlântico, e as pescarias na costa brasileira. 2.º Fomentar as pescarias no Brasil e em Portugal, porque são o alicerce de uma marinha nacional. No Brasil, podem-se levar os índios a exercer a pesca. 3.º Desenvolver a marinha nacional, estabelecendo arsenais no Brasil, onde há melhores madeiras, concedendo a liberdade de construção naval, auxiliando os particulares que construírem navios com fornecimento gratuito de artilharia. 4.º Abolir os direitos de entrada das madeiras brasileiras no Reino, porquanto as encarecem e esse encarecimento leva a uma forte importação de madeiras estrangeiras. 5.º Desenvolver a navegação e o comércio com as Índias Orientais (salitre, panos de algodão, seda, etc.). 6.º Conceder plena liberdade de produção agrícola às colónias (trigo, etc.), de maneira a reduzir a exportação de numerário que vai pagar as compras de cereais no Norte de África e noutras regiões. 7.º Desenvolver o comércio do açúcar, aproveitando a subida dos preços, e a cultura do cacau, da canela, da baunilha, do café.

Rodrigues de Brito, em 1803, participa da desilusão de Azeredo Coutinho quanto às minas de metais preciosos. Coutinho considerava-as prejudiciais, e em sua opinião o ouro não é a riqueza, mas tão-só a sua representação. Rodrigues de Brito chega a considerar que seria utilíssimo à humanidade não possuir minas de ouro e de prata. O papel poderia servir de moeda, bem melhor do que os metais preciosos. Decerto há que rodear as emissões de papel-moeda de certas precauções, não ultrapassar certos limites, porquanto o crédito das monarquias é reduzido. As espécies metálicas e as notas que circulam numa nação correspondem quase exactamente às necessidades das trocas de bens em circulação. Nem o ouro, nem a prata, nem as notas possuem qualquer virtude produtiva. É por conseguinte totalmente inútil visar o acréscimo de numerário – ilusão do mercantilismo. Como os preços são determinados pela concorrência, é fundamental que a concorrência possa funcionar. Na hierarquia das actividades económicas e das preocupações de política económica apregoada por Rodrigues de Brito, a agricultura vem à cabeça, a indústria em último lugar, e o comércio – externo e interno – entre ambas. Fisiocrata sob certos aspectos, julga o comércio e a indústria necessários. Se a sua principal acusação aos seus compatriotas é de jamais terem adoptado o sistema agrário, constata todavia que através da história de Portugal o sistema mercantil sucedeu por duas vezes (séculos XVI e reinado de D. José) às conquistas e descobrimentos, os quais tinham, por seu turno, sucedido ao sistema militar, mas nunca nenhum deles foi levado até final; por isso Portugal não conseguiu ser nação mercantil, nem manufactureira, nem guerreira, nem agrícola: motivo de áspera censura da parte do nosso autor aos outros Portugueses.

Quão diferentes as preocupações dominantes de Acúrcio das Neves alguns anos mais tarde. Decerto, como Azeredo Coutinho, preconiza o desenvolvimento dos comércios da China e de Bengala, tão vantajosos porque os pagamentos se fazem por letras de câmbio sobre Londres e porque os retornos, além de riquíssimos, se compõem em parte de matérias-primas que são manufacturadas em Portugal. Não seria loucura não aproveitar o eclipse do comércio holandês? Acúrcio das Neves parte em cruzada contra aqueles que pretendem reduzir Portugal a uma economia puramente agrícola. Adversário da fisiocracia, para ele não é a terra que é a verdadeira origem produtiva de riqueza: é o trabalho do homem. Adversário do mercantilismo, considera a moeda no mesmo nível que qualquer outra mercadoria. As manufacturas e as artes não acarretam quaisquer prejuízos à agricultura, antes pelo contrário. Um país puramente agrícola permanecerá para sempre pobre; a própria agricultura só pode florescer graças ao florescimento das artes e manufacturas. Em Portugal, o objectivo supremo de política económica deve ser a industrialização, por meio da introdução e difusão do maquinismo. O problema fundamental da economia portuguesa – o economista escreve em 1814 e 1817 – não é a ruína em que caíram todos os ramos da indústria? É certo que o pão deve ser barato se queremos que as manufacturas prosperem; como 2/3 do país estão incultos – e trata-se de solos excelentes –, há que arroteá-los, valorizá-los.

A ECONOMIA AGRÍCOLA E MERCANTIL... | 127

Entre as causas do atraso da agricultura ressalta o direito de primogenitura: sugere por isso a abolição dos morgados, de igual modo que, em ligação com ela, uma melhor distribuição da propriedade fundiária. Para estimular a produção agrícola, nada melhor do que outorgar a liberdade de exportação dos cereais, não obstante as necessidades imperiosas do consumo nacional que impõem constantes e consideráveis compras no estrangeiro; a importação só deve aliás suportar leves direitos de alfândega. Além disso, a circulação interna dos cereais e géneros alimentícios deve ser perfeitamente livre.

Em economia política, Acúrcio das Neves segue Smith, Say, Sismondi, em filosofia, Bacon. Mas, precisamente porque a sua ideia mestra é a industrialização do país, liga-se a uma tradição nacional: é entusiástico admirador de Duarte Ribeiro de Macedo e Alexandre de Gusmão, que advogaram a introdução das artes e ofícios e seu desenvolvimento, e do estadista que aplicou essa política de fomento industrial e progresso das comunicações internas – o Marquês de Pombal. Com que paixão não fala dos últimos progressos técnicos: descreve complacentemente as máquinas a vapor, os seus diferentes modelos, pára a comparar a sua potência e os seus preços. É que, para ele, há absolutamente que generalizar o maquinismo em Portugal: este não se limita a multiplicar a força do homem, reduz o custo de produção, único meio que a indústria portuguesa tem de aguentar a concorrência. Aguentar a concorrência? Mas antes disso, levantar as manufacturas portuguesas do estado lamentável em que se encontram, em seguida sacudir o jugo da indústria estrangeira. Em Portugal faltam animais de trabalho para as fainas agrícolas, engenhos e a carestia da mão-de-obra faz-se sentir: razões que estimulam o recurso à máquina a vapor, cuja introdução poderia começar pela navegação no Tejo. Que desperdício continuar a exportar as nossas matérias-primas, para voltar a recebê--las transformadas pelo trabalho: o algodão brasileiro volta para Portugal sob a forma de tecidos, a cortiça portuguesa sob a forma de rolhas... Como alcançar tal fim? O lucro é o móbil dominante das actividades económicas; há, portanto,

128 | ESTRUTURA DA ANTIGA SOCIEDADE PORTUGUESA

que o deixar desempenhar o seu papel. Não que convenha dispensar toda e qualquer intervenção do Estado, mas apenas deve regulamentar a indústria e o comércio nas suas linhas gerais, sem descer ao pormenor, sem intervir abusivamente, e o antigo sistema de regulamentação minuciosa e inibidora deve desaparecer. Dá mais resultado instruir do que coagir, logo, fundar escolas técnicas gerais do que promulgar regulamentos. As corporações estão condenadas a desaparecer, mas é preferível alargar progressivamente a esfera da liberdade a suprimi-las brusca e brutalmente. Partidário obstinado da monarquia absoluta, Acúrcio das Neves jamais admitiu que a liberdade económica supõe a liberdade política. A marcha dos acontecimentos desmenti-lo-ia.

Se o pensamento de Acúrcio das Neves, e com ele toda a passagem do mercantilismo e da fisiocracia a uma doutrina industrialista, está relacionado com a inversão do movimento de longa duração da economia e também com a influência da obra de Adam Smith (traduzida por Bento da Silva em 1811), todavia apresenta pontos comuns com os pensadores anteriores e, embora compreendamos a nova tónica em resultado da decadência das manufacturas e artes provocada pelos acontecimentos da primeira década do século XIX, há que reconhecer que a nova economia por aquele proposta não resolve as dificuldades de arranque que Luís Ferrari e Vandelli tão bem tinham apercebido.

Capítulo V
As Três Impossibilidades do Século XIX Português

1. A industrialização falhada

Plasmado pela Revolução Industrial britânica e pela Revolução jurídico-política francesa, o século XIX instala o mundo na mudança, reafeiçoando a condição humana e as paisagens em toda a superfície do Globo. A ritmos desiguais, e com desigualíssimos resultados consoante as regiões, animando aqui pólos de desenvolvimento acelerado, isolando além redutos arcaizantes, expandindo economias dominantes que vão incrustar-se em economias e sociedades rotineiras e débeis ou por tal *processus* debilitadas; confrontam-se focos capitalistas com áreas de Antigo Regime e com sobrevivências pré-históricas. Mas é uma classe social, a burguesia, é uma forma de estruturação, a sociedade burguesa, é a civilização burguesa que com o seu cunho marca todo o Planeta, a cuja conquista os burgueses se lançam decidida e entusiàsticamente. Por essas forças modeladas, surgem as nações em que o cidadão tende a substituir o súbdito, em que a participação de círculos cada vez mais amplos da população na vida pública reduz o poder absoluto ou aristocrático, confiando as alavancas aos estratos altos das classes médias, que no seu conjunto passam a contar e a pesar. É, por isso, a civilização burguesa, a ordem política burguesa que verdadeiramente cria o *povo*, conjunto de classes capazes de reivindicarem melhoria do seu destino e de pretenderem à cidadania. Como se situa e evolui Portugal nesse mundo em mudança – nesse mundo novo que a industrialização move, que anseia pela multiplicação dos bens materiais mas também se norteia pelo ideal do cidadão realizando-se na

130 | ESTRUTURA DA ANTIGA SOCIEDADE PORTUGUESA

igualdade e liberdade civil, no acesso à cultura escrita? Pela integração do país nessa modernidade que ou se assumia ou esmagava, terçaram armas os pensadores do ocaso do século XVIII e primórdios do XIX. Com que resultados?

A impossível industrialização

Sempre, na nossa história, os movimentos industrializadores se deram no seguimento de crises comerciais profundas, e portanto em períodos de baixa prolongada de preços. Assim acontecera com a política pombalina no terceiro quartel do século XVIII. A recuperação vinha geralmente travar esse esforço de industrialização, que deste modo não chegava a afundar sólidas raízes. Ora em 1806-1808 surgem as dificuldades que vão originar uma gravíssima depressão mercantil, começando os preços a baixar por 1813-1814 em tendência de longa duração. Pois bem: logo em 1814-1815 arranca um novo esforço industrializador; até 1823 o número de estabelecimentos industriais de certa importância quase duplica, e só de Agosto de 1822 a Dezembro de 1823 fundaram-se 177 manufacturas e grandes oficinas. Todavia, o ensaio de introdução do vapor não alastra, e a recessão manufactureira vem quebrar aquele impulso. Aliás dá-se então, de 1826 a 1834, uma ligeira subida de preços, e é preciso esperar por 1835 para que recomece a instalação de máquinas a vapor – estamos uma vez mais, até meio do século, em tendência longa de descida de preços. Em 1845 há 58 máquinas a vapor; desse ano até 1852 instalaram-se 45. Em 1822 fundara-se a Sociedade Promotora do Fomento da Indústria Nacional; tendo desaparecido de 1826 a 1833, ressurge com a vitória do liberalismo, e organiza a 1.ª Exposição Portuguesa em 1838. Vê-se claramente que o surto de industrialização não era compatível com o Antigo Regime. Mas não apenas por razões políticas. É que, como já sabemos, não era possível multiplicar as manufacturas e fábricas sobre a base agrícola tradicional: a reestruturação agrária e a modernização da agricultura constituíam requisitos

AS TRÊS IMPOSSIBILIDADES DO SÉCULO XIX PORTUGUÊS | 131

prévios; ora só puderam iniciar-se a sério depois dessa vitória do Estado liberal e da política correlativa de extinção de privilégios e de encargos extremamente gravosos – logo, só a partir de 1834.

Mas a nova ordem agrária, e a agricultura relativamente modernizada que ela tornou possível, levaram décadas a edificar-se e a impor-se: se data de 1832 a supressão dos dízimos e das prestações foraleiras, e de 1834 a extinção das ordens monásticas e a reversão gradual dos bens da coroa, só em 1860 é que são suprimidos os morgados e capelas, e em 1867 é que é promulgado o Código Civil, instaurando a nova organização jurídica: a partir de então é que Portugal vai deixar de ser o país de vínculos, comendas e bens da coroa, tal como o definira Herculano. Por outro lado, no Antigo Regime procurava-se em cada região produzir o conjunto dos géneros que serviam de base à existência, e para tornar imperativa essa não especialização produtora concorriam as dificuldades de comunicações internas. Dobrado o meio do século XIX – entra-se em outro período de subida longa dos preços – a política que o nome de fontismo sintetiza promove precisamente a construção de caminhos-de-ferro e a abertura de estradas: em 1868 há 722 km de vias férreas e 2400 km das segundas (e a construção destas custou menos do que rendeu a venda dos bens das corporações religiosas); graças a tal rede de transportes dentro do país é que é possível vincar-se a especialização produtora regional e formar-se o mercado interno, com uma burguesia de cidades e vilas provinciais ligada a essa circulação mercantil dos produtos do solo. No entanto, se na década de 1870 começa outra tendência de longa duração dos preços para a baixa (até quase final do século), apesar da doutrinação de Oliveira Martins e outros não se opera ainda a industrialização decisiva.

Com efeito, em 1864 ainda os ocupados na agricultura representam 72% do total da população activa, e em 1890 essa percentagem baixou apenas para 61,1%, e assim se mantém em 1900. Entretanto, a população ocupada na indústria cresce tão-só de 18,4% para 19,4% na última década do século XIX.

132 | ESTRUTURA DA ANTIGA SOCIEDADE PORTUGUESA

Todavia, ao abrir o século XX, nos Estados Unidos o sector primário (agricultura) ocupa 37%, o secundário (indústria) 29% e o terciário (serviços) 34%; em França temos respectivamente 42%, 30% e 28%; em Itália, devido ao peso do Mezzogiorno, é que encontraríamos números não tão distantes dos portugueses.

Apesar, pois, de incontestáveis progressos, o século XIX não conseguiu realizar a revolução industrial em Portugal – e ainda não realizara a da máquina a vapor quando já na Europa ao norte dos Pirenéus dealbava a da electricidade e do petróleo. Ora, se alguns ainda pensam que Portugal pode reduzir-se a nação meramente agrícola, a maioria dos pensadores informados e lúcidos de Oitocentos vê com clareza a necessidade inescapável da industrialização – trate-se de Oliveira Marreca ou de Rebelo da Silva, de Rodrigues de Freitas ou de Oliveira Martins; apenas as modalidades, a ordem de grandeza, as prioridades de arranque (agricultura ou indústria) estão em discussão. Sucessivas travagens bloquearam os sucessivos arranques, mesmo se nunca se voltou ao ponto de partida; e a economia industrial permaneceu limitada e sem força dinamizadora em relação ao todo da economia.

Os travões do desenvolvimento industrial

Quais os mecanismos de travagem a pôr em causa? Não dispomos de análise rigorosa que permita responder com relativa segurança. Parece, não obstante, que deveremos voltar a nossa atenção para os pontos seguintes. Em primeiro lugar, a lentidão das transformações agrárias e das inovações agrícolas, só tardiamente encetadas para mais, e cujo *processus* se estende de 1830 a 1890. Em segundo lugar, as persistências estruturais subjacentes a essas modificações operadas no nível jurídico; embora, graças ao que mudou, se tivesse formado uma burguesia rural e das vilas, que tão grande papel desempenhará no republicanismo, persistiram nos regimes de propriedade e sua concentração e nos regimes de exploração muitos freios

AS TRÊS IMPOSSIBILIDADES DO SÉCULO XIX PORTUGUÊS | 133

tradicionais e desequilíbrios tributários que limitaram a marcha para o aburguesamento dos campos e obstaram a um autêntico acesso do campesinado a *povo*.

Por outro lado, a independência do Brasil não impediu que continuassem estreitos laços sem os quais se não compreende a economia portuguesa; para lá se emigra, de lá vem dinheiro. Por 1870 saem do país por ano uns 10 000 emigrantes, e os retornos orçam por uns 3000 contos (mais do que rende a contribuição predial, e quase três vezes o que rende a contribuição industrial); por 1890 os números são respectivamente 20 000 emigrantes e mais de 12 000 contos. Ao redor desses movimentos de pessoas e dinheiro, todo um enxamear de actividades comerciais, animado também pelas relações com as províncias ultramarinas e a sacudidela que representou a abolição da escravatura. Tais pontos de apoio, incrementando o comércio, favorecem a entrada em acção das travagens ao desenvolvimento industrial pela euforia da prosperidade mercantil e vão adiando a resolução dos problemas de produção nacional.

Mas há ainda que pôr em causa o contexto internacional da economia portuguesa: as suas características anteriores à Revolução Industrial situavam-na em relação de subordinação à economia britânica (principalmente), a mais industrializada e em posição que, na terminologia de François Perroux, é dominante; o ritmo acelerado do desenvolvimento das economias da Europa setentrional e dos Estados Unidos, em contraste com a tão lenta transformação das economias peninsulares, agravou o desfasamento e a relação de dominância; ora, consoante ainda recentemente as desilusões com o auxílio aos países subdesenvolvidos fizeram ressaltar, dada essa relação de dominância é extremamente difícil o arranque firme e contínuo dos países subordinados ou pelo menos com economias tradicionais.

A incidência desses mecanismos de travagem é bem mostrada pela evolução quantitativa da população. Em cem anos, de 1800 a 1900, a população da Europa mais do que duplica; a da Grã-Bretanha pula de 10 milhões e meio para 37 milhões

134 | ESTRUTURA DA ANTIGA SOCIEDADE PORTUGUESA

– mais de 3 vezes e meia. Ora, Portugal passa apenas de 3 milhões para 5 – aumento tão-só de 2/3. Mesmo a Espanha cresce de 10 milhões e meio para 18 e meio – aumento de 76%.

O século XIX português: drama das goradas tentativas industrializadoras – da impossível industrialização da sua estrutura económica. Drama também da impossibilidade da sociedade burguesa, de uma cultura que não consegue a eficácia social.

2. A irrealizada sociedade burguesa

Tudo podia ter começado em 1834. Neste ano a população portuguesa recuperou o número com que abrira o século – 3 milhões –, depois de ter oscilado ao sabor da paz, num sentido, das invasões francesas, da repressão miguelista e das lutas liberais, em sentido oposto. A partir daquela data é que vai crescer sem retrocessos, de dois terços em dois terços de século (30 000 habitantes mais por ano). Ampliaram-se as terras arroteadas, realizaram-se beneficiações, timidamente embora, importaram-se máquinas a vapor e multiplicaram-se os estabelecimentos fabris (à sombra das pautas protectoras), as exportações avolumaram-se, fundaram-se bancos e companhias de seguros, iniciou-se o crédito predial e agrícola, foram constituídas sociedades anónimas. Assim, as exportações saltaram de 6142 contos em 1842 para 13 656 vinte anos depois, e as importações, salto ainda maior, de 9826 contos para 26 634. Em 1852, as sociedades anónimas e bancárias constituídas representaram 400 contos; logo no ano seguinte, é o arranque, com 2960 contos, em 1860 atingem-se os 114 000, e em 1864 ainda os respectivos capitais somam 57 872 contos; há ao todo, em Portugal, 136 sociedades anónimas em 1875. Os depósitos bancários, de 3183 contos em 1858, dobram em dez anos (e o número de bancos passa de 3 para 13), e vêem-se multiplicados por três vezes e meia de 1867 a 1875, ano em que o número de estabelecimentos galga para 51 (com a crise de então reduzir-se-á).

AS TRÊS IMPOSSIBILIDADES DO SÉCULO XIX PORTUGUÊS | 135

E todavia... Todavia, em 1868-1875 o valor global da produção agrícola metropolitana excederia de certeza 100 000 contos (oscilando provàvelmente entre 105 000 e 118 000), o da produção industrial andaria entre 15 000 e 25 000 contos, o comércio e a banca contribuiriam com pouco mais de 6000, e os retornos dos emigrantes com uns 3000 (cálculos de Rebelo da Silva, Oliveira Martins e Alphonse de Figueiredo). Ao acabar o século, a parte da agricultura na formação do rendimento nacional não descera certamente abaixo de 75%. Haveria, aliás, que corrigir a parte do produto comercial e bancário, entrando em linha de conta com a dívida pública, os contratos-monopólios e até a circulação interna: sem dúvida o volume das transacções mercantis excede o do produto industrial.

Dir-se-ia que as inovações empresariais e os investimentos capitalistas não repercutem senão fraquìssimamente nos sectores tradicionais de actividades, ficam como que isolados, enquistados numa economia que não conseguem (ou não buscam) modificar. Há bancos, há fábricas, há sociedades anónimas, há maior circulação de bens, e no entanto a esmagadora percentagem da população não melhora as suas condições de vida, a procura interna, quanto ao grande número, não é incrementada que se veja. Ilhas de economia moderna perdidas na imensidão da tradicionalidade – serão aquelas realmente focos de modernidade, ou incrustações tentaculares sob forma relativamente nova de antigos privilégios? Conhecemos hoje bem, nas economias e sociedades que não se industrializaram, o dualismo em compartimentos quase estanques do arcaizante e do novo, sem que este reestruture aquele – porque tanta vez ao serviço de interesses nada interessados numa autêntica reestruturação. É que tal dualidade está relacionada com a situação de economias dominantes e economias subordinadas, ficando o sector inovador no seio das últimas apoiado (quando não dependente) do sector expansionista das primeiras. A crise britânica dos anos 1960-1968 corrobora plenamente o efeito de travagem que essas situações exercem; pois a crise não resulta da inevitável liquidação do maior império da história, nem da política interna de bem-estar, mas sim, abandonada a orientação traçada por *Sir* Stafford Crips, da abdicação às mãos do capital norte-americano, que veio assim a dominar a Grã-Bretanha (e essa abdicação foi um recurso de grupos socialmente ameaçados que conseguiram obstar à reestruturação interna a sério).

A ineficácia renovadora dos focos de modernidade resultou quer das características com que estes se apresentaram, e que acabamos de indicar, quer da inércia do grande conjunto em que se inseriram isoladamente. Técnicas rotineiras e rudimentares, sem dúvida. Rebelo da Silva, em 1868, para este factor chama a atenção. Em Portugal o produto médio do trigo por hectare anda pelos 8 hectolitros; ora, «bastaria alcançarmos a média de 12 hectolitros por hectare para a situação mudar inteiramente». Por outro lado, os gados existentes «nem duplicados e bem alimentados chegariam para os terrenos hoje em cultura serem devidamente estrumados e arados». Mas não são só as técnicas que há que pôr em causa: é o próprio homem como instrumento de trabalho. Aquele historiador e economista liberal sublinha a falta de robustez das populações rurais, agravada pelas doenças. A alimentação compõe-se sobretudo de vegetais – feijões, favas, hortaliças – um pouco de arroz, castanhas e escassas rações de peixe; carne, só por excepção, em dias festivos; de modo que «O povo vive e trabalha, mas seria mais exacto dizer que em bastantes partes apenas vegeta, débil para os esforços físicos, e com pouca energia para dar à indústria e agricultura o impulso, de que ambas carecem». A alimentação «incompleta na qualidade e na quantidade» (a ração diária não contém sequer 60% do valor nutritivo mínimo indispensável) é que explica «o estado precário das nossas classes laboriosas».

O barão e o bacharel

Economia e sociedade dual – mas 1834 não representou a vitória da burguesia, pelo menos o começo de instauração da ordem burguesa? Dizia Oliveira Martins que, quando o

AS TRÊS IMPOSSIBILIDADES DO SÉCULO XIX PORTUGUÊS | 137

liberalismo derrubou a monarquia tradicional, enfrentou uma dificuldade que talvez não tivesse previsto: «a falta de uma base social sobre que levantar o edifício representativo». E isso porquê? Porque tinha de governar «Um país embrutecido pelo fanatismo, desmoralizado por uma espécie de cesarismo imbecil (D. Miguel), uma plebe, monástica e secular» e o pessoal das secretarias. Para crear essa burguesia, as reformas de Mouzinho e Joaquim António de Aguiar mobilizam a imensa reserva dos bens de mão-morta; as vendas efectuadas até meio do século representaram, na estimativa de Herculano, 50 a 60 mil contos. Os bens dos 481 conventos extintos rendiam anualmente mais de 2000 contos, valendo o capital mais de 43 000; a Casa do Infantado rendia 160, sendo o capital de 3200 contos. A quem aproveitou essa desamortização? Não constituiu, como em França constituíra a Revolução, um campesinado de proprietários, alicerce de uma sociedade burguesa. Nas *Viagens na Minha Terra* mostra Garrett que, em Portugal, o sucedâneo do frade foi o barão, «Sancho Pança da sociedade nova», variedade engendrada na burra de Balaão; ele é que enriqueceu com os bens monásticos e com a reversão ao Estado dos bens da coroa, depois alienados. Quer dizer que se formou assim uma oligarquia com base nos bens de raiz desamortizados primeiro da propriedade monástica e dos donatários, e seguidamente pela desvinculação dos morgadios e capelas – na segunda fase, é o visconde que come o fidalgo, como, com a mesma veia garrettiana, descreve Oliveira Martins.

Sucedendo, pois, à ordem clerical-nobiliárquica, instaura-se a da oligarquia fundiária de mãos dadas com a também nova oligarquia bancária. Esta, que com deliciosos laivos intitula as suas companhias *Providência, Confiança, União* (continua Oliveira Martins), enriquece com a agiotagem da Dívida pública, do contrato dos tabacos, dos melhoramentos materiais. Nestes gastaram-se 45 a 50 mil contos até 1870; tais despesas extraordinárias foram custeadas por empréstimo num montante nominal de 125 mil contos, de que os credores só entraram efectivamente com 40%; com elas, o encargo anual era de 3750 contos. Ora, os juros da dívida pública galgaram de 2400 contos por ano em 1852-1853 para 11 400 em 1873-1874; onde foi parar o excedente de 5250 contos anuais de juros, e correspondente capital de 180 mil contos? pergunta Oliveira Martins, que responde: «No bolso dos agiotas.» E esse mundo dos negócios coligado com os oligarcas da terra, vive também do Brasil, do dinheiro que de lá vem, do que para lá se exporta.

No conjunto dos proprietários de bens de raiz, se uma minoria é de barões, da maioria menos afortunada é que saem os bacharéis. O ensino secundário, a universidade, restritos a bem poucos, formam o pessoal influente das secretarias, de uma administração caciqueira, e uma burguesia, não numerosa, de profissões liberais. O barão (depois, o visconde), isto é, o que frui a renda da terra ou os lucros da especulação fiduciária, e o bacharel, também ligado à renda da terra mas com lugar público ou actividade profissional de nível universitário, eis os orientadores da nova ordem social.

A impossível sociedade burguesa

Porque há, apesar de tudo, uma nova ordem social. Sem dúvida, a vitória do liberalismo representou sobretudo o advento de nova gente às posições dominantes, e um domínio social sob novas formas jurídicas mas mantendo muito da estrutura subjacente. No Antigo Regime, os jornaleiros contavam por 3/4 na população agrícola alentejana (A. Silbert). No todo do Reino, num total de perto de 900 000 *activos*, os 480 000 agricultores dividir-se-iam do modo seguinte: 96 000 proprietários (além desses há 60 000 que vivem de suas rendas, sem participar na produção), 135 000 arrendatários, 215 000 jornaleiros e 35 000 pastores e serviçais (Franzini e Balbr); em 1868, num total de 873 000 agricultores, temos 419 000 proprietários, 139 000 rendeiros, 210 000 jornaleiros e 105 000 pastores, criados e moços (R. da Silva), Se tivermos em conta o crescimento geral da população, vê-se

AS TRÊS IMPOSSIBILIDADES DO SÉCULO XIX PORTUGUÊS | 139

que mesmo assim o número de proprietários aumentou, o de jornaleiros diminuiu até em absoluto, mas compensado pela quase triplicação do número de serviçais, e o de arrendatários diminuiu relativamente. Uma burguesia rural, limitada embora – como uma limitadíssima burguesia industrial, uma burguesia mercantil em que sobressaem todavia o pequeno lojista ou o grande negociante. Burguesia necessàriamente restrita, pois em 1864 há só 19 cidades, e delas 12 entre 4000 e 10 000 habitantes, 5 entre este limite e 20 000, e nenhuma entre 20 000 e 50 000, contando-se apenas duas acima (Lisboa e Porto). A população pròpriamente citadina pouco mais é de 1/10 da população total. Repare-se, quanto aos proprietários rurais, que sem dúvida mais de metade não passam de pequenos cultivadores, e só talvez 1/4 atinja o nível burguês.

E frente a uma burguesia limitada – reinado do barão e do bacharel –, um fraquíssimo operariado fabril, um campesinado dependente e que vegeta – uma turbamulta mais do que um povo. Porque a ausência de povo é a outra face da ausência de uma autêntica burguesia. Garrett, não podendo prever o que a sociedade viria a ser, tinha, porém, em 1846, uma certeza: é que «A sociedade já não é o que foi, não pode tornar a ser o que era; mas muito menos ainda pode ser o que é». Todavia, a estrutura de então resistiria subreptícia mas firmemente. É que o escol intelectual não tinha eficácia social para a modificar, nem havia forças populares transformadoras.

3. Uma cultura sem eficácia social

Não se chegou a realizar, no século XIX português, a sociedade burguesa, não foi possível, entre nós, a burguesia instalar a sua civilização. E isto porque se goraram as sucessivas tentativas de introduzir a revolução industrial e permaneceram enquistados os vários focos modernizadores, sem constituírem verdadeiros pólos de desenvolvimento. Porque foram excessivamente lentas as transformações do regime da terra e as inovações da técnica agrícola, daquelas dependentes, de

140 | ESTRUTURA DA ANTIGA SOCIEDADE PORTUGUESA

modo que uma estrutura tradicional persistiu sob a capa de modificações jurídicas, apenas mudando, em vários casos, os beneficiários, mas não as relações fundamentais com o mundo que explora o solo. À ordem clerical-nobiliárquico-mercantilista substitui-se a oligarquia fundiário-bancária, e também mercantilista, assente, como aquela, no que Sérgio chamou a política de transporte, e vivendo apoiada no contexto externo do capitalismo industrial e financeiro; pouco interessada, por isso, em modernizar de lés a lés, e até as raízes, a economia da nação, em a vivificar em todos os sectores pela introdução das técnicas que poupam trabalho e produzem em massa. A sociedade de Antigo Regime caracteriza-se na Península pelo peso espectacular do terciário tradicional (nobreza, clero, comércio), com relativa anemia do sector basilar da agricultura. As mudanças do século XIX permitem o incremento das fainas basilares de produção agrícola, embora com atraso e hesitações, mas mantêm um estrato dominante hipertrofiado que chama a si parte excessiva do produto nacional, e por isso não deixa espaço à génese pujante de um secundário de tipo moderno. Entre a oligarquia e a plebe, uma incipiente burguesia, activa, com cérebros esclarecidos, mas cuja acção não resulta num traçado novo dos rumos nacionais.

Relendo A Morgadinha dos Canaviais

Dessa incipiente burguesia, Júlio Dinis traduz bem os anseios e os padrões ideais. O Portugal dos morgados e dos curas ainda existe, mas os vínculos vão acabar, já não é possível viver das rendas da terra sem cuidar da boa gestão dos domínios, esse estrato dominante tem de aceitar a ascensão social dos que se elevarem pelo trabalho até à propriedade e de resignar-se às alianças com os estratos ascendentes, adoptando o seu sistema de valores novo, os novos modelos de conduta – a nova fisionomia moral dos tempos. Mas quem manda ainda nas aldeias é o conselheiro, senhor fundiário, é o morgado sr. Joãozinho das Perdizes, é o «brasileiro» que especula com

AS TRÊS IMPOSSIBILIDADES DO SÉCULO XIX PORTUGUÊS | 141

terrenos a serem expropriados por utilidade pública e aspira evidentemente a ser visconde – além do padre e do missionário. Sem dúvida, os ecos das cidades começam a repercutir-se no mundo aldeão, vêm os engenheiros e os trabalhadores para abrir estradas, há o médico esclarecido, o mestre-escola representa a ascensão social e a força de reforma cultural – como Tomé da Horta é o novo proprietário médio que forceja por uma nova agricultura.

Fermentos tímidos, pois não. Veja-se o espectáculo das eleições: vai o cacique como guardador de cabras, à frente dos seus homens como rebanho que lhe obedece cegamente, sem ver «que a mesma força que emprega no trabalho lhe poderia servir para repelir o jugo». E o comentário do romancista mostra os anelos da classe em formação, e as dificuldades em os efectivar: «Leitor, se tens, como eu, esperança e sincera fé no sistema representativo, perdoa-me o obrigar-te a assistir a uma cena que faz subir a cor ao rosto de quem, como nós, abençoa os sacrifícios por cujos preços nossos pais nos compraram a nobre regalia de intervir, como povo, na governação do Estado, as franquias que nos emanciparam da caprichosa tutela de um homem, revestido de direitos ìmpiamente chamados divinos, contra os quais o instinto e a razão igualmente se revoltam. A cena, porém, humilhante como é, não envolve a mínima censura à excelência do sistema; mas apenas aos que nos quarenta anos que ele quase tem de vida entre nós, não souberam ou não quiseram ainda fazer compreender ao povo toda a grandeza da augusta missão que lhe cabe executar.»

Sim, a burguesia não podia afirmar-se social e politicamente enquanto esses campónios seguissem às cegas o morgado sr. Joãozinho das Perdizes ou o «brasileiro», enquanto sob a férula sacerdotal se opusessem ao progresso – às estradas, ao enterro no cemitério – e se mantivessem na ignorância crassa, presa fácil de pregadores sem escrúpulos. A essa plebe havia que substituir um verdadeiro povo, e isto no próprio interesse dos meios burgueses. Havia, em suma, que crear o cidadão, acabando com o súbdito que não sabe reclamar o que lhe é devido, incapaz de afirmar direitos porque o habituaram a

142 | ESTRUTURA DA ANTIGA SOCIEDADE PORTUGUESA

ter unicamente deveres, e que por isso pensa pela cabeça dos caciques, humildemente agradece o que lhe é devido – o que lhe seria devido numa civilização assente na cidadania – e ele julga sempre acto de caridade, embora em última instância realizado com o seu próprio dinheiro.

Uma burguesia incipiente que quer crear o povo para afinal se crear a si própria e evitar o malogro. Em 1851 Herculano apresenta um projecto de decreto; finalidade: «abrir o caminho ao homem de trabalho para o gozo puro e legítimo que nasce do sentimento de propriedade». Quer dizer, acabar com o latifúndio, tornar a propriedade do solo acessível ao médio e ao pequeno explorador (as formas – enfiteuse, etc. – não importam aqui), de modo a constituir, no fim de contas, simultâneamente, um povo e uma burguesia rural, com base no individualismo agrário – mobilizem-se os vínculos, extingam-se os pastos e baldios concelhios. Lá fóra a civilização industrial levou já à colisão entre o trabalho e o capital, «hoje o supremo, o tremendo problema político das nações mais adiantadas». Ora, Portugal, pelo seu atraso industrial, pela sua civilização comparativamente pequena, ainda está isento de tais conflitos. Mas a indústria fabril «é uma necessidade da época e da civilização»; por isso há que favorecê-la, evitando os males que gera. Não podemos recusá-la, fugir-lhe: «cumprirá acaso que para nos premunirmos contra os riscos do futuro fechemos a porta à civilização?» O remédio está em correlativamente desenvolver a agricultura e, assentando a pequena e a média propriedade, assim crear uma classe média e uma base popular consciente.

Nos caminhos sugeridos por Herculano rastreia-se já o drama que vai dividir a burguesia nacional. Débil ainda, apercebe-se que a evolução do mundo gera tensões sociais que ela não está preparada para enfrentar, e já está a suscitar problemas que ainda não são os de uma sociedade de Antigo Regime por enquanto só levemente emburguesada. Como numa tenaz, encontra-se no seio de uma sociedade oligárquica de tipo tradicional que ainda não afeiçoou ao seu estilo de vida e à sua mentalidade, frente às ameaças longínquas, mas no

AS TRÊS IMPOSSIBILIDADES DO SÉCULO XIX PORTUGUÊS | 143

estrangeiro já reais, que lhe resultarão da economia industrial e correlativo nascimento do operariado.

Castiços e estrangeirados, problemas de fóra e problemas de dentro

Através do século XIX português, inúmeros são os pensadores que põem o dedo na ferida dos problemas fundamentais da nação. De Acúrcio das Neves a Oliveira Martins, passando por Oliveira Marreca e Rodrigues de Freitas, não só é afirmada a iniludível necessidade da industrialização como estudados os meios de a promover. Rebelo da Silva e Herculano, embora sublinhem a extraordinária importância do fomento agrícola e da transformação agrária, aceitam a instalação das fábricas e o maquinismo. É costume, decerto, acusar muitos dos pensadores e dos políticos oitocentistas de utópicos, obcecados pelo modelo de sociedades, economias e estruturas políticas estrangeiras que a todo o transe pretenderiam impor a uma nação radicalmente diferente, sem atenderem a esse específico condicionalismo tradicional. Acusação de castiços contra os estrangeirados, dos que se limitam à conservação de privilégios e defesa dos interesses estabelecidos contra os que propugnam pela integração na modernidade buscando a felicidade da nação em vez de arvorarem o estandarte cruzadista, anacrónico num mundo industrial mas defendendo bem posições monopolizadoras. Utopia anelar, em 1820-1850, por uma sociedade e civilização burguesa? Utopia, nesse século XIX que a máquina a vapor modela, pretender que se impulsione a economia industrial do maquinismo e se forme um povo de cidadãos? Aspirações de estrangeirados – pois Garrett, Herculano, Eça, Antero, Oliveira Martins o que são? Mas não serão precisamente os estrangeirados aqueles que se debruçam atentamente, teimosamente, amorosamente sobre a realidade nacional, para definirem a sua problemática, traçarem os rumos a seguir?

E todavia, dado o fracasso em última instância, encontramo-nos com este paradoxo perturbador e confrangedor:

144 | ESTRUTURA DA ANTIGA SOCIEDADE PORTUGUESA

o carácter utópico da extrema lucidez, a marginalidade de estrangeirados dos mais patrióticos escoldrinhadores do âmago nacional na ânsia de irrecusável melhoria. Sem dúvida nem tudo fracassou, nem todas as batalhas foram perdidas. Basta aqui recordar a abolição da pena de morte, cujo centenário há pouco se comemorou, fruto magnífico dessa consciência estrangeirada que quer a pátria a abrir o porvir em vez de contemplar o umbigo do passado, imposição desse movimento liberal leigo que impõe novos valores a uma sociedade rotineira, congelada num ritualismo que nunca deixara florescer a verdadeira religião. Mas se há vitórias, momentos altos, há a retirada de Herculano para Vale de Lobos, há o suicídio de Antero, os homens das Conferências do Casino são «Os vencidos da vida», Oliveira Martins retira-se da acção pública.

A burguesia quisera formar o povo para se afirmar a si própria, mas ficara esmagada entre a oligarquia e a plebe. Depois, parte começa a recear a industrialização porque levaria ao aparecimento de novos adversários quando ela mal se aguentava devorada pela agiotagem, outra parte começa a viver problemas de sociedades mais evoluídas, e aspira generosamente a formas socialistas que afinal traduzem a sua ânsia de formar um povo em vez da plebe. Simplesmente, Oliveira Martins aperceber-se-á que para haver socialismo é preciso haver operariado – e em Portugal não o havia. Para isso, industrializar. Mas para industrializar é preciso que haja uma burguesia e um povo, que haja actividade produtora nacional e que haja cidadãos. Como criá-los? O caminho do cesarismo também se mostrou barrado: como é que os grupos dominantes poderiam empreender uma transformação que saparia o seu próprio domínio?

O escol não consegue levar os que detêm as alavancas a tomar as decisões inovadoras, e de baixo não surdem os movimentos capazes de as impor. Perguntava ingènuamente Antero: «Mas, Ex.mo Senhor, será possível viver sem ideias?» Não se vivia de outra forma, porque se vivia quase só de interesses creados, tenazmente enraizados, anacrònicamente parasitários e por isso ferozmente defensivos contra quaisquer mudanças. Para honra do regime liberal, diga-se todavia que a proibição das Conferências do Casino, em 1871, arrastou a queda do Governo Ávila e Bolama – a opinião pública não se mostrava inteiramente insensível ao apelo das ideias. Não as vive todavia na sua carne, e por tal razão, enredada numa estrutura social arcaizante que as procelas lá de fora atemorizam, a cultura não alcança eficácia social, os estrangeirados, que tão entranhadamente amam a sua pátria, não conseguem virá-la para o porvir. Ao terminar *A Morgadinha dos Canaviais* com a entrada do conselheiro para o ministério, quão desiludido é o comentário de Júlio Dinis:

«O conselheiro partiu no dia seguinte para Lisboa, para tomar parte na pilotagem da nau do Estado. Estive tentado a dizer, para satisfação de ânimo dos meus leitores, que, sob a direcção dos talentos e aptidões do novo estadista, se locupletou a fazenda pública, prosperou a agricultura e a indústria, refulgiram as artes e as letras; e que Portugal, como a Grécia sob Péricles, causou o assombro das nações do mundo.

Mas receei que, fantasiando no nosso país um Governo fecundo e próspero, a inverosimilhança do facto prejudicasse no espírito dos leitores a dos outros episódios narrados, e lhes entrasse com isto a desconfiança no cronista. Resolvi pois ser franco, declarando que sob a direcção do conselheiro e dos seus colegas, Portugal regeu-se, como se tem regido sob as dúzias de ministérios que nós todos havemos já conhecido.»

E esse é o drama da elite portuguesa de então: generosa nos ideais, lúcida na visão das realidades (pelo menos em parte), não dispõe dos meios de agir, e portanto só fraquìssimamente influi na evolução da sociedade a que pertence e de que quase está segregada.

Capítulo VI

Persistências e Transformações
num Mundo Mudado (séculos XIX-XX)

Com os Descobrimentos, conquistas e colonização ultramarina contribuíram poderosamente os povos peninsulares não só para tecer o mercado mundial e para abrir, consoante escreveu Marx, a biografia moderna do capital, mas também para toda a génese da civilização moderna. E no entanto, dessa expansão resultou, na Península, uma estrutura que travou o desenvolvimento posterior e adveio até a recusa dessa modernidade. Entretanto, países como a Inglaterra passavam por fases alternadas de comercialização, mudança agrária e industrialização, outros, como a Itália setentrional, primeiro na vanguarda nessas três frentes, recuam na segunda metade de Quatrocentos e primeira de Quinhentos, industrializam-se de novo na segunda metade deste século, para se desindustrializarem no século XVII e ruralizarem, mantendo nuns casos actividades comerciais importantes – Génova – ou inovações agrícolas – Terra Ferma veneziana. Mas agora o que importa sublinhar é que, por aquelas razões estruturais, não participou o complexo histórico-geográfico ibérico na Revolução Industrial da máquina a vapor, da hulha e do tear, nem depois na da electricidade e do petróleo, excepto numa ou noutra das suas regiões periféricas, e mesmo aqui limitadamente – casos da Catalunha, das Astúrias –, quando não se desindustrializaram – caso de Valência. Também a Revolução Francesa aqui não plasmou profundamente uma nova ordem política. Permaneceu, pois, uma sociedade que, por ser ainda fortemente vincada pelas forças anteriores ao maquinismo e ao Estado de cidadania, é adequado chamar Antigo Regime. Esta expressão de Antigo Regime tem vindo a generalizar-se para designar

148 | ESTRUTURA DA ANTIGA SOCIEDADE PORTUGUESA

os séculos anteriores à Revolução Industrial e à Revolução Francesa mas posteriores à Idade Feudal pròpriamente dita. Assim, E. N. Williams publicou em 1970 uma importante síntese, *The Ancien Regime in Europe. Government and Society in the Major States 1648-1789*, em que trata da Holanda, Grã-Bretanha, França, Espanha, Prússia, Áustria, Rússia. Num artigo de 1959, na *Past and Present* (n.º 16), Trevor-Roper datava o fim do Antigo Regime na Inglaterra do século XVII, em França de 1789, em Espanha do século XIX, na Rússia de 1917. A aplicação da expressão à Espanha é correntíssima, desde a obra clássica de Desdevises du Dezert, de final do século passado. De Vicente Palácio Atard é o estudo *Fin de la Sociedad Española del Antiguo Regimen* (Madrid, 1952); Federico Suárez estudou *La crisis politica del Antiguo Regimen en España 1800-1840* (Madrid, 1950), portanto, incidindo sobre o século XIX. Henry Kamen, ao traçar a história de *The Spanish Inquisition* (1965), intitula o seu último capítulo «Derradeiros Sobressaltos do Antigo Regime». O saudoso Vicens Vives consagrou uma das suas análises fundamentais a «Dos factores de la evolucion de la España del Antiguo Regimen» (*Coyuntura económica y reformismo burgués*, 1954) vindo até cerca de 1830. Na grande *Historia social y económica de España y América*, dirigida por Vicens Vives, a cada passo a expressão é empregada (assim, no vol. IV, 1958, pp. 36, 99, 117, 149-150, 151, etc.). Vemos deste modo a vasta área geográfica de aplicação, e a sua pertinência em relação à Península Ibérica. Mas que entender por tal? Coornaert (*Cambridge Economic History of Europe*, IV, 1967, pp. 247 e 251) fala do «sistema jurídico do Antigo Regime» e das «organizações comerciais do Antigo Regime» a propósito das grandes companhias. Bennassar e Jacquart (*Le XVIème Siècle*, 1972) definem uma economia de Antigo Regime (p. 31): predomínio esmagador da produção de subsistências, fraqueza geral e medíocres capacidades dos meios de troca, regionalização dos circuitos económicos, escassa produtividade, extrema sensibilidade às variações da conjuntura. Michel Vovelle (*La Chute de la Monarchie 1787-1792*, Paris, 1972), defendendo a expressão (p. 8), subsume-lhe um sistema económico, social e político de elementos interligados. Le Roy Ladurie (*Paysans de Languedoc*, 1969) refere-se a «Antigo Regime estatístico» e a «Antigo Regime económico». A designação de antigo regime dada a uma demografia de forte instabilidade, com crises de subsistências e pestes, em que frequentemente a mortalidade excede a natalidade, é hoje clássica. O marxista Pierre Vilar contrapõe a «economia de Antigo Regime» à «economia progressista» (em crescimento constante), e inscreve na primeira como crises normais as de alta dos preços dos cereais, mas também as crises comerciais (*Oro e Moneta nella Storia*, 1971, pp. 353 e 390).

Em suma: por Antigo Regime designa-se uma forma de Estado (de tendência absolutista), uma ordem jurídica, uma estratificação social em ordens ou estados mas sob a qual se formam classes, uma estrutura económica com predomínio da agricultura mas mercantilização acentuada, complexo em que se imbricam componentes senhoriais e de capitalismo comercial, uma demografia de bruscas oscilações sempre a esbarrar contra o tecto posto pela fraca produtividade, uma ideologia e formas de mentalidade. Estes componentes não se desconjuntam simultâneamente num dado país, nem segundo o mesmo caminhar nos diferentes países; também não persistem em bloco monolítico em nenhum. Recapitulemos os seus traços, principalmente em Portugal.

Nas garras de uma oligarquia nobiliárquico-eclesiástica detentora de mais de 3/4 do solo e do melhor quinhão dos produtos da terra, bem como dos monopólios mercantis-fiscais, uma economia predominantemente rural mas de agricultura rotineira e fraquíssima produtividade, insuficiente para sustentar as super-estruturas dos outros sectores que a expansão mercantil hipertrofiou, é por isso por eles sugada; os tráficos oceânicos são um dos principais alicerces da organização estadual e outro dos pilares da mencionada oligarquia, mas as despesas são de carácter sumptuário, ostentatório, em vez de se investirem os proventos em oficinas ou fábricas ou sequer na exploração agrícola, ou em formas modernas de empresa comercial: as sociedades por acções, instrumento fundamental

150 | ESTRUTURA DA ANTIGA SOCIEDADE PORTUGUESA

do capitalismo, só esporàdicamente se constituem aqui, até muito tarde. Simbiose da oligarquia e do Estado, como tipo social o cavaleiro-mercador, e em frente uma plebe ignorante atolada na mendicidade e cuja revolta se exprime sobretudo pelo banditismo, não pela reivindicação social. As formas de tratamento entre os indivíduos revelam bem essa estratificação e hierarquização rígida da sociedade, em que a promoção é rara. No nosso país mais ainda do que em Espanha, escasseiam as verdadeiras cidades, não há urbanização pràticamente, e o êxodo rural alimenta, sim, a emigração. Economias que fabricam braços para exportar e não dispensam como réditos os retornos dos emigrantes, como não dispensam os lucros da reexportação de produtos ultramarinos, e cujo comércio externo patenteia a constante saída de pequeno número de artigos que são matérias-primas ou pouco elaborados e a entrada dos produtos da manufactura. A sociedade de Antigo Regime não é pré-capitalista: não passou pela transformação estrutural das inovações maquinistas, mas já contém a componente capitalista, essencialmente sob a forma comercial (e a essa economia definida pelo mercado, em que actuam grupos capitalistas, chama-se capitalismo comercial ou, na designação que temos proposto, mercantilismo – como estrutura, e não como mera doutrina ou mesmo política). Estudámos uma parte dos círculos capitalistas no Portugal quinhentista em *Os Descobrimentos e a Economia Mundial* (sobretudo vol. 2, 1965--1971, pp. 234 ss.) os do século XVII em «Restauração» (*Ensaios,* vol. II, 1968). E esse capitalismo é um capitalismo de monopólios, com frequência, e a agricultura está mercantilizada para a exportação. Mas se estamos perante uma sociedade mercantilizada, não é contudo uma sociedade burguesa. Decerto, chegaram a nascer sucessivas burguesias e em alguns momentos pareceria que iria assumir papel de relevo, por exemplo, em 1383-1385. Voltou porém sempre a integrar-se nos quadros da sociedade tradicional, sem a afeiçoar em novos moldes, e a ficar subordinada à oligarquia latifundiário-mercantil que contra ela utiliza a arma da Inquisição; e não esqueçamos que, no lúcido dizer de Ramón Tamames, sem suprimir

PERSISTÊNCIAS E TRANSFORMAÇÕES NUM MUNDO MUDADO... | 151

o Santo Ofício nunca seria possível formar-se a sociedade burguesa.

Como vimos, o século xix foi o das goradas tentativas de industrialização na Península, mais ainda em Portugal do que em Espanha, aliás. Continuação dos malogros que, desde finais de Seiscentos, a cada fase de política de incremento industrial levava a suceder uma fase de recuperação e progressão comercial que a travava – e o prosseguimento deste processo alternativo no século xix mostra a persistência de subjacentes estruturas antigas. Só com o desenvolvimento do maquinismo e o tecer em ampla rede de relações de produção capitalista, apoiando-se numa larga classe média e num verdadeiro povo – conjunto numeroso de cidadãos – teria podido surgir no meio geográfico peninsular a sociedade moldada pela burguesia, uma civilização burguesa. Destaquemos os laços com o Brasil, no caso de Portugal, e com a América espanhola, no caso da Espanha, os quais fomentaram o fluxo emigratório e com as remessas de dinheiro aguentaram antigas situações sociais do lado de cá do Atlântico. Não esqueçamos que outra característica do Oitocentismo peninsular é a dependência da sua economia em relação a uma economia dominante (empregamos as expressões de Perroux), que era a da primeira potência industrial, marítima e bancária, a Inglaterra. Mas há também que pôr em causa o não se ter dado na Península uma revolução agrícola (ou sucessivas, em alternância com comercializações e industrializações), como se dera em Inglaterra, ou sequer um encadear de transformações mais lento e mais tardio, como em França. Decerto, já em 1867 António de Avelar Severino notava (*Será conveniente ao nosso país a prática dos roteamentos e o estabelecimento das colónias agrícolas?*, Coimbra, p. 220): «é inegável que desde 1834 a nossa agricultura tem progredido», «algumas extensões incultas e desamparadas têm, desde então, sido domadas pela acção do homem e afeitas às operações culturais», «a dessecação de alguns pântanos tem já sido efectuada», «os melhores sistemas de cultura, os afolhamentos bem regulados, as irrigações e a drenagem aperfeiçoada principiam a aparecer»; mas logo

152 | ESTRUTURA DA ANTIGA SOCIEDADE PORTUGUESA

restringia: metade da superfície permanece inculta, muitas das reformas não passam de ensaios. Com a desamortização e o alívio dos encargos que pesavam sobre a terra, desde Mouzinho da Silveira, desenrolou-se uma limitada modernização agrícola, que não deve minimizar-se, e deu-se o aparecimento de uma burguesia de vilas. O processo continuou até à República, acentuando-se, como mostrou Silbert, no ocaso do século. Por isso, interpretando o que escrevêramos na 1.ª edição da presente obra e em *O Socialismo e o Futuro da Península* (3.ª edição, Março de 1970, pp. 135-6), Miriam Halpern pôde propor caracterizar esse período como de «crescimento agrícola sem industrialização», o que é aliás forçar a nota (e não concordamos em datar o arranque só de 1847). Essa modernização não eliminou umas quantas características senhoriais: como diz Tamames, o latifúndio substituiu o morgado e os bens eclesiásticos, arruinaram-se os bens concelhios, aos servos emancipados sucederam os braceiros e jornaleiros (p. 40). Ainda em 1931 os 99 Grandes de Espanha eram proprietários de 577 359 hectares, e dez dentre eles possuíam cada qual propriedades superiores a 15 000 hectares (pp. 46-7) – o latifúndio começa em 250... O incremento da agricultura a produzir para o mercado – especialmente, para a exportação – corresponde a um processo de mercantilização inerente já ao Antigo Regime – Bazílio Teles, entre outros, viu-o bem, ao abrir o nosso século. Por outro lado, para se desembaraçar da sua subordinação à oligarquia latifundiário-mercantil--eclesiástica, procurou a burguesia favorecer a génese de um verdadeiro povo – de uma comunidade de cidadãos, a substituir a criadagem de poderosos (essa criadagem que fora uma das forças do miguelismo). Preocupação obcecante através do liberalismo e do republicanismo – basta reler José Estêvão e Bazílio Teles, passando por esse ficcionista que tão bem nos dá a mentalidade burguesa de Oitocentos, Júlio Dinis.

Porque é que as transformações referidas não levaram, mau grado tudo, a uma industrialização e a uma mais acentuada modernização da estrutura social? Sem dúvida o regime político e a organização do Estado entravavam-nas sèriamente.

PERSISTÊNCIAS E TRANSFORMAÇÕES NUM MUNDO MUDADO... | 153

Além dos outros factores que já apontámos, há que trazer a terreiro dois outros: por um lado, a expansão colonial; por outro, a conjuntura de prosperidade mercantil, com subida de preços, que de 1892 vai até à Grande Guerra. Ora, sabemos já que as fases A de Simiand (progressão dos negócios) são pouco incitadoras de industrialização. Quanto à ocupação efectiva e incremento dos negócios africanos, retomavam a antiga linha expansionista – mercantil –, quando a Espanha, perdendo as colónias (1898), se ia ver forçada a industrializar-se, tìmidamente embora. A corrente anticolonialista fora importante até ao Ultimatum: lembremos Rodrigues de Freitas e Oliveira Martins, e até um funcionário do Banco Nacional Ultramarino, Nogueira; chegara a propor-se no Parlamento a venda de colónias como Timor, a Índia, a Guiné, Moçambique; procurava-se assim concentrar esforços e gentes nas mais rentáveis ou de que se esperava melhor futuro – São Tomé, Angola. Mas o choque do Ultimatum e o progresso económico dessas relações levam a superar a crise de longa duração que o fim do ouro do Brasil, primeiro, e depois a abolição do tráfico negreiro e da escravatura tinham provocado. O cacau de São Tomé (até 1891, o café), a borracha, o café, o álcool de cana, o algodão, o pescado, as peles e coiros, o açúcar de Angola, reexportados pela metrópole, criam para os produtos desta escoadouros nada de desprezar: panos, azeite, calçado, farinhas, sabões, vinhos e aguardentes (entrando os tecidos com 40%). Sobre este ponto, baste-nos aqui remeter para *As Colónias Portuguezas,* de Ernesto de Vasconcelos (Lisboa, 1903) e *Le Portugal et ses Colonies,* de Angel Marvaud (Paris, 1912). A fortuna dos Burnay tem raízes na urzela e purgueira das ilhas de Cabo Verde (A. Carreira). Mas nos últimos anos da monarquia atravessa-se uma crise, que não deve ser estranha à sua queda: liga-se à incapacidade do aparelho político para enfrentar as dificuldades, ou até ao facto de as gerar, a que já aludimos. Não menos decisivo, no bloqueio da economia portuguesa e transformação social, a escalada da emigração, como vimos no capítulo 2: de menos de 12 000 por ano entre 1872 e 1880, sobe a quase 17 000 no quinquénio seguinte, excede

154 | ESTRUTURA DA ANTIGA SOCIEDADE PORTUGUESA

20 000 em 1886-1890, pula a mais de 31 000 em 1891-1895, regressa a 24 000 no decénio de 1896-1905, e em novo salto quase atinge os 40 000 de 1906 a 1910. O Brasil é um vórtice, e assim não há em Portugal pressão da mão-de-obra que possa incitar à modernização técnica.

Não cabe aqui explicar o movimento republicano e o Cinco de Outubro, todavia é indispensável focar dois ou três pontos. Em primeiro lugar, os pequenos e médios proprietários rurais do Norte sofrem de uma crise que a política fiscal agrava e que só na emigração encontra escape. O movimento republicano será constituído predominantemente pela média e pequena burguesia das vilas e cidades, apoiando-se em largas camadas populares; claro que não é socialmente homogéneo, dele também fazem parte latifundiários como os Relvas do Ribatejo e os Fernandes do Alentejo (mas a ideia de um movimento político identificado a uma força social homogénea não será um simplismo tosco?). Depois, conforme já indicámos, a expansão africana atravessa um período de dificuldades. O Estado monárquico, desprestigiado pelo Ultimatum, corroído pelos escândalos e corrupção, ineficaz na condução da economia mas sugador para tapar despesas parasitárias, enredado nas malhas das camadas dominantes tradicionais, marginaliza politicamente essa média e pequena burguesia, não deixa o povo aceder à cidadania. Por isso, na continuidade do setembrismo e da fugaz Vida Nova, o movimento republicano bate-se por elevar à vida cívica a grande massa da população, sem o que o aparelho do Estado continuaria a escapar-lhe. 1910 é a tentativa de instaurar em Portugal o Estado burguês e de modelar a sociedade burguesa, de instalar a civilização burguesa – e, logo, a participação dos cidadãos na actividade pública, a extinção do analfabetismo e a promoção profissional, a formação e difusão da consciência cívica, uma reorganização do Estado que deixe de o manter como meio de exploração utilizado por clãs parasitários e passe a seguir uma política económica favorável às classes médias, entre nós até então fracas. Moralização e instrução, um romantismo com laivos socializantes (porque sem povo não há burguesia): daí, por

PERSISTÊNCIAS E TRANSFORMAÇÕES NUM MUNDO MUDADO... | 155

exemplo, o reconhecimento da greve, a protecção às cooperativas, os seguros contra acidentes de trabalho. Visa-se reduzir substancialmente o número de analfabetos, difundir o ensino primário tornando-o realmente obrigatório e de melhor qualidade graças às Escolas Normais, proporcionar maiores oportunidades aos desfavorecidos criando os jardins de infância oficiais, abrindo-lhes um ensino primário complementar; reforma-se todo o ensino superior, abrindo o seu leque, democratizando a sua orgânica, de modo a formar quadros para o desenvolvimento económico e a fomentar o progresso cultural e a preparação de quadros políticos. À escola atribui-se papel decisivo na democratização. Não esqueçamos as universidades populares e as universidades livres. Decerto, este esforço vinha já do século XIX, em especial dos anos de 1880. Recordemos a *Biblioteca do Povo e das Escolas*, lançada a partir de 1881 pelo editor David Gorazzi: livrinhos de algibeira, de 64 páginas, a 50 réis, tirados a 10 000 exemplares, e desde o número 16 ao dobro, põem ao alcance de vasto número elementos de formação profissional e de cultura basilar em todos os campos; completam-na os *Dicionários do Povo*. Há, por outro lado, a *Bibliotheca de Agricultura e Sciências*, de Andrade Corvo (1880 e seguintes), Magalhães Lima e Teixeira Bastos editam o *Ideal Moderno – Bibliotheca Popular de Orientação Socialista*. O património dos clássicos não é esquecido – é a *Bibliotheca* dirigida por Mello d'Azevedo, ao mesmo tempo que Thomaz Bordallo Pinheiro orienta uma *Bibliotheca de Instrucção Profissional*, para a instrução dos ofícios. As crianças não são esquecidas: e é em 1906, por exemplo, *A Minha Pátria* de Anna de Castro Ozorio e *A Pátria Portugueza* de Raul Brandão, João da Câmara e Maximiliano de Azevedo. Será, mais tarde, devida à pena de Victor Ribeiro, a *Biblioteca da Infância*, em que sobressai o volume *A Vontade do Povo na História de Portugal* (1912). Anotemos ainda, dirigidos por Pedro Bordallo Pinheiro, os *Livros do Povo*, também em formato de algibeira e baratíssimos, onde se ensina a observar, se explicam as relações de educação e democracia, se expõem direitos e deveres, se narram períodos essenciais da nossa história. Não prossigamos.

156 | ESTRUTURA DA ANTIGA SOCIEDADE PORTUGUESA

Esses esforços no sentido de forjar um povo definido pela cidadania e pela promoção cultural foram brutalmente cortados e a obra realizada – capela imperfeita, pelos obstáculos suscitados pela Grande Guerra e pelas reacções ditatoriais-monárquicas – foi sistemàticamente demolida. 1926 e sobretudo 1928 – advento de Salazar – foi o atabafar, pela estrutura tradicional, dessa tentativa da burguesia para fazer entrar Portugal na modernidade. Reagiam os interesses monopolísticos, como se viu no caso dos tabacos – capitalismo privado contra *régie* (ou seja, cooperativa de propriedade nacional). O historiador e geógrafo brasileiro Capistrano de Abreu escreve em 16 de Abril de 1927 a Lúcio de Azevedo: «Li em revista americana que na última revolução portuguesa [o 28 de Maio] andou dinheiro de negocistas franceses interessados no contrato do tabaco.» (*Correspondência*, t. II, p. 376). A oligarquia de velhos privilégios não queria aceitar sequer o que lá fóra todas as burguesias e até círculos capitalistas aceitaram, a progressividade do imposto sobre o rendimento, não obstante ser em Portugal proposta com timidez. A lei n.º 1368, de 21 de Setembro de 1922, nos seus artigos 47-57, estabelecera o imposto pessoal de rendimento: concedia um abatimento de 30% para a parte proveniente exclusivamente do trabalho ou emprego pessoal; isentava os primeiros 3600 escudos de rendimento, mais 1200 sendo casado e 600 por cada filho até 4 (2100 por cada além de 4) e 500 escudos por cada pessoa a cargo. A taxa era de 0,5% até 5 contos, estava em 4% na categoria dos 30 a 35, em 10% na dos 65 a 70, e depois crescia de 1% por cada 5 contos até ao máximo de 30% (atingido, pois, aos 165 contos sòmente). Ora, logo a seguir ao 28 de Maio é nomeada uma Comissão para a Reforma Tributária, *presidida por Oliveira Salazar*; resolve suspender por três anos esse imposto, e esclarece: «Manifestou-se de facto a maioria da Comissão um pouco hostil ao imposto pessoal de rendimento, por ser *pessoal* e também por ser progressivo, entendendo que a personalidade ou não é mais do que um vago desejo inexequível ou conduz à chamada inquisição fiscal, e a progressividade, ao menos tão violenta como era a lei n.º 1368 *[sic!]*, é um princípio injusto e leva praticamente à confiscação

PERSISTÊNCIAS E TRANSFORMAÇÕES NUM MUNDO MUDADO... | 157

da riqueza dos melhores contribuintes.» (*Reformas Tributárias de 1922 e 1929*, pp. 134-5). Que a reacção autoritária não queria a verdadeira formação de um povo – da comunidade de cidadãos –, ao contrário da República de 1910-1926, conclui-se bem da extinção dos jardins de infância, da redução do ensino primário a nível rudimentaríssimo: à maioria dos portugueses bastaria ler, escrever e contar; suprimiram-se as escolas normais, substituíram-se os professores primários por regentes de postos às vezes só com a 4.ª classe. O próprio ensino liceal, e isto denota bem a fraqueza da classe média, não se desenvolveu até o termo da Segunda Guerra Mundial, a não ser sob a forma de organização privada – reservado aos que podiam pagar e fonte de proventos para empresas particulares, tanta vez eclesiásticas.

O Estado salazarista era autoritário e estritamente hierárquico, todo o poder vinha de cima, e na sua actuação era fortemente repressivo: porque se tratava essencialmente de preservar uma anacrónica ordem social, um sistema de privilégios de dominação económica de uma minoria, uma estrutura da sociedade sobretudo agrícola e agrária, combinada com a força de uma banca parasitária (como permaneciam vivas as páginas de Oliveira Martins!); a indústria mantinha-se extremamente restrita, e combatia-se a industrialização (baste lembrar as delongas na construção das centrais hidro-eléctricas), com medo do nascimento de um operariado que introduziria um fermento revolucionário; vingavam ainda os interesses de certos grandes negócios, das corporações militares e da Igreja. Entre a estabilidade e o desenvolvimento, optava-se inequìvocamente pela estabilidade da ordem tradicional e seus valores e interesses instalados, confessando-se abertamente que se considerava «perigoso e ruinoso» «levar um país de estrutura agro-pecuária, sem mais nem menos, a um processo industrial sem transição»; e pensava-se até que ainda estava por demonstrar a vantagem das transformações (entrevista de Salazar, *Diário de Notícias*, 29-VII-1968). A recusa da modernidade patenteava-se no ódio contra a Revolução Francesa – de 1789 todavia! – e na hostilidade à mentalidade crítica e ao espírito científico, à investigação científica e à criação cultural.

158 | ESTRUTURA DA ANTIGA SOCIEDADE PORTUGUESA

Evidentemente, não podia o mundo mudar, e de que maneira, e a Península ficar incólume, como que em redoma. Mudou, pois, também, mas importa sobremaneira rastrear em que medida, até que ponto tanto do tradicional se manteve sob novas formas, e como o bloco de inércia reagiu, procurou defender-se contra a penetração de processos – assim o desenvolvimento económico e a modernização técnica – que poderiam desagregá-lo, levar à sua dissolução.

1.º A Espanha contava 10,5 milhões de habitantes em 1800, um século volvido, 18,5, em 1960 tinha 30, e em 1970, uns 33. Entretanto, Portugal viera de 3 milhões em 1800-1834 a 5, e depois a 8,5, número que não excede dez anos depois. Lentidão da ascensão demográfica portuguesa no Oitocentismo, mesmo em relação à Espanha, e sobretudo relativamente ao conjunto da Europa, que mais do que duplica (de 188 milhões salta para 401); só a França aumenta francamente menos (de 28,2 a 38,5), mas já era o país de maior volume populacional no ocaso do Setecentismo; a Alemanha pula de 23 ou 24 para 56, durante o século XIX, o crescimento britânico ainda é mais sensacional. No século XX os ritmos dos países industrializados afrouxam nitidamente, como seria de esperar – a França passa de 38,5 em 1900 a 48 em 1970, o todo da Europa, de 401 na primeira data a 601 em 1965. Mas o Egipto cresce muito mais rapidamente do que a Península Ibérica: de quase 10 milhões para 26 em 1960 – multiplicação por mais de 2,5. Em relação à Espanha, Portugal cresce mais; 70% contra 56%.

2.º Em Portugal como em Espanha, marca-se forte desequilíbrio na distribuição da população, e tem-se acentuado: cá, concentra-se na orla litoral até o Sado ao sul; lá, nas regiões a norte do Ebro. Falemos de macrocefalia regional. Em Espanha, o núcleo interior (Aragão, Navarra, Castelas, Léon, Estremadura) conta quase 42% da população ao findar o século XVIII, 36% em 1910, e pouco mais de 35% em 1950; na realidade, na Península, 3/4 da área, representando a mole da Meseta essencialmente, chegam a conter tão-só um pouco mais de 1/4 da população. Em Portugal, especìficamente, em 41,7% do território (distritos de Viana, Braga, Porto, Aveiro,

PERSISTÊNCIAS E TRANSFORMAÇÕES NUM MUNDO MUDADO... | 159

Viseu, Coimbra, Leiria, Santarém, Lisboa e Setúbal) habitavam 68 a 69% das gentes no século XIX e até 1911, 74% em 1960 e 79% em 1970 – concentração galopante. Mas esta disparidade cada vez mais cavada não apagou a divisória tradicional entre o Norte e o Sul, demarcados pela Serra da Estrela – rio Liz, como mostraram as últimas eleições (de 25 de Abril de 1975). Em Espanha o contraste atenua-se nos últimos anos (industrialização de Valladolid, Burgos, Madrid).

3.º Ao invés do que se apregoa, Portugal permanece, sobretudo até 1950, fraquìssimamente urbanizado, quase tão--só com vilas e não cidades, à escala do século XX; e a sua capital, que não atinge o milhão, não passa por isso de centro provinciano (Madrid e Barcelona excedem os 3 milhões cada). A Espanha está dotada com uma armadura urbana (de centros acima de 50 000, e mesmo de 100 000 habitantes), mas, como destaca Tamames, mais de metade dos 9 202 municípios espanhóis conta menos de 1 000 habitantes cada, reunindo apenas 7,2% da população total, ao passo que 61 municípios com número igual ou superior a 50 000 habitantes cada reúnem mais de 35% (11 milhões em 1960).

Eis o panorama português em 1960:

	Número	População somada	Percentagem sobre total
A) Cidades 300 000	2	1 105 000	13,3%
a 1 000 000	12	405 105	5%
Cidades 20 000 a 50 000	14	1 510 105	18,3%
Soma cidades			
B) Vilas 10 000 a 20 000	28	383 230	4,6%
Vilas 5 000 a 10 000	53	359 276	4,3%
Soma vilas	81	742 506	8,9%
C) Aldeias, freguesias		980 803	11,8%
rurais 2 000 a 5 000		5 022 000	60,8%
Menos de 2 000		6 002 803	72,6%
Soma freguesias rurais			

160 | ESTRUTURA DA ANTIGA SOCIEDADE PORTUGUESA

Ou, se preferirmos outro agrupamento, temos: *a*) Acima de 20 000 habitantes, 18,3%; *b*) entre 2000 e 20 000 habitantes, 20,7%; *c*) abaixo de 2000 são 60,8%. E insista-se uma vez mais quer no vazio 50 00 - 300 000, categoria que é a base da armadura citadina, quer em que, excluídas Lisboa e Porto, só 5% da população vivia em cidades.

4.º Em Portugal e em Espanha, é tradicional, é uma constante estrutural, desde o século xv, ampliando-se enormemente no xix, a emissão de braços que vão trabalhar fora da Península. Entre nós o êxodo voltou a agravar-se sensacionalmente com o final da década de 50, chegando o saldo emigratório a ultrapassar o saldo fisiológico, ao passo que em Espanha o máximo foi atingido em 1961 e 1962 (saldo emigratório acima de 110 000 por ano), baixando seguidamente e invertendo-se até o saldo em 1967, depois de um 1966 em que o excesso de saídas não alcançou o milhar: é que veio a industrialização. A Espanha passou inclusivè a acolher emigrantes portugueses (nas Astúrias, por exemplo), enquanto em Portugal a debandada das gentes se generalizou a todo o território peninsular e dos arquipélagos. Na sessão de 15 de Fevereiro de 1968 da Assembleia Nacional afirmou o Dr. Nunes Barata que à falta de segurança social se deve principalmente o êxodo das populações rurais; mas a verdade é que os operários também se lançaram na emigração, veremos adiante porquê.

5.º Em 1900, a população distribuía-se em Portugal pelos sectores agrícola, industrial e terciário nas seguintes proporções: 61,1%, 19,4% e 19,5%; em Espanha: respectivamente 66,3%, 16% e 17,7%. Em 1930, temos em Portugal 46%, 17% e 37%, e em Espanha 45,5% 2.6,51% e 27,98%. Em 1950, no nosso país 47%, quase 25% e mais de 26%, e no resto da Península 47,57%, 26,55% e 25,88%. Em1966, em Portugal 33,5%, 33,3% e 32,2%, ao passo que em Espanha (1965) as percentagens eram 34,3%, 35,2% e 31,2% (Tamames, p. 26). Quer dizer que até depois da Segunda Guerra Mundial a Península permanece fundamentalmente agrícola e com muito débil população industrial, contando em contrapartida avultado terciário que só se pode explicar, não evidentemente por modernidade económica, mas sim por persistência das camadas parasitárias tradicionais e do aparelho burocrático- -repressivo.

6.º A circulação interna é, em Portugal, extremamente fraca, a sua rede tem uma configuração geográfica que já tinha no século XVI. Pode dizer-se, que, exceptuando o grande eixo Porto-Lisboa-Setúbal, com o minúsculo apêndice a Cascais e duas ramificações turísticas à fronteira não de desprezar, o resto do país é um deserto de circulação. O que é consequência das, e agrava as, disparidades regionais de brutal desnível. O nosso país é, entre os da Europa, o de menor número de quilómetros de estrada por 1000 habitantes (quatro a cinco vezes menos do que a generalidade) e situa-se entre aqueles em que a cada automóvel corresponde maior número de habitantes (três a cinco vezes mais). Como pode assim haver mercado interno dinâmico? Decerto, houve há um século o fontismo – os caminhos-de-ferro, as estradas (e neste aspecto o salazarismo retomou essa política de circulação), o que atenuou a polivalência produtiva local que caracterizara o Antigo Regime; mas a mudança no processo produtivo não acompanhou, e Portugal ficou de tal sorte para trás das outras nações na densidade de contactos internos.

7.º Em Portugal, como em Espanha, contraste entre as regiões meridionais de latifúndio e as regiões setentrionais de minifúndio, pelo menos mini-exploração, ausência de divisão equilibrada da propriedade fundiária (vimos já quanto ainda conservavam os Grandes de Espanha, por exemplo), extensões mal aproveitadas por vezes ou excessivas, frente a minúsculas courelas em que é dificílima a técnica moderna, e por toda a parte (basta comparar com a França) a miséria do camponês, o campo transformado em fábrica de braços a exportar. O grau de concentração das explorações agrícolas, medido pelo índice de Gini (de 0 a 1), dá-nos duas grandes zonas: por um lado, a de Portalegre, Évora, Setúbal, Castelo Branco, Beja, Santarém, Lisboa (entre 0,906 e 0,700), por outro, os distritos de Faro, Guarda, Porto, Vila Real, Braga, Bragança, Coimbra, Aveiro, Leiria, Viseu, Viana do Castelo (entre 0,652 e 0,456) (*Níveis de*

162 | ESTRUTURA DA ANTIGA SOCIEDADE PORTUGUESA

Desenvolvimento Agrícola no Continente Português, Lisboa, 1963, p. 153). Abaixo de 5 hectares, há 82,4% de explorações, com 17,8% da área; e acima de 20 hectares, há 3,3% de explorações, ocupando 62,4% da área agricultada. Nem num nem noutro país o século XIX trouxe aos campos as transformações de estrutura agrária e a melhoria de produtividade que seriam de esperar; e o século XX também não as realizou, de modo que persistem entraves, vindos dos tempos senhoriais, ao progresso da agricultura (mau grado benfeitorias por vezes efectuadas pelo Estado). Decerto, será excessivo falar de pulverização no Norte – já Bazílio Teles, no começo do nosso século, demonstrou que a unidade familiar de exploração não é lá tão minúscula como se diz (2 hectares), uma análise apertada (que exclui as terrinhas que servem só de complemento ao salário do jornaleiro) mostra que orça pelos 4 hectares. Mas ainda então permaneciam por cultivar 4 milhões de hectares – metade dos cultiváveis; a agricultura «industrializada» apenas se encontrava no Douro, no Mondego, na Bairrada, no Ribatejo. A falta de modernização agrícola ampla e profunda tem obstado ao arranque a sério da industrialização, em Portugal – até porque assim é tacanho o mercado interno, por falta de poder de compra quer de braceiros, jornaleiros, quer de rendeiros e parceiros e mesmo pequenos e médios proprietários O poder de compra só poderá subir realmente com a inovação técnica e o aumento substancial da produtividade e da produção. Repare-se que o sector primário só contribui agora com menos de 14% para a formação do produto nacional bruto (ocupando todavia um terço da população activa).

8.º Portugal manteve com o Ultramar uma economia colonial, pois o café e os diamantes em bruto ainda em 1967 representaram 70% das exportações de Angola. A Espanha perdeu as suas derradeiras colónias importantes no final do século passado, e por isso teve de adaptar a sua economia – e assim, parcialmente pelo menos, industrializou-se.

9.º A sociedade portuguesa permanecia muito mais oligárquica do que burguesa, isto é, com classes médias insuficientemente numerosas e pouco fortes, logo, marginalizadas

PERSISTÊNCIAS E TRANSFORMAÇÕES NUM MUNDO MUDADO... | 163

polìticamente (e por isso largamente antifascistas). Ainda nos anos de 60 o número de famílias com rendimento anual igual ou superior a 60 contos não atingiria, segundo o rol do imposto complementar, 3%; mesmo corrigindo, ficaria certamente abaixo dos 5% ou mesmo dos 4%. Nessa minoria afinal ínfima, com menos de 120 contos inscrever-se-iam 65% dos contribuintes, somando globalmente os seus rendimentos ùnicamente 1/5 do total, enquanto os 2,3% que auferiam por ano mais de 200 contos perfaziam 54% do rendimento global sujeito a imposto. Sobre estes pontos (e outros a seguir), consulte-se Odette Esteves de Carvalho, *Repartição dos Rendimentos e Planeamento*, Lisboa, 1968; *Diário de Lisboa* de 27-XII-1968; Suplemento de *A Capital*, 22-V-1969; Ribeiro de Carvalho, *Impostos e Rendimentos*, em *República*, de 13 e 27-11-1973. Em 1962, dos trabalhadores portugueses, 84,6% ganhavam menos de 15 contos anualmente (*Vida Mundial*, 10-1-1969). A massa salarial representou, em 1963-1964, entre nós, apenas 44% do rendimento nacional, quando lá fóra lhe cabia mais de 60% e até às vezes perto de 3/4. Na indústria, em 1959-1961, o rendimento distribuiu-se da maneira seguinte: 52% para a empresa, 38% para o trabalho e 10% para impostos, Previdência e Desemprego. Aliás, na população activa, cerca de 3/4 estavam empregados por conta de outrem. Sobre o que antecede, Manuel Bello, *A Inflação e os Salários*, em *Diário de Lisboa*, 6-111-1969.

10.º As proporções na distribuição da massa do rendimento, o pequeno volume da burguesia, o predomínio oligárquico estão relacionados com o nível técnico não elevado e as formas frustes de organização das empresas, que as tornam extremamente frágeis, incapazes de resistirem, sem prévia mutação bem conduzida, a substancial aumento do quinhão para o bloco salarial. Um expressivo indício do arcaizante da estrutura empresarial é bem dado pelo inquérito de 1967, levado a cabo pelo Fundo de Desenvolvimento da Mão-de-Obra: empresas que somadas empregavam 40% da mão-de-obra metropolitana consideravam não ser necessária a formação profissional para o seu pessoal.

164 | ESTRUTURA DA ANTIGA SOCIEDADE PORTUGUESA

11.º O carácter arcaizante da estrutura portuguesa ressalta bem da curva do analfabetismo: sendo a taxa de 74% (considerados os maiores de 7 anos) em 1900, ainda ultrapassa 30% em 1960 e 20% em 1970. Ora, a eliminação do analfabetismo, quase total, é uma característica da civilização burguesa e de uma economia moderna. Em Espanha a diminuição foi mais acentuada. Em ambos os países a parte do orçamento consagrada à educação e investigação, como o quinhão do produto nacional que cabe a estes fins, permaneceram nos anos 60 e 70 extremamente diminutos.

12.º Dois índices altamente significativos do atraso técnico--cultural e baixo nível económico. Em 19 de Março de 1968 o Dr. Santos Bessa afirmou que as taxas de mortalidade infantil em Portugal só eram ultrapassadas pelas da Jugoslávia (*Diário de Lisboa,* nessa data). Mas ainda em 1974 essa taxa se mantém altíssima: morrem 40 crianças antes de um ano de idade, por cada mil nados-vivos (*Jornal Novo,* 27-V-1975). Por outro lado, se considerarmos a capitação de leite, ela era de 59 kg/ano em Portugal (1965), de longe a mais baixa de toda a Europa (as mais altas excedem 200 kg/ano), inferior à de muitos países tanto da América Latina como do Próximo Oriente. O quantitativo de calorias por dia para o português era, nos anos 60, o que era no Antigo Regime da Europa ao norte dos Pirenéus, antes da Revolução Industrial.

13.º A persistência da linha política tradicional é bem demonstrada com o que se passou com a reforma fiscal de 1962-1963. Vimos já como na origem do Estado salazarista estava a defesa dos privilégios fiscais dos altos proventos, o ataque à progressividade que os republicanos tinham tentado instituir. Claro que esse sistema não podia aguentar-se dada a evolução do mundo. Mas em 1962-1963 o imposto sobre o rendimento é escalonado com tão tímida progressividade que favorece abertamente os altos proventos, em contraste com um limiar inferior demasiado baixo, dada a subida do custo de vida; ao imposto profissional marcou-se também um limiar inferior de imposição que desfavorecia acentuadamente as classes trabalhadoras: 18 contos anuais (em 1970, devido à

PERSISTÊNCIAS E TRANSFORMAÇÕES NUM MUNDO MUDADO... | 165

campanha da Oposição nas eleições de 1969, é elevado para 30, o que continuava a ser muito baixo). Mais ainda: a reorganização tributária de 1962-1963 foi vítima do que Teixeira Ribeiro denominou *A Contra-Reforma Fiscal* (Coimbra, 1969). Na verdade, consoante mostrou este professor, o sistema de adicionais elevou a contribuição industrial de 15 para mais de 30%, enquanto a contribuição predial urbana e a rústica ficavam a menos de metade, e o imposto de capitais montava apenas a 16,8%. Portanto, «os lucros do comércio e indústria sofrem uma tributação quase dupla da que sofrem os juros, através do imposto de capitais, e mais do que dupla da que sofrem as rendas, através da contribuição predial». Daí «a excessiva distorsão de capitais, rumo à construção de prédios e ao mútuo, quando não ao mútuo usurário». Por outro lado, o imposto sobre a indústria agrícola foi suspenso, e acabou por deixar de ser cobrado, ficando os lucros desta exploração sem tributação, quando aquele imposto viera desdobrar a contribuição predial rústica. Escreveu Teixeira Ribeiro: «Propiciou-se, assim, uma autêntica situação de privilégio a contribuintes ricos», lembrando que em 1964 «foram 202 os contribuintes com lucros tributáveis superiores a 200 contos, pertencendo a maior parte (167), como era natural, aos distritos de Santarém, Castelo Branco, Portalegre, Évora, Beja e Setúbal», (p. 14).

Quer dizer que se continuou a beneficiar o latifundiário em detrimento do industrial. As cotações dos títulos das empresas fabris (antes da febre especulativa desencadeada pelo caetanismo) revelavam claramente o marasmo da indústria, cujos dividendos se mantinham inferiores aos réditos das rendas imobiliárias. Característica estrutura de Antigo Regime, em suma. Que levava à emigração de capitais, para regressarem sob a forma de empréstimos ou investimentos «estrangeiros», a fim de obterem remuneração mais vantajosa.

14.º Enquanto no ocaso do século XIX e abertura do nosso século, a carga fiscal que pesa sobre a economia portuguesa é considerada das mais gravosas do mundo (Bento Carqueja, Angel Marvaud, por exemplo), numa linha de continuidade

166 | ESTRUTURA DA ANTIGA SOCIEDADE PORTUGUESA

com a situação de Antigo Regime (privilegiadora dos grandes, sugadora da esmagadora maioria, incluindo as classes médias), em 1968-1970 é das menores: é 21,1 % do produto nacional bruto, quando da Suécia à Itália em 11 países europeus ultrapassa 30%; é certo que Turquia, Japão e Espanha ainda suportam menos. Como explicar esta inversão, aparentemente paradoxal? É que em Portugal o Estado não assumiu as funções modernas que lá fora teve de assumir com o desenvolvimento da civilização – na educação (lembre-se a inexistência de jardins de infância...) e na investigação científica, na saúde e nos investimentos económicos – em todo o equipamento social de base; as despesas essenciais são as da repressão e das guerras coloniais.

Não prossigamos. Apenas, a terminar, um breve apontamento, altamente significativo. Uma empresa requereu em 1956 autorização para determinado fabrico, previsto no seu programa inicial; só em Outubro de 1964 foi autorizada uma «modesta reconversão», mas em condições que protelaram a execução, e assim em Dezembro de 1968 houve que traçar outro rumo (*A Capital*, 20-VIII-1969): doze anos baldados, e *isto numa indústria*. Bastará contrapor que um capitalista português da primeira metade do século XVII levou apenas seis anos para montar uma rede comercial à escala mundial, de Sevilha a Manila, com sede no Peru (pesquisas do historiador Gonçalo de Reparaz)!

Como evoluiu, apesar de tudo, este bloco de inércia estrutural? Tentemos uma sistematização, conquanto sumária.

1.º Com a Segunda Guerra Mundial, houve acumulação de capitais em Portugal, embora muitas vezes imobilizados na edificação de prédios de rendimento (têxtil, volfrâmio...), surgiram oportunidades de fabricar para fóra e de substituir cá o que não podia então importar-se; as remessas do Brasil desempenharam o seu papel – basta ver certas ascensões bancárias. É a iniciativa privada de uns tantos, a partir de pequenas ou médias unidades, que arranca um esforço industrializador, vencendo as barreiras que até aí se erguiam à montagem de fábricas, mas não sem ásperas dificuldades; aproveitava-se a conjuntura internacional – uma Europa devastada e sem possibilidades de fabrico imediato – e um mercado de mão-de-obra excepcionalmente barata (desemprego disfarçado na agricultura) e sem força reivindicativa: o que permitia, mesmo com técnica fruste, preços competitivos. Mas não ocultemos que a tímida mudança de orientação governativa não se teria dado sem a fortíssima pressão dos movimentos oposicionistas internos, que pela modernização económica pugnavam. Quebra-se a monolítica política até então seguida, no Estado começa uma certa descoordenação consoante a pressão dos grupos. Não houve qualquer modelo coerente de política económica – qualquer plano autêntico – em realização; se se procuraram substituir importações, foi tão-só porque os particulares estavam sob o impacto de um mercado não abastecido do exterior, aliás também se lançaram na produção para fóra dada a carência dos mercados externos. A Espanha recompunha-se então muito lentamente das feridas da guerra civil, num enquadramento internacional ainda muito reservado; por isso o crescimento espanhol é extremamente modesto até 1959-1960 (e a emigração, avultada); e o crescimento português também não atinge as proporções de verdadeiro *take off* (descolagem), dada a orientação política ainda preponderante e o peso da burocracia corporativa, e em breve o recrudescimento galopante da emigração.

2.º Com a aproximação dos anos 60 as condições tornam-se diferentes. A Europa recompôs-se com êxito sensacional, começa a atrair mão-de-obra porque a importada é barata e pouco exigente, e ainda se está no escavado da onda demográfica. Em Portugal a crise da agricultura, vetusta, reconduz ao êxodo tradicional das gentes, porquanto o Estado descura toda e qualquer política de desenvolvimento de conjunto, limita-se a esperar que o aperto leve os proprietários a modernizarem (e o crédito?) A industrialização tendia de resto a reduzir-se à instalação de circuitos de montagem – o absurdo de todas as marcas de automóveis e todos os modelos de cada marca, os electrodomésticos, os produtos farmacêuticos só na fase final da confecção; em Espanha, ao invés, fomentou-se a instalação

168 | ESTRUTURA DA ANTIGA SOCIEDADE PORTUGUESA

de autênticas fábricas, isto é, das próprias peças a montar. A falta de poder reivindicativo das massas trabalhadoras, em Portugal, conduzia à estagnação técnica e de organização, e o poder de compra baixíssimo no mercado interno gerava gargalos de estrangulamento. Não foi um modelo, inexistente, de substituição de importações por produção nacional que veio a falhar; o fracasso resultou desse conjunto de circunstâncias, fortemente agravado pela manutenção teimosa de pesada e ineficiente engrenagem burocrática da economia, bem como pela subordinação do Estado a uns quantos mitos (com razão de ser na estrutura antiga), como o da moeda forte. Os capitais portugueses sentiram a irresistível atracção da fuga para o estrangeiro (onde obtinham maiores lucros, e donde até podiam voltar transformados em empréstimos externos, de maior vantagem). Três factores entram a influir com os anos 60: *a*) a escalada emigratória (retomando a tendência tradicional, mas agora voltada para a Europa); *b*) o turismo estrangeiro (torna-se significativo em 1964: +96% em relação ao ano precedente; atingido então o milhão de entradas, logo os acréscimos anuais declinam para menos de 50%, 27,7% e 30,4% e os dois milhões e meio de 1967 sofrem até diminuição de 0,2% em 1968, enquanto em Espanha o fluxo turístico continuava a avolumar-se, e bem); *c*) os investimentos vindos do estrangeiro – ampliam-se a partir do momento em que ao esforço bélico no Ultramar se afectam as receitas correntes do Estado, passando o fomento económico a fazer-se à base de empréstimos. Daí que surgisse – então, sim – um modelo para o desenvolvimento baseado nesses três factores, e que foi o que conquistou as preferências da tecnocracia. Mas os travões estavam contidos no próprio processo, como vimos.

Os derradeiros anos de Salazar começaram a desconjuntar essa máquina bem engrenada e oleada que era o Estado fascista; deu-se uma primeira feudalização de poderes, que se acentuou nos quatro anos de Marcelo Caetano. Ao mesmo tempo, os costumes, outrora fortemente aperreados, transformavam-se a um ritmo muitíssimo mais acelerado do que as relações sociais de base – fenómeno sócio-cultural original, e uma das chaves da compreensão da sociedade portuguesa actual. A desagregação processava-se, inexorável, não deixando formar forças coesas de reconstrução. Por isso, a súbita e brutal descompressão veio antes libertar obscuros movimentos colectivos vindos da escuridão dos séculos, num desespero de inadaptação ao mundo moderno. Um povo busca-se a si próprio – terá, no 25 de Abril de 1974, haurindo na seiva das suas raízes, descoberto a estuante, embora penosa, caminhada para o seu porvir?

SEGUNDA PARTE

ANTOLOGIA:
PONTOS DE VISTA E FONTES

Ritmos da História Social Económica Portuguesa segundo Jaime Cortesão

«O género de vida nacional, durante a Idade Média, fora o comércio marítimo a distância, com base na agricultura. À sombra dessa actividade, que permitira a criação duma alta cultura náutica, com aumento da viticultura e uma educação comercial incipiente, se havia processado a organização das classes e a formação duma burguesia vigorosa. Burguesia de mercadores e armadores de navios, mais numerosa nos portos e, destes, no Porto e em Lisboa, que acabou por impor ao Estado a lei dos seus interesses e as directivas políticas da expansão do mundo. Ao findar a Idade Média, em Portugal, muitos dos fidalgos das famílias de maior prosápia, os Mestres das Ordens Militares e o próprio Rei não desdenhavam armar navios e partilhar com os burgueses os lucros do tráfico marítimo a distância. Com esse género de vida se ataram os laços da solidariedade nacional e com a sua projecção ultramarina se ampliou o corpo e ultimou o carácter da nação.

Durante o período das Conquistas e com o monopólio real do comércio das especiarias, deu-se a primeira grande crise no movimento normal da organização das classes. Até fim de Quinhentos a burguesia, aliás mal preparada para o grande comércio cosmopolita e afastada, como foi, do tráfico mais rico, definhou rapidamente. Ao invés, a nobreza de comando e espada que revalidara os seus préstimos e reverdecera os louros nas lutas de África e do Oriente, beneficiária, quase exclusiva, do tráfico dos produtos orientais, voltou a partilhar progressivamente com o alto clero e em prejuízo do resto da nação, riqueza, privilégios e poderio político. A marinha mercante, tão florescente no começo do século, decai rapidamente.

174 | ESTRUTURA DA ANTIGA SOCIEDADE PORTUGUESA

E muitos dos antigos portos perdem o antigo movimento ou fecham ao tráfico.

Quando no começo do século de Seiscentos se inicia e avança o ciclo do açúcar do Brasil, a burguesia marítima renasce; os portos despertam para as suas actividades; e uma nova classe média, que reaprendera os interesses do tráfico marítimo, pode apoiar com braço forte o movimento da Restauração, iniciado e dirigido pela nobreza, ela também e de novo interessada no comércio a distância, e desta vez, duma especiaria, o açúcar. A produção do açúcar brasileiro e o seu comércio com a metrópole, que exigiu um número crescente de navios, foi a base económica e um dos mais poderosos estímulos da Restauração.

Passado o largo período da guerra com a Espanha, que marca os inícios da dinastia de Bragança, D. Pedro II, inspirado pelo Conde de Ericeira, tentou aplicar um correctivo à economia portuguesa e ao género de vida nacional, que continuava a assentar com demasia sobre a produção agrícola, vinícola e açucareira, como base do tráfico marítimo.

Com demasia, repetimos, pois o velho e inveterado vício dos portugueses e, principalmente, das classes elevadas e médias, de trajarem com dispendiosa ostentação, obrigava o Reino a importar as fazendas mais caras do estrangeiro. Por duas formas buscou o Conde de Ericeira, "Colbert de Portugal", como mais tarde e com respeito se lhe chamou na Câmara dos Comuns, em Londres, remediar o vício nacional do luxo e a carência da indústria de tecidos, inspirando a promulgação das pragmáticas sobre a suntuária e promovendo a criação de fábricas. Aquelas, iniciadas em 1677 e repetidas em 1688 e 1698, não só procuraram reduzir a razoável modéstia o traje, os adornos das casas, os coches, o número de lacaios e até o feitio de vestuário, mas proscreviam os panos fabricados no estrangeiro. Desta forma, e mau grado os exageros com que se tem encomiado os resultados da política colbertista dessa época, as fábricas de tecidos, particularmente da Beira, alcançaram rendimento apreciável.

E, se é certo que a velha mania portuguesa da ostentação conseguia sempre iludir as disposições proibitivas das leis

ANTOLOGIA: PONTOS DE VISTA E FONTES | 175

sumptuárias, que procuravam proteger a indústria nacional, não é menos verdade que os dez anos da guerra da sucessão haviam atingido sèriamente a produção interna dos tecidos. Ainda assim restava do reinado antecedente o exemplo fecundo e a consagração do sentimento do povo, cuja opressão aumentava na proporção directa dos gastos da nobreza e a quem os excessos de luxo vexavam a miséria. Que o povo – burguesia e mesteres – não havia perdido a consciência dos seus direitos e a capacidade de os afirmar com altivez, podemos com segurança aferir pelos capítulos que a Câmara do Porto apresentou às Cortes, reunidas por D. Pedro II, em 1697 e 98. Por mais dum século, a seguir, esta possibilidade cessará. Voz popular, e do município de mais vigorosas tradições em Portugal, soando quase às portas do século XVIII, esses capítulos constituem um veemente libelo contra as classes poderosas e os vícios da governação pública.

Os vereadores do Porto, mal contentes com as pragmáticas anteriores, pedem que se limitem o número de carruagens e liteiras; o uso de transformar os lacaios dos senhores em gentil homens, dando-lhes librés esplêndidas; e que só as pessoas conhecidamente nobres usem seda. Denunciam os abusos do clero; a relaxação e a multiplicidade das Províncias das Ordens Religiosas; seu aumento constante; a vinculação crescente de bens seculares a essas fundações; as questiúnculas em que ardem os institutos monásticos, com evasão da moeda para Roma, onde vai pagar as sentenças em processos mesquinhos. Verberam a desigualdade da Justiça "porque só a experimentava em seu dano o pobre"; e denunciam o grande enfraquecimento do comércio, pela "saca que os estrangeiros fazem da moeda de ouro e prata", e a "carestia em todos os misteres e todos os víveres" de tal forma que "não bastam as maiores rendas para os vassalos de S. M. poderem comodamente passar..."

Essa é a situação, ao iniciar-se o reinado do ouro em Portugal, e esse o testamento do século de Seiscentos.

A abundância da moeda e com ela a possibilidade de importar sem medida géneros e tecidos fizeram não só diminuir

176 | ESTRUTURA DA ANTIGA SOCIEDADE PORTUGUESA

a produção agrícola e industrial, mas reacenderam até ao delírio o amor ao luxo e a mania da ostentação que dos fidalgos, reerguidos em importância e valimento, alastrou às classes menos protegidas.

Portugal continuava, é certo, a exportar o açúcar, o sal, os vinhos e as frutas – base, como dissemos, do comércio marítimo a distância, nas épocas em que a burguesia tomara vulto e importância política. Mas por duas razões diminuíra o movimento marítimo, o número de barcos e a actividade dos estaleiros nos portos portugueses. No Brasil com o êxodo da população das costas para as Minas decrescera ràpidamente a produção do açúcar e, por consequência, o volume do produto embarcado e as necessidades de transporte. Ouro ou diamantes representavam para um peso mínimo valor muito maior.

Outro facto concorreu para diminuir as actividades marítimas, não só afectando o carácter vigoroso e fecundo do antigo género de vida, mas também humilhando a nação. À sombra dos Tratados de Methwen, a Inglaterra passara a inundar Lisboa, a par dos tecidos, com os mais variados artefactos e géneros alimentícios. Em princípio, estabelecera-se entre os dois países, uma liberdade de tráfico recíproca. "Porque, dizia Sebastião José de Carvalho e Melo, à proporção dos tratados em que nos foi permitido o mesmo comércio na aparência, foi a Inglaterra multiplicando os impostos e os impedimentos... de sorte que não só não podemos levar a nenhum porto de Inglaterra manufactura ou produção alguma do nosso continente ou das nossas conquistas, mas (o que mais é) que os vassalos de S. Magestade não podem nem ainda extrair as mesmas manufacturas e os mesmos frutos da Inglaterra e das suas conquistas, sendo por isso obrigados a vender e comprar aqui [em Lisboa] tudo pela mão dos ingleses..."

Manufacturas e géneros passaram a ser introduzidos em Portugal, quase sempre por navios estrangeiros e, em maior proporção, como era de esperar, os de Inglaterra. Portugal começou a importar trigo, cevada, farinha, lentilhas, feijões, favas, manteiga e queijos, carnes, macarrão, etc. Anos houve em que até o azeite se importou! Em 1740, entre 9 e 15 do mês de Outubro, entraram 68 navios com géneros, fazendas e taboado e saíram três nacionais, um para a Bahia, outro para Angola e o terceiro para as Ilhas de Cabo Verde. Ainda que menor em outros meses, a desproporção era constante. Dos navios estrangeiros, que nos visitavam predominavam os ingleses; seguiam-se-lhes os holandeses e franceses; e depois os hamburgueses; e em menor número, suecos, espanhóis, italianos, etc.

A abundante importação de géneros tornou-se particularmente ameaçadora para o futuro e escandalosa no processo, pelo que respeita aos cereais. Por via de regra, o país nunca produzira trigo bastante para o seu consumo. Mas, iniciado o reinado do ouro, o recurso à importação tornou-se crescente e abusivo.

Já Henrique de Barros assinalou que a importação do trigo "passou, de meio desagradável a que não havia forma de fugir, a processo cómodo e normal de solucionar dificuldades".

A partir de 1720, e durante o reinado de D. João V, informa esse ilustre economista, foram constantes os favores com que os poderes públicos facilitaram esse recurso, como a isenção de impostos e até hospedagem gratuita aos comerciantes estrangeiros, que traziam a preciosa carga.

D. Luís da Cunha queixava-se do abandono do cultivo do trigo e de que os armazéns estivessem cheios do grão de fora. Mais eloquente é o testemunho de Sebastião José de Carvalho e Melo, escrevendo em 1750, no ano em que D. João V deixara de reinar. Lamentava-se o futuro Marquês de que a lavoura do Reino estivesse na ruína, com proveito dos produtos estrangeiros. Daí resultava o que sucedera com a Inglaterra desde que se abriram amplamente os portos de Portugal aos seus géneros: acrescentar-se a sua lavoura e a das suas colónias, ao passo que minguava a portuguesa. Desde os começos do século, depois de cultivarem à custa dos portugueses, as terras capazes de produção na sua ilha, os ingleses passaram a cultivar, à custa do dinheiro de Portugal, a costa setentrional da América "para dela nos inundarem, como estão inundando, com os trigos e cevadas que ali fabricam e que dali extraem

178 | ESTRUTURA DA ANTIGA SOCIEDADE PORTUGUESA

pelas férteis navegações (também sustentadas com a despesa dos portugueses) que estabeleceram em Filadélfia, Nova York, em Boston e outros lugares daquela fria costa".

Este testemunho que vem revelar um aspecto novo da importância do ouro do Brasil, como factor do desenvolvimento da produção agrícola e da actividade dos portos dos actuais Estados Unidos, durante a primeira metade do século XVIII, reveste-se de autoridade singular, pois Sebastião José, observador perspicaz, mandado à Inglaterra para se instruir nas matérias do comércio, residira em Londres, como enviado, desde 1739 a 1745. A ele devemos também a informação inédita, mas eloquentíssima, de que já em 1713, tirava a Inglaterra de Portugal, como atrás dissemos, mais de dez milhões de cruzados; e que "nas Praças comerciantes da Província de Cornwal e da Província de Devon ou em todo o Ocidente da Inglaterra, não corria já outra moeda provincial, se não a portuguesa", em ouro do Brasil. Decréscimo na produção agrícola e industrial e no tráfico marítimo, tiveram como consequência natural que o comércio português passou para as mãos dos estrangeiros, e que estes voltaram a afluir a Lisboa, como nos séculos XV e XVI.

Estrangeiros, e em maioria, ingleses lucravam com esta situação. Proibia-lhes o governo português terem assento nas cidades brasileiras, mas D. Luís da Cunha comentava: "É um puro engano supor que os ingleses não têm casas de negócio do Brasil. Se não directa, indirectamente, isto é, que as casas têm o nome de serem portuguesas, quando não são mais que uns meros comissários dos ingleses, o que lhes faz mais conta que mandá-los ao Brasil."

Conforme a velha lei económica, ao aumento do metal circulante correspondeu a alta dos preços. A 30 de Julho de 1740, um memorialista escrevia: "Esta Corte [Lisboa] se acha mui abundante de pão, vinho, azeite e mais géneros, ainda que cada vez por maiores preços."

Mas, se é certo que, por forma geral, diminuíra a produção dos géneros agrícolas de primeira necessidade e a manufactura de tecidos, isto é, dos produtos que exigiam maior consumo e

ANTOLOGIA: PONTOS DE VISTA E FONTES | 179

se tornava indispensável importar, desenvolveram-se ou criaram-se, por outro lado, as pequenas indústrias subsidiárias do luxo. Ourives de ouro e prata, pintores de coches, marmoristas, decoradores, douradores a fogo (em metais), douradores em panos e em madeiras, rendeiras, bordadores, botoeiros, marceneiros, entalhadores, ceramistas de azulejos, armadores de igrejas, imaginários e lavrantes de obra sacra, etc. ou abriram tenda nova ou alargaram a antiga. E embora muitos dos oficiais dessas artes menores acorressem do estrangeiro a satisfazer as exigências do fausto nacional, algumas, ainda que poucas, indústrias tradicionais no país receberam impulso, ocuparam mais braços e alargaram-se a mais vastas regiões.

Abramos aqui um pequeno parêntesis necessário ao alcance do que vamos dizer. Aventámos em tempos a hipótese de que a floração duma lírica popular portuguesa, de acentuada inspiração feminina, se filiava no empobrecimento demográfico, causado pela emigração dos varões para o Brasil, durante o século XVIII, êxodo esse que deverá numerar-se por algumas centenas de milhares de indivíduos. "A maior percentagem de mulheres, escrevemos então, numa população desvirilizada pela busca do Eldorado, de mulheres separadas dos noivos reais ou possíveis, teria criado o ambiente específico de eclosão duma poesia, caracterizada pela saudade ardente, o anseio platónico, e um gosto predominante de tristeza e insatisfação amarga."

Até aqui a hipótese sobre as condições sociais, que provocaram um dos mais belos géneros folclóricos dos portugueses. Hoje podemos acrescentar que estas circunstâncias, e bem marcadas, existiram. Regiões houve no país, onde, mercê de certas condições geográficas e demográficas, o êxodo dos varões para as Minas do Brasil se tornou continuado e intenso. Referimo-nos à antiga província de Entre-Douro-e-Minho e, em particular, à zona, que vai desde Viana do Castelo à Foz do Douro, trecho da costa muito rico em portos, servindo o *hinterland* de mais densa população em Portugal, e onde precisamente as mulheres exerciam de há muito a indústria das rendas, beneficiária das facilidades que o ouro dera aos hábitos de luxo.

180 | ESTRUTURA DA ANTIGA SOCIEDADE PORTUGUESA

Foi sempre o Minho a província de Portugal, por mais densamente povoada e bem servida de portos, que permitiu maior escoadouro de emigrantes para o Brasil. Essa predominância agravou-se durante o ciclo do ouro. Desde 1709, apenas os alarmados governantes se deram conta da evasão humana, que aquele facto aparece assinalado nos diplomas régios. Já o decreto de 26 de Novembro de 1709, começa pelo exórdio seguinte: "Tendo consideração ao grave prejuízo que se segue a este Reino, da muita gente que dele se ausenta para as conquistas, *principalmente da província do Minho...*" E o Rei determina que só possam embarcar para as conquistas, sendo certo que se visava o Brasil, as pessoas, a quem se dera o passaporte em Lisboa, Viana ou Porto. Apenas dez anos volvidos, a lei de 20 de Março de 1720, sobre ser mais explícita, assinala já os efeitos da emigração em massa dos minhotos: "não tendo sido bastantes as providências, que até ao presente tenho dado nos decretos de 25 de Novembro de 1709 e 19 de Fevereiro de 1711 para se proibir que deste Reino passe para as Capitanias do Estado do Brasil a muita gente que todos os anos se ausenta dele, *principalmente da província do Minho, que sendo a mais povoada, se acha hoje em estado, que não há a gente necessária para a cultura das terras, nem para o serviço dos Povos...*" E a lei, depois de repetir as anteriores disposições, ordenava outras, e entre estas, as que procuravam impedir a deserção dos próprios marinheiros, que, ao chegar aos portos do Brasil, largavam para as Minas. Aos que ansiavam por emigrar, na impossibilidade de conseguir a licença legal ou o custo da passagem, restava o recurso de se engajarem como marinheiros das frotas do Brasil e, como único passaporte, a firme resolução de se evadirem, nos portos de destino. Durante os primeiros anos, os moços que partiam, mas desejavam casar com mulheres da sua cor e condição, voltavam à metrópole com o seu pecúlio de ouro e aí constituíam família e assentavam lar. Este regresso corrigia ligeiramente os efeitos da emigração e aumentava ou, quando menos, concorria para manter o volume do metal circulante.

Com o decorrer do tempo diminuiu o vai-vem. Agudo observador, atento a todos os fenómenos que interessavam

ANTOLOGIA: PONTOS DE VISTA E FONTES | 181

as relações entre a metrópole e o Brasil, Alexandre de Gusmão deu-se prontamente conta dessa variação do movimento demográfico entre os dois países e avisou ao Rei das suas consequências. Perdia-se a agricultura; definhava a indústria e despovoava-se dos seus moradores o Reino, ele mesmo "correndo ignorantemente em seguimento da riqueza imaginária das Minas de ouro, que nos tem arruinado e empobrecido, quando nos pareceu encontrarmos aí toda a nossa fortuna". E, depois de assinalar aquele antigo hábito dos homens, satisfeitos da fortuna, regressarem para casar e estabelecer-se a seu gosto, acrescentava: "Agora, porém, (depois de 1740) que já se encontram nas Comarcas das Minas famílias boas e bastantes, com quem aliar-se, ficam quase todos dentro da América juntamente com os seus cabedais, os quais eram muito maiores antes da capitação das Minas e antes do luxo, que se introduziu nos seus moradores." Também a epidemia do luxo contaminara os moradores das Minas. Desta sorte acentuava-se o despovoamento do reino; e a moeda, diminuída no volume total, escoava-se para o estrangeiro, pela necessidade de suprir a insuficiência, cada vez maior, da agricultura e da indústria dos tecidos, e as loucas fantasias da ostentação. Entre os remédios para tão graves males, Alexandre de Gusmão insinuava a repetição das pragramáticas sobre a suntuária.

Gusmão escrevia os seus reparos em fins de 1748 ou começos do ano seguinte. E, a 24 de Maio de 1749, D. João V, cujo governo era em parte inspirado pelo franciscano Fr. Gaspar da Encarnação, assinava uma nova pragmática contra o luxo e as importações de certos tecidos estrangeiros elaborada, como hoje sabemos, por Alexandre de Gusmão. Mais severa que as leis similares de D. Pedro II, a nova pragmática tendia, em grande parte, aos capítulos apresentados pela Câmara do Porto às Cortes de 1697 e 98. Rede varredoira, a pragmática de D. João V foi ao excesso de cominar proibições, que vinham ferir de morte algumas indústrias nacionais. Entre estas contava-se precisamente a das rendas. Logo no artigo primeiro, parágrafo quarto, se proibiam "as rendas de qualquer matéria ou qualidade que sejam... como também trazê-las na roupa

182 | ESTRUTURA DA ANTIGA SOCIEDADE PORTUGUESA

branca, nem usar delas em lenços, toalhas, lençóis, ou em outras algumas alfaias". Aos efeitos deste parágrafo havia apenas uma restrição: permitia-se o consumo das rendas já feitas, durante um ano, no Reino e ilhas adjacentes, e "nas conquistas", quatro anos após a publicação da lei.

....

E, assim, apuramos duas das maiores consequências do reinado do ouro em Portugal: criação ou desenvolvimento espontâneo das indústrias de luxo, algumas das quais exercidas por mulheres, com diminuição correlativa das actividades produtoras de géneros e artefactos de primeira necessidade; e acentuada rarefação dos homens na população geral do Reino.

Sob este último aspecto e como é lógico, no Brasil dava-se o fenómeno contrário: a percentagem das mulheres, brancas ou sequer mulatas, diminuía tão consideràvelmente em relação aos homens, que o monarca, por alvará de 10 de Março de 1732, proibia que as mulheres saíssem para a metrópole sem licença sua; e, conforme o testemunho de Antonil, no mercado de Minas o artigo mais caro era a "mulata de partes", como lhe chama, no eufemismo do tempo, o jesuíta. Quando menos valia o dobro do melhor e mais robusto dos negros – seiscentas ou mais oitavas de ouro, que, em 1937, Simonsen equiparava a sessenta contos.

Rápida diminuição da agricultura, e da nascente indústria dos tecidos, das indústrias náuticas e do comércio marítimo, típica actividade portuguesa, que dera carácter à nação, desequilibraram a organização social. A velha burguesia de armadores, exportadores, grandes comerciantes e a nova dos industriais, definhavam em proveito da nobreza e do alto clero. Em boa verdade, a população dividia-se em duas classes: a nobreza, e o alto clero, que mandavam, e o povo, que obedecia. Uma reduzida classe média de letrados, funcionários e lojistas não vincava qualquer traço forte na fisionomia da grei.

Existia, é certo, em Lisboa e no Porto, e mais na capital, uma grande burguesia, mas essa de estrangeiros, acima de tudo ingleses, alguns franceses e bastantes hamburgueses. Mas estes eram apenas, na maioria, tolerados, por convictos ou suspeitos de heresia e de ideias novas e perigosas.

Beneficiária maior da nova riqueza, trazida pelo ouro, ocupando quase exclusivamente os postos de comando e representação, alçada a grande distância, pelo sangue e o poderio, das classes populares, a nobreza evoluíra de classe para casta. Por via de regra, os grandes fidalgos eram duma arrogância inexcedível. Faziam-se acompanhar, de coche ou a cavalo, por um séquito numeroso de familiares e lacaios. Preocupavam-se no mais alto grau com a pureza do sangue e a unidade da fé. Entre eles a endogamia era a regra; e ser familiar do Santo Ofício tornara-se ponto de honra.

O monarca sancionava com a lei e com o exemplo este regime de inviolável casticidade e preeminência. Por alvará de 29 de Janeiro de 1739, regulara estritamente os tratamentos, a dar de palavra e escrito, nos seus reinos e senhorios. Falar ou escrever de Excelência, só aos Grandes, eclesiásticos ou seculares. No primeiro caso, no sobrescrito o endereço seria ao Excelentíssimo Senhor. Um pouco mais abaixo, aos bispos e cónegos, aos viscondes e barões, aos gentil-homens de Câmara e moços-fidalgos, com exercício no paço, permitia-se dar a Senhoria. Vinha a seguir na escala o Vossa Mercê, do que já o alvará nem se ocupava. Menos, é claro, do tu desprezativo, com que a plebe recebia ordens. O alvará não só proibia a uns atribuir indevidamente Excelência e Senhoria, mas aos outros "aceitar os tratamentos acima referidos, senão as pessoas a quem esta lei respectivamente os determina".

O próprio Rei erguia entre as classes divisões estanques. E para as transformar em castas mandava que se não continuasse a dar os tratamentos acima declarados a qualquer das pessoas referidas, *"se casar sem licença e aprovação minha por escrito, como também* aos *filhos e filhas, que do seu matrimónio provierem"*; e não escondia o objectivo: "a fim de que as pessoas acima nomeadas procurem conservar nos casamentos a distinção

184 | ESTRUTURA DA ANTIGA SOCIEDADE PORTUGUESA

que convém ao seu estado e qualidade". Os que, pelo matrimónio, saíam da casta degradavam-se. E o próprio Rei se arvorava em zelador da inviolável casticidade aristocrática.

Mas o português, que desde os primórdios da nação trazia no sangue o pendor democrático, veio, com o tempo, a vingar-se das pretensões desnacionalizantes do monarca. Na faixa marítima da Península não podiam aclimatar-se as distinções de Espanha. Abaixo os tabiques de D. João V! *Tutti Marchesi.* E hoje, ainda, por vindicta histórica, mas com ridículo actual, os portugueses se tratam, sem distinção, de Excelências e se endereçam todas as missivas aos Ilustríssimos e Excelentíssimos, com democrática igualdade...

Esta soberba classe de Excelências e Senhorias não hesitava, em nome da pureza e unidade da fé, em descer ao íntimo mister de esbirros. Familiares do Santo Ofício, timbravam em conduzir ao cárcere ou aos autos de fé os míseros cristãos-novos, sobre quem a Inquisição lançara as vistas. António José da Silva, o *Judeu,* quando da primeira vez, em 1726, caiu nas malhas da denúncia, foi entregue ao carcereiro do Santo Ofício pelo familiar Conde de Vilar Maior, uma das figuras de mais alta prosápia entre a nobreza do reino. Mais tarde, em 1737, e já então Marquês de Alegrete, repetiu a façanha de conduzir ao cárcere o desventurado comediógrafo.

Na mesma ocasião emparelharam com ele na tarefa seu filho, o Visconde de Ponte de Lima, futuro Embaixador e negociador ostensivo do Tratado de Madrid, o Marquês de Marialva, do Conselho de Guerra e futuro Estribeiro-mor, e o Conde de Atouguia, futuro Vice-Rei do Brasil.

Com o andar dos tempos e as inconstâncias da sorte, alguns membros da nobreza haviam-se aliado a filhas de judeus, sempre no propósito de dourar os brasões com a fortuna das esposas. Linhagistas indiscretos denunciavam a mácula da aliança. E, obedecendo à lógica de casta, os nobres, que se julgavam de geração imune, fundaram uma Confraria da Nobreza, por cujos estatutos eram os irmãos obrigados a fazer a prova incontestável de cristãos-velhos. Esses nobres, a que se deu o nome de *puritanos,* zelavam com rigor a pureza do

ANTOLOGIA: PONTOS DE VISTA E FONTES | 185

sangue e opunham-se a qualquer aliança com família, ainda que aristocrática, de geração viciada. À Confraria racista e casticista pertenciam as casas dos Marqueses de Alegrete, de Valença, de Angeja e outras, ainda que menos elevadas em títulos, igualmente orgulhosas, da limpeza do sangue.

Como nem sempre era possível, entre este reduzido número de famílias, emparelhar os moços de idade núbil, os chefes respectivos preferiam nesse caso votar os filhos ao sacerdócio e as filhas à reclusão monástica – forçada profissão, que não foi pequena parte na dissolução da religião e da moral. Contra o preconceito dos puritanos se insurgiram, cada um a seu modo, dois dos mais lúcidos e avançados espíritos do tempo, Alexandre de Gusmão e D. Luís da Cunha. E ainda hoje as cartas familiares do primeiro ou as escritas como secretário do Rei constituem um dos melhores, se não o melhor testemunho para se avaliar da nulidade, ignorância, prepotência e corrupção da maioria dessa classe.

Abaixo e muito abaixo desta fidalguia de sangue estreme, rumorejava numa turba indistinta o povo, em que se misturavam a pequena classe média, os mecânicos e os ganhões, mais ou menos igualados pelo alheamento do poder, dos privilégios e benesses. Mas a falta de estímulo ao trabalho, a desorganização da economia, o pernicioso exemplo dos mandantes, e as facilidades irresponsáveis, que o ouro emprestava à nobreza e aos conventos, haviam contaminado o povo das cidades e, em mais alta escala, de Lisboa. As memórias do tempo pululam com o relato de roubos, assassinatos, violências, desacatos e a vadiagem dos homens, que as falsas prosperidades do ouro atraíam a Lisboa.

Luís Montez Matoso, dando notícia, em meados de Janeiro de 1740, dos preparativos em começo, da armada, que ia partir para o Oriente, regista como um facto vulgar: "Já se vai prendendo para a Índia..." E quando em Abril se aproximava a largada das naus e do Vice-Rei, Marquês de Louriçal, o mesmo cronista continuava a registar nas suas notas, com a flagrância dum quadro dos costumes do seu tempo: "Tem-se prendido muita gente para a Índia, que se acha em a nau

186 | ESTRUTURA DA ANTIGA SOCIEDADE PORTUGUESA

Cábrea, [nas] Cadeias, e [na] Fundição, padecendo em todas as partes muitas doenças de que tem falecido algumas pessoas. Vendo-se nesta Corte infinitos mendigos a pedir pelas portas, não aparecem hoje senão os cegos, coxos, aleijados e velhos, porque os mais tem desertado uns, e outros entram a trabalhar nas obras, de pedreiros, e outros ministérios, porque em um dia que o Ex.mo Senhor Cardeal Patriarca dava esmola no seu páteo a quantos ali se ajuntão se deu uma saltada pela justiça por ordem de Sua Majestade e se prenderam 23 moços robustos e ociosos, que andavam pedindo esmola; e ao mesmo tempo se deu uma saltada geral pelas portarias de todos os conventos, estando para receberem as esmolas e se colheram muitos maganões, que andavam disfarçados, e entre eles alguns, que traziam consigo as suas amigas, com que dormiam pelas estrebarias."

O patriarca e os conventos faziam das portarias asilo e escola de vadiagem; homens robustos, só com receio de prisão e degredo para a Índia se resignavam a trabalhar; o Rei recrutava (como se fazia, aliás, noutros países) os soldados à força, para amontoá-los em recintos pestíferos: e as estrebarias serviam de valhacouto à vadiagem e à prostituição.

A violência e a dissolução dos costumes não era menor entre a nobreza, o clero e as religiões. O excesso de mulheres e o danoso costume de remeter à vida conventual as filhas de família nobre ou abastada, que não logravam casamento com homens de estirpe ou fortuna equivalente, faziam dos conventos focos de intriga, licenciosidade e diversões. Sentir-se-ia *declassé* o fidalgo, que não tivesse freira; ou freira sem *chichisbéu*.

Moço de família fidalga, por via de regra, era *freirático*. O próprio Rei dera o exemplo. E quando, passado o ardor tempestuoso dos anos, quis reprimir o vício, o escândalo recrudesceu com a publicidade dos nomes envolvidos e das cenas a que deu lugar a repressão.

A mania da ostentação atingira as proporções epidémicas duma loucura colectiva. Das classes mais elevadas propagara-se ao povo.

ANTOLOGIA: PONTOS DE VISTA E FONTES | 187

O fanatismo, a intolerância feroz, a superstição em todas as classes, a degradação do culto, pelo amor da ostentação e do gosto do teatro, aumentaram. A Inquisição, que durante os reinados anteriores dos Braganças, diminuíra de zelo sanguinário, multiplicou de novo as vítimas. Muitos dos melhores engenhos, como António José da Silva, Jacob de Castro Sarmento ou Ribeiro Sanches, quando de origem judaica, mau grado a sua íntima adesão ao sentimento de pátria portuguesa, ou arderam na fogueira ou tiveram que expatriar-se.

Toda a nação, sem exceptuar o povo, se comprazia na lúgubre ou trágica exibição dos autos de fé. Regiões ou vilas foram verdadeiramente devastadas. D. Luís da Cunha exclamava com angústia: "veja-se o que foram as províncias da Beira e Traz-dos-Montes, e nelas os lugares de Fundão e Covilhã, as cidades da Guarda, Bragança, etc., onde floresciam as manufacturas e o comércio e o que agora são, depois que nelas entrou a Inquisição a prender e a destruir os seus moradores. É escusado dizê-lo, porque ainda mal que todos o sabem e, só os zelosos do bem do Reino o sentem e o choram." Comentando as opiniões de D. Luís da Cunha, Lúcio de Azevedo, que não pode suspeitar-se de crítico apaixonado do Santo Ofício, afirma que a Inquisição acabou por deixar exaustas essas províncias e por muito tempo sem esperança de se recobrarem. E observa que também no Alentejo a comarca de Avis sofreu de sorte igual.

A Inquisição e o fanatismo inquisitorial eram apenas um dos aspectos da perversão do espírito religioso e da subordinação da Igreja ao absolutismo do Estado. Sob os efeitos dissolventes do ouro, o Estado, a nobreza e o alto clero haviam-se dado as mãos para impor a lei despótica dos seus interesses. Quebrada a velha mola da resistência organizada das classes populares – a burguesia e os mesteres – que outrora erguiam com vigor a voz nas Cortes, o regímen tendeu para uma espécie de despotismo teocrático, de forma exterior asiática, que pesava, com aparato esplêndido, sobre os súbditos. Mas entre o Rei, o alto

188 | ESTRUTURA DA ANTIGA SOCIEDADE PORTUGUESA

clero e a nobreza existia a consciência da solidariedade dos interesses comuns. Se os membros da mais lídima fidalguia se orgulhavam, como familiares do Santo Ofício, de acompanharem os delinquentes da fé ao cárcere ou à fogueira, os altos representantes da Igreja prestavam-se a apoiar a nobreza por bem estranhos meios. Fidalgos, quando roubados, publicavam anúncios na *Gazeta de Lisboa* ameaçando de tirarem carta de excomunhão contra os ladrões, se estes não restituíssem prontamente o produto do roubo.

O confessionário, não raras vezes dirigido por confessores indignos, tornou-se também um instrumento de prepotência, denúncias, abusos torpes e vinganças. Muitos confessores defendiam a doutrina, que aplicavam na prática, sustentada por vários casuístas, de que era permitido perguntar aos penitentes os nomes e moradas dos seus cúmplices, sob a ameaça de os não absolverem. Esse hábito tornava-se particularmente grave quando os penitentes pertenciam ao sexo feminino. Os danos à religião e à moral, provocados por esse abuso, constam duma literatura abundante, a que havemos de referir--nos mais adiante.

Todas as expressões e aspectos exteriores de vida obedeceram então ao mesmo estilo: o barroco. Os modos colectivos de viver, a suntuária em todos os seus aspectos, as artes plásticas, as letras, o mesmo culto religioso, em que se fundiam todas as artes, tendem à superação hiperbólica do humano e do real; à violação da medida comum; à orgulhosa afirmação duma classe senhorial sobre as demais. Para lograr esse efeito os artistas servem-se de todos os artifícios, absurdos e excessos.

A literatura toma como temas a exibição magnificente, o triunfo sobre a morte, a apologia do sobrenatural. Três géneros abundam e caracterizam a época: os relatos das entradas públicas dos embaixadores nas capitais estrangeiras ou dos prelados nas suas dioceses; os panegíricos e elogios fúnebres de pessoas reais e personagens de alta gerarquia no clero e na nobreza; e a descrição das procissões.

Nas artes plásticas triunfa, já não diremos o barroco mas o barroco do barroco. Se o templo, desde os começos do século anterior, adoptara os estilos profanos dos palácios seculares e se tornara num salão de festas, num teatro resplendente, em parte alguma, como em Portugal e no Brasil, se levou mais longe essa adaptação ao divino dos estilos aristocráticos do homem. Sobrava aos portugueses para isso a vivência oriental. O barroco foi em Portugal, mais do que em nenhures, um estilo de império. Para exprimir, quer a omnipotência dum regime – o absolutismo – e duma classe – a nobreza, quer a majestade do divino, o artista, na lógica do barroco, funde todos os elementos do fausto imperial. Onde o ouro permitiu a unificação das artes do Oriente com as do Ocidente, o templo hesita, na ofuscação do ouro, no lavor opulento da talha, no tom magenta do charão e na alada ou exótica fantasia dos dragões e das paisagens, entre a igreja cristã, o templo indiano e o pagode chinês. E é no Brasil que o barroco, de origem e importação portuguesas, se tornou por definição o estilo dum Estado colonizador e absolutista, e, por consequência, o mais apropriado a exprimir em arte, por todos os ilusionismos duma força e grandeza sem limites, o domínio da Coroa sobre os seus vassalos. Ninguém, como o português, estava em condições de intuir os motivos da inspiração política, então comum ao barroco das suas igrejas e ao dos templos indianos e chineses, para traduzir esses estilos num idioma único.

Essa fusão realizou-se por modo maravilhoso na igreja de Nossa Senhora do Ó de Sabará. Mais que tudo dão carácter ao pequeno templo a combinação do ouro com o revestimento de charão. Obra prima dum ignorado artista e, essencialmente, do barroco português, imperial, produz a quem a vê uma estranha impressão de encantamento, e sortilégio supra-espacial e supra-temporal. No Brasil e, mais que tudo em Minas (Sabará, Ouro Preto, Mariana, Ouro Branco e Congonhas) há muitas outras tentativas dessa fusão e assimilação de estilo sagrado e profano, ocidental e oriental, mas nenhuma atingiu aquela harmonização de cores e vibrações de luz e sombra, união de duas artes díspares, para uma estesia inédita.

Na escultura e na pintura, o movimento arrebatado, o êxtase e o transporte são de regra. As abóbadas pintadas das

190 | ESTRUTURA DA ANTIGA SOCIEDADE PORTUGUESA

igrejas deixaram de ter limites. Rasgam-se numa profundidade desmesurada. As virgens, os santos e os anjos pairam, ascendem entre nuvens, arrebatados por um sopro de glória divina. Uma tempestade sobrenatural varre e empolga os templos. Mas onde o propósito, a sede do espectáculo e a fascinação das turbas pelo maravilhoso dos seres, das formas e das cores atinge o frenesi, é nas funções de culto e, em particular, nas procissões.

....

Em parte alguma nesse tempo se poderia contemplar espectáculo semelhante. Portugal era então, e já com certo anacronismo, o país mais tipicamente barroco da Europa. Se o barroco foi, por essência, um estilo aristocrático, destinado a favorecer e consagrar a cristalização da sociedade, sob o domínio duma classe, em nenhuma outra nação da Europa se encontravam reunidas as condições *optima*, para as excedências daquele estilo: acima dum povo submetido, a aristocracia, dominando sem partilha, transformada em casta, em progénie congelada, mas enriquecida pela vivência oriental e o gosto dos estilos hierárquicos e faustosos, que emprestavam deslumbramento ao despotismo.

Na essência é a falta duma burguesia forte e, por consequência, do capitalismo, elemento de ponderação prática e realista, que explicam esta explosão final e desmedida do barroco, em Portugal. O ouro, prémio grande duma loteria dissolvente, que enriquecera o Rei e a fidalguia, substituíra-se em Portugal ao bom senso e ganhos trabalhosos duma classe média, que não prestava sem condições o seu apoio e que servia de elemento moderador, na medida em que a partilha do poder evita os desmandos oligárquicos duma classe. E o Portugal eclesiástico e aristocrático, onde as mulheres sem noivo ou sem marido, e as famílias sem chefe pululavam, corrompido pelas facilidades inesperadas da riqueza sem trabalho, orientalizado e islamizado nos costumes, vasto serralho, cujas alcovas mais aliciantes se resguardavam nos conventos, ficou

ANTOLOGIA: PONTOS DE VISTA E FONTES | 191

entregue, sem reacção possível, a todos os apetites e caprichos do Sultão e dos seus grão-vizires.»

Jaime Cortesão, *Alexandre de Gusmão e o Tratado de Madrid*, Parte I – Tomo I, Rio de Janeiro, Instituto Rio-Branco, 1952, pp. 69-88 (1.ª parte, cap. «Organização social e estilo de vida»).

OS CINCO ESTADOS EM QUE SE DIVIDE A SOCIEDADE NO SÉCULO XV

Desde a civilização ária, como mostraram os estudos de G. Dumézil, e através de toda a Idade Média que se concebeu a sociedade dos homens ordenada por Deus (ou pelos deuses) em três estados ou ordens, ligado cada qual à sua função, sendo as três funções respectivamente a religiosa, a guerreira e a económica. Nas *Ordenações Afonsinas* mantém-se esta concepção: Deus quis que o mundo se mantivesse por três estados: Oradores – os que rogam pelo povo; Defensores – os que o hão-de defender; e Manteedores – os que lavram a terra por que os homens hão-de viver e se mantêm. Ainda encontramos tal ideia adoptada mesmo em fim de Quatrocentos, como veremos. Mas a realidade há muito que lhe não correspondia. O rei D. Duarte traçou o quadro social em começos do segundo quartel do século xv, com base ainda, porém, na distinção em ordens ou estados.

«Os estados geralmente são cinco:

Primeiro, dos oradores, em que se entendem clérigos, frades de todas as ordens e os ermitães, porque seu próprio e principal ofício destes é por suas orações rogar Nosso Senhor por todos outros estados e por seus ofícios, louvá-lo e honrar por suas vidas e devotas cerimónias; e aos outros [estados] ensinar por palavra e bom exemplo e ministrar os sacramentos.

Segundo, dos defensores, os quais sempre devem ser prestes para defender a terra de todos contrários, assim dos adversários que de fora lhe querem empecer [= fazer mal], como dos soberbos e maliciosos que moram em ela, de que não menos empecimento muitas vezes recebem. E a estes convém no tempo da paz viver como nos aconselhou São João, havendo consideração de três maneiras de homens com que hão-de conversar, *scilicet* [=a saber]: os de baixo estado, que lhes mandou que algum deles não trilhassem [= oprimissem]; aos seus semelhantes, não injuriassem; e de seus senhores trouxessem bom contentamento do que lhes desse; sabendo que nestas três partes os mais faleciam [= não cumpriam]. E guardando-se de falecer em elas, aprovou o estado dos defensores, não o mandando desprezar nem deixar, sabendo que é tão necessário para o bem público que sem ele se não podem as terras e senhorios longamente suportar e defender, que dos seus ou dos estranhos não mandem buscar para os defenderem. E a estes defensores são dados grandes libertades e privilégios por a grande necessidade a que por eles toda comunidade são algumas vezes no tempo do grande mester [= aperto, necessidade] acorridos. E porém lhes pertence na paz aprender e saber tais manhas como no tempo que cumprir possam, e saibam bem usar daquilo por que são entre os outros tão avantajados, e tenham armas e cavalos para estar prestes como convém para logo socorrer onde for necessário por serviço e mandado de seu senhor, pondo-se a perigos de morte e a outros grandes trabalhos e despesas, mantendo gente e tais corregimentos segundo a cada um pertence, que honrem o real estado, sua corte e senhorio.

Terceiro, dos lavradores e pescadores, que assim como pés em que toda a cousa pública se mantém e suporta são chamados; aos quais pertence em isto sempre continuadamente se ocupar, sendo muito relevados quanto se mais poder fazer de todo outro serviço e mau trilhamento; mas dar-lhes lugar favor para tirarem por seu trabalho aqueles frutos da terra e do mar em que todos nos governamos.

Quarto, dos oficiais, em que se entendem os mais principais conselheiros, juízes, regedores, vedores, escrivães e semelhantes, os quais bons, leais, entendidos, solícitos, tementes a Deus devem ser acolhidos.

Quinto, dos que usam de algumas artes aprovadas e mesteres, como físicos, cirurgiões, mareantes, tangedores, armeiros, ourives, e assim dos outros que são por tantas maneiras que não se poderiam brevemente recontar; aos quais convém bem e lealmente e com devida diligência usar de sua maneira de viver.»

Depois, D. Duarte mostra que muitos não cumprem as funções e regras do estado a que pertencem, porque dele só querem «possuir e lograr o folgado e seguro, e não suportar os trabalhos e perigos» que lhe são inerentes. E examina essa falta em relação ao clero e aos fidalgos e cavaleiros:

«Exemplo disto se os oradores querem as riquezas, honras, reverenças, liberdades, segurança de sagral [= secular] justiça e dos feitos de guerra, usando de pouca e fraca oração, não querendo por ofícios e corregimentos honrar Deus nem suas igrejas, não ensinando, regendo, ministrando sacramento aos que são obrigados, e a todos dão exemplo de escândalo e de pouca devoção...

Quanto aos defensores, faltam aos seus deveres ou derrogam a seu estado quando, gozando todas as vantagens e privilégios do seu estado, envergam hábitos e adoptam maneiras de oradores, tirando-se das despesas, perigos e trabalhos de ambos os estados. "E assim quando desamparam a honrada maneira de seu viver e se lançam a lavrar ou tratar de mercadoria", salvo aos que já fizeram 60 anos e isto em tempo de paz.»

D. Duarte, *Leal Conselheiro* (1438), ed. por Joseph Piel, Lisboa, 1942, cap. 4.

Modernizámos a ortografia e a própria forma das palavras.

CATEGORIAS SOCIAIS
E HIERARQUIA DE VESTUÁRIO – 1472-1482

Já nas Cortes de Lisboa de 1459 se protestou contra o alastrar do luxo. É, porém, nas Cortes de 1472 e nas de 1481-1482 que é proposta uma hierarquização de vestuário e consumos de acordo

194 | ESTRUTURA DA ANTIGA SOCIEDADE PORTUGUESA

com a estratificação social. Vejamos essas propostas, como as expõe o historiador Costa Lobo:

«As Cortes de 1472 entenderam que o mal se não podia erradicar, senão fixando legislativamente a qualidade do vestuário de cada uma classe social, e propunham um projecto nesse sentido. Quanto ao trajo dos fidalgos deixam-no à discrição do rei. Os cavaleiros usem guarnições douradas nas espadas e punhais, nas esporas e estribos; vistam pano de lã qual quiserem, mas a seda seja inferior à dos fidalgos; são-lhes permitidos os colares de ouro; o calçado a seu gosto. Pelo mesmo teor os escudeiros, senão que nenhum dourado lhes é consentido. Aos mercadores é defesa inteiramente a seda, mas de panos de lã podem escolher à vontade, bem como o seu calçado. O calçado, em um país em que a máxima parte da gente andava descalça, era naquele tempo um distintivo, conforme o feitio e a cor: já em outro lugar vimos que os cidadãos do Porto, solicitaram, e houveram por mercê, a faculdade de usarem borzeguins. Estes borzeguins, e sapatos de cores, eram vedados pelas Cortes aos mesteirais, que também, no vestuário, não passariam dos tecidos de lã de meia fineza. Para os lavradores e trabalhadores sejam os panos de lã mais somenos, assim como bristoes [de Bristol], condados [de Flandres], e daí para baixo; e não tragam borzeguins. Bem se deixa ver que nas Cortes predominavam os burgueses das cidades, pois que tinham os lavradores por inferiores aos mesteirais. Esta gerarquia de vestuários pareceu ao rei demasiado rígida e impraticável, e respondeu que a estes particulares se não podia dar provisão acomodada, mas que ele ia proibir o uso de ouro a quem não fosse cavaleiro nos termos das ordenações do Reino.

A tirania da vaidade sobrepujava a todas as censuras e mandados. Nas Cortes de 1481 e 1482 volve mais plangente jeremíada: o mal agravara-se, o contágio descera à gente de ínfima categoria: os procuradores pranteiam o desvairamento geral, e persistem, como os seus antecessores, em aconselhar a repressão. Os fidalgos da Corte, segundo o teor de um dos capítulos, mudam trajos a miúde, vestem brocados, panos de seda e de lã de tão altos preços, que dão mau exemplo a todo o mundo: nisso desbaratam a maior parte da sua fazenda. O desatino alastrou-se até à "gente mean e meúda". Os antigos reis, que possuíam grandes tesouros, vestiam-se dos panos de lã mais fina, que então havia, e a outra gente em conformidade com a sua categoria: agora, até os de baixa sorte vestem panos de seda e de fina lã, como outrora nem os fidalgos usavam. O abuso dos dourados e prateamento em espadas, lanças, punhais, cintos, precisa também de ser coibido. Assim se dissipam as fortunas, e o Reino caminha para a perdição. É urgente um remédio; decretai de que panos se deva cada um vestir, segundo a sua graduação.

....

Sòmente os grandes fidalgos usem trajos dourados ou prateados, e se sirvam de jaezes de igual qualidade. Escudeiros e gente limpa vistam londres. "Gente de ofícios mecânicos, e desta sorte, e outra de baixa mão", parece bem a vossos povos que usem bristol, e daí para baixo não calcem borzeguins, cervilhas, pantufos, chapins, mas sapatos pretos, e não de cor; as mulheres usem véus de lã, e não de seda; para estes tais é mister fixar o máximo preço do vestuário. Parece também a vossos povos que "lavradores, criadores e gente desta sorte", aos dias de trabalho devem vestir burel e fustão, trazer calções e botas; conquanto aos dias santos, quando vierem à cidade ou vila, possam trajar bristol, e calçar sapatos brancos ou pretos, mas não borzeguins; as mulheres vistam alfardas de linho. O zelo dos procuradores na demarcação do vestuário baixava até às meretrizes, a quem somente consentiam pano de varas, mas não o de londres; o mais fino, nunca acima de condado, e não haviam de trazer mantilhas, mas andarem em corpo, para se distinguirem das honestas.»

196 | ESTRUTURA DA ANTIGA SOCIEDADE PORTUGUESA

Costa Lobo, *História da Sociedade em Portugal no Século XV, Lisboa, 1904, pp. 398-401.* (Ortografia modernizada.)

Nota-se a influência da mentalidade burguesa, que é contra a ostentação, a prodigalidade, a fim de favorecer a aplicação reprodutiva, e por isso exalta a simplicidade de vida e a poupança, ao contrário da nobreza (em relação ao século XIX, o sociólogo Goblot observou que o domínio cultural da burguesia impôs o vestuário severo, sobretudo para o sexo masculino).

Apesar da oscilação de umas Cortes para as outras, temos fundamentalmente um estrato supremo de fidalgos e cavaleiros, em segundo plano os escudeiros, mercadores e funcionários, em terceiro plano os mesteirais, em quarto os lavradores – e abaixo, sem dúvida, os serviçais e jornaleiros, e no ínfimo da escala os escravos, em aumento.

Contra os «trajos demasiados» que confundem as três ordens tradicionais da sociedade (ou mesmo as cinco de D. Duarte) vamos ver que terça armas uma poesia de Álvaro de Brito.

EM DEFESA DA SOCIEDADE SENHORIAL, CONTRA A MERCANTILIZAÇÃO, EM FINS DO SÉCULO XV, COMEÇOS DO XVI

Um dos poetas do *Cancioneiro Geral* insurge-se contra a mercantilização que leva a só apreciar a riqueza e promove uma igualização de condições que subverte a antiga ordenação providencial da sociedade em três estados ou ordens – oradores (os que rezam), defensores (os que combatem) e mantenedores (os que trabalham). Lamenta o tempo passado, de estabilidade, condenando as voltas do tempo presente. Já vimos a importância que então se ligava ao trajar; no tema insiste Álvaro de Brito.

«Por trajos demasiados
em que todos sam iguais
sam confusos
os três estados, danados,

ANTOLOGIA: PONTOS DE VISTA E FONTES | 197

alterados mesteirais
em seus usos.
Nom devemos ser comuns
senam pera Deus amarmos
e servirmos,
nam sejamos todos uns
em ricamente calçarmos
e vestirmos.

Cá [= porque] muitos baixos indinos [indignos]
de nobrecidos lugares
pervalecem [= prevalecem],
e com ricos trajos finos,
cadeias d'ouro, colares,
engrandecem.
Aos nobres sem dinheiros
nam lhe catam melhorias,
porque caiam,
menospreçam cavaleiros
onde se cavalarias
nam ensaiam.
Nos outros tempos passados
todos queriam viver
honestamente,
ordenados, compassados,
cada um em seu valer
era contente.
Nam havia presunçam,
nem tomar de melhoria
endevida [= indevida];
concordada discriçam
a mais da gente regia
per medida.

Todalas openiões
dos homens eram fundadas
em certeza,

todalas conversações
docemente conversadas
com destreza.
Todos sem altevidade [= altivez]
honestamente folgavam,
cada um
segundo sa calidade [= sua qualidade],
pero todos desejavam
bem comum.»

Assim, ninguém deve pretender sair do estado em que nasceu, não se deve querer melhorar a sorte, e a única igualdade lícita é no amor de Deus.

E eis como o poeta conclui:

«Em fim de tudo concrudo,
assi bem ou mal notado
notefico
que nam contam por sesudo
nem por manter estado
senam rico.»

Poesia de Álvaro de Brito, no *Cancioneiro Geral* compilado por Garcia de Rèsende (1516), ed. por Gonçalves Guimarães, vol. I, pp. 232-3 e 237.

COMPARAÇÃO DE LISBOA
COM MILÃO EM 1546

«Quanto aos vezinhos de Milam, parece-me que podia ter pouco mais ou menos os que Lisboa tem; e posto que a muitas pessoas pareça ser de mor povoaçam que Lisboa, a causa disto é, porque toda se pode ver de hũa parte, o que Lisboa nam tem: por nam haver nela lugar donde se possa toda descobrir aos olhos, por razam dos outeiros que lhe tomam a vista. Além disto tem Milam as mais das ruas muito largas, com muitos

ANTOLOGIA: PONTOS DE VISTA E FONTES | 199

jardins que ocupam mais quantidade de terra; e as ruas de Lisboa comummente sam estreitas com mui poucos jardins, e as casas muito cheas de moradores, muitas das quaes têm três e quatro vezinhos, o que se nam costuma em Milam; assi que por estas razões me pareceo estarem ambas estas cidades ouro e fio nesta conta.»

Gaspar Barreiros, *Chorographia de alguns lugares que stam em hum caminho que fez Gaspar Barreiros o anno de M.D.XXXXVI. começādo na cidade de Badajoz em Castella, te á de Milam em Italia.* Coimbra, 1561; reed. Coimbra, Imprensa da Universidade, 1968, p. 241.

OS MODOS DE VIDA NA SOCIEDADE DE ANTIGO REGIME

Na sociedade do Antigo Regime há, evidentemente, os eclesiásticos, os fidalgos e cavaleiros, que são os dois estados isentos. No Terceiro Estado, em que se inclui uma parte do funcionalismo, encontramos em primeiro plano os homens bons, isto é, todos os afazendados, que possuem bens próprios: especialmente bens de raiz, mas também bens móveis, tendas de ofício. Para combater a vadiagem, o título 68 do Livro V das *Ordenações,* que veio reforçar o alvará de D. Sebastião de 2 de Junho de 1570, distingue esses modos de vida admitidos:

«Dos vadios.

Mandamos que qualquer homem que não viver com senhor, ou com amo, não tiver ofício, nem outro mester, em que trabalhe, ou ganhe sua vida, ou andar negoceando algum negócio seu, ou alheio, passados vinte dias do dia que chegar a qualquer cidade, vila ou lugar, não tomando dentro dos ditos vinte dias amo, ou senhor, com quem viva, ou mester, em que trabalhe e ganhe sua vida, ou se o tomar, e depois o deixar, e não continuar, seja preso e açoutado publicamente. E se fôr pessoa, em que não caibam açoutes, seja degradado para África per um ano.»

200 | ESTRUTURA DA ANTIGA SOCIEDADE PORTUGUESA

Ordenações, liv. V, título 68; Cf. *Leys, e Provisões, que el Rei Dom Sebastião fez*, Lisboa, 1570 (reed. Coimbra, 1816, pp. 112-114).

Vê-se que a lei, como muitas outras citadas no nosso texto, distingue aqueles em quem cabem açoutes – são os peões – e aqueles que não podem ser açoutados mas apenas degredados – as pessoas de mor qualidade.

UM RICO DESAFIA AS AUTORIDADES EM SÃO TOMÉ NO SÉCULO XVI

Por uma carta de privilégio assinada por D. João III em Lisboa em 30 de Janeiro de 1554 podemos reconstituir em parte o ambiente social numa colónia, neste caso a ilha de São Tomé, onde uma minoria de poderosos usufruía os proventos de uma economia escravista e tinha força para durante anos arrostar com a autoridade do Estado.

Em São Tomé, vivia, para meio do século XVI, um Gaspar Fernandes, «vizinho da dita ilha, homem muito rico e poderoso de muitos escravos armados e sabidos em todo o género de guerra da dita ilha e muito aparentado e de muitos amigos ricos e poderosos». Assim apoiado por parentela e acostados, e dispondo de numerosa escravaria, «estava em sua fazenda da dita maneira afortalecido em um castelo de madeira que nela fez, com um libré [= lebreu] de filhar homens consigo na câmara onde dormia, homiziado por graves delitos que tinha na dita ilha e outros casos contra serviço de Deus e meu [do rei], e além disso estava condenado à morte na forca para todo sempre por sentença de minha Relação». Há anos já que Gaspar Fernandes assim se mantinha, arrostando com as autoridades, que não conseguiam por isso executar a sentença.

O memposteiro-mor dos cativos da ilha de São Tomé, Afonso de Paiva, estando a servir lá, foi na companhia do capitão e governador Francisco de Barros de Paiva, com suas armas e cavalo e escravos, assaltar a fortaleza e prender o poderoso senhor, que ficou detido numa torre. Mas os parentes,

ANTOLOGIA: PONTOS DE VISTA E FONTES | 201

amigos e valedores do preso ameaçavam agora Afonso de Paiva, e também lhe queria fazer mal um cunhado de Gaspar Fernandes, Ferrão Cabral, igualmente vizinho da ilha, porque o memposteiro-mor lhe «tomara um navio de escravos por perdido para mim [rei] e que fora entregue aos oficiais da dita feitoria». Em razão dessas ameaças, Afonso de Paiva pede ao rei autorização para andar armado e acompanhado por 4 homens brancos e 10 escravos armados, tanto na ilha como enquanto estiver no Reino. O soberano defere, conquanto unicamente para 8 homens, não obstante a ordenação em contrário.

Torre do Tombo, *Privilégios de D. João III*, liv. III, f. 7 v. Reproduzido em «Archivo Histórico Portuguez», vol. I, pp. 303-304.

OS GRUPOS SOCIAIS NO BRASIL NO COMEÇO DO SÉCULO XVII

Ambrósio Fernandes Brandão que esteve ligado à cobrança das receitas públicas e foi senhor de engenho, escreveu em 1618 na Paraíba os *Diálogos das Grandezas do Brasil*. Para explicar a carestia no Brasil, expõe como se compõe a sociedade lá. Note-se que a ordem por que trata das «condições» não é a da estratificação social; algumas não são superiores ou inferiores a outras, mas diferentes.

«Deveis de saber que este estado do Brasil todo, em geral, se forma de cinco condições de gente, a saber: marítima, que trata de suas navegações, e vem aos portos das capitanias deste Estado com suas naus e caravelas, de fazendas que trazem por seu frete, aonde descarregam e adubam suas naus, e as tornam a carregar, fazendo outra vez viagem com carga de açúcares, pau do Brasil e algodões para o Reino [Portugal]; e de gente desta condição se acha, em qualquer tempo do ano, muita pelos portos das capitanias.

A segunda condição de gente são mercadores, que trazem do Reino as suas mercadorias a vender a esta terra, e comutar por açúcares, do que tiram muito proveito; e daqui nasce haver muita gente desta calidade nela com suas lójeas de mercadorias abertas, tendo correspondência com outros mercadores do Reino, que lhas mandam; como o intento destes é fazerem-se somente ricos pela mercancia, não tratam do aumento da terra, antes pretendem de a esfolarem tudo quanto podem.

A terceira condição de gente são oficiais mecânicos, de que há muito no Brasil de todas as artes, os quaes procuram exercitar, fazendo seu proveito nelas, sem se alembrarem por nenhum modo do bem comum.

A quarta condição de gente é de homens que servem outros por soldada que lhes dão, ocupando-se em encaixamento de açúcares, feitorizar canaviaes de engenhos e criarem gados, com nome de vaqueiros, servirem de carreiros e acompanhar seus amos; e de semelhante gente há muita por todo este Estado, que não tem nenhum cuidado do bem geral.

A quinta condição é daqueles que tratam da lavoura, e estes taes se dividem ainda em duas espécies: uma, dos que são mais ricos, tem engenhos com título de senhores deles, nome que lhes concede Sua Majestade em suas cartas e provisões, e os demais tem partidos de canas; outra, cujas forças não abrangem a tanto, se ocupam em lavrar mantimentos de legumes. E todos, assim uns como outros, fazem suas lavouras e grangerias com escravos de Guiné, que pera esse efeito compram por subido preço; e como o do que vivem é sòmente do que grangeam com os taes escravos, não lhes sofre o ânimo ocupar a nenhum deles em cousa que não seja tocante à lavoura, que professam de maneira que tem por muito tempo perdido o que gastam em plantar uma árvore, que lhes haja de dar fruto em dous ou três anos, por lhes parecer que é muita a demora: porque se ajuntam a isto cuidar cada um deles que logo em breve tempo se hão-de embarcar para o Reino, e que lá hão-de ir morrer, e não basta a desenganá-los desta opinião mil dificuldades que, a olhos imprevistos, lhes impedem podê-la fazer. Por maneira que este pressuposto que têm todos em geral de se haverem de ir pera o Reino, com a cobiça de fazerem

ANTOLOGIA: PONTOS DE VISTA E FONTES | 203

mais quatro pães de açúcar, quatro covas de mantimento, não há homem em todo este Estado que procure nem se disponha a plantar árvores frutíferas, nem fazer as bemfeitorias àcerca das plantas, que se fazem em Portugal, e pelo conseguinte se não dispõem a fazerem criações de gados e outras; e se algum o faz, é em muito pequena quantidade, e tão pouca que a gasta toda consigo mesmo e com sua família. E daqui nasce haver carestia e falta destas cousas, e o não vermos no Brasil quintas, pomares e jardins, tanques de água, grandes edifícios, como na nossa Espanha.»

Diálogos das Grandezas do Brasil (1618), ed. Rodolfo Garcia e Jaime Cortesão, Rio de Janeiro, 1943, pp. 46-47.

COMPOSIÇÃO PROFISSIONAL DA POPULAÇÃO DE COIMBRA EM 1610-1613

Em 1610 é lançada em todo o Reino de Portugal uma contribuição extraordinária para pagar a vinda de Filipe III (que não chegou a efectuar-se). Conhecemos a distribuição da imposição na cidade de Coimbra, e por ela reconstituiu o historiador brasileiro José Albertino Rodrigues alguns aspectos da sua estrutura social. Em 1527 essa cidade contava 1329 vizinhos ou fogos; o rol da finta lançada em 1610-1613 arrola 1598, não incluindo os privilegiados; num e noutro caso, está excluído o clero; 5 conventos de frades e 4 de monjas; como também a população flutuante de estudantes, que talvez atingisse os 2000. Em 1732 Coimbra contará 3063 fogos. Eis a composição profissional em 1610-1613:

204 | ESTRUTURA DA ANTIGA SOCIEDADE PORTUGUESA

Profissões	N.º indivíduos	Percentagem
1 – Primário Agricultura, criação de gado, caça e pesca	43	2,7
2 – Secundário		
Artes e ofícios	449	28,1
Mobiliário e madeira	43	9,6
Metais	38	8,5
Vestuário, têxteis, equipamento	236	52,5
Alimentação	36	8,0
Construção civil	65	14,5
Trabalhos artísticos e de Piedade	29	6,5
Diversos	2	0,4
3 – Terciário	440	27,4
Comércio e transporte	189	(11,8)
Administração e serviços públicos	100	(6,8)
Serviços domésticos	60	(3,8)
Profissões liberais, Ensino e Saúde	91	(5,7)
4		
Braceiros	39	2,4
Diversos e não disciminados	627	39,2
Soma	**1598**	**100%**

(agrupamento ligeiramente modificado por nós)

Distribuição por classes de valor da contribuição

Réis	N.º indivíduos	Percentagem
menos de 100	713	44,7
101-250	365	22,8
251-500	296	16,8
501-1000	137	8,6
1001-5000	99	6,2
mais de 5000	15	0,9
Soma	**1598**	**100%**

ANTOLOGIA: PONTOS DE VISTA E FONTES | 205

José Albertino Rodrigues, *Travail et société urbaine au Portugal dans le seconde moitié du XVI siècle*, Paris, roneotipado, 1968, pp. 188-192.

A PREFERÊNCIA PELOS BENS DE RAIZ E O NÃO-INCENTIVO AO INVESTIMENTO

Em 28 de Abril de 1570 D. Sebastião promulga uma lei destinada a cortar os gastos desnecessários em bens de consumo – de ostentação e luxo – que se faziam no Reino.

«1. Primeiramente, ordeno e mando que pessoa alguma de meus Reinos e Senhorios, de qualquer estado e qualidade que seja, nam gaste, nem despenda mais que aquilo que tiver de renda. Antes encomendo a todos que trabalhem muito para gastarem menos do que assim tiverem de renda, e que o que lhes sobejar além do que gastarem, empreguem em bens de raiz, ou em prata chã, e nam em outras cousas escusadas e desnecessárias.»

Leys, e provisões que el-Rei Dom Sebastião fez, 1570, ed. Coimbra, 1816, p. 99.

O corte das despesas sumptuárias visava quer a diminuir as importações e portanto a consequente saída de metais preciosos, quer a encaminhar a nobreza e a população para a mentalidade guerreira (conquista de Marrocos). O que é importante notar é que a diminuição dos gastos de luxo não se traduz em incentivo ao investimento – à aplicação reprodutiva no processo de produção – mas sim na preferência pelos bens de raiz ou pelo entesouramento em metal precioso. Tal atitude, muito comum no Antigo Regime, já se manifesta claramente numa poesia de João Fogaça, anterior a 1516:

«Quem tever gentil comenda,
se meu conselho tomar,
nam gastará sua renda

em nenhum pano d'armar.
Cá [= porque] segundo se cá diz,
e eu avento,
de ter cousa sem raiz
nam se faça fundamento.
E desse gado vacum,
que a casa alumea,
digo, senhor Joam Corrêa,
que nam tenhais sòment'um,
Cá [= porque] se vos vem peitogueira
                    [= doença de tosse]
ou uma dor de costado,
dareis o boi a cruzado,
sem achardes quem no queira.»

Cancioneiro Geral, 1516; t. II, p. 345.

OSTENTAÇÃO E PRODIGALIDADE: VALORES DA CLASSE NOBRE – 1578

Estamos em Lisboa no mês de Junho de 1578. D. Sebastião prepara-se para a jornada em Marrocos que acabará no desastre de Alcácer-Quibir. Eis como testemunha ocular descreve uma concentração prévia.

«Neste sábado quatorze de Junho foi el-rei dos Paços da Ribeira à Sé, a buscar a bandeira real. Tanto que amanheceu começaram a correr os fidalgos para o acompanharem: e parece que à porfia trabalharam para ir cada um mais galante e custoso; cousa que espantou muito as gentes, ver como iam ricamente vestidos: porque, se a matéria dos vestidos era rica, a obra, feitios e invenções de mais rica sobejava; porque tudo era brocado, tela d'ouro e prata, tecidos d'ouro e prata, tecidos de seda mui custosos. Os veludos, damascos e todas as mais sedas perderam sua valia; e se alguma tinham, era pelos muitos passamanes, tendilhas, espiguilhas, torchados e alamares

ANTOLOGIA: PONTOS DE VISTA E FONTES | 207

d'ouro que lhe punham. Mas tudo isto era de pouco gasto em comparação dos feitios, que estes destruíram os homens. Além disto, foi espanto ver a muita pedraria que neste dia saiu: os botões d'ouro, as tranças dos chapéus cheias de rubins, diamantes e esmeraldas de preço infinito, entresachadas a compasso umas com as outras; os camafeus, medalhas e estampas de feitio singular; as cadeias d'ouro grossíssimas aos pescoços, de dez e doze voltas; as couras bordadas d'ouro com botões d'ouro, cristal, pérolas e demais pedraria; os gibões e coletes sobre telinha d'ouro com invenção de corte, pique, pesponte maravilhoso; os capotes de damasco, setim, chamalote de seda, bandados com barras de veludo e terçaes d'ouro.

Os arreios dos cavalos eram cousa de admiração: porque todos os fidalgos levavam em seus cavalos cabeçadas e esporas de prata, esmaltadas d'ouro e azul; as estribeiras com mil figuras e maneiras de bichos abertos nelas, obrados por singular arte, as nóminas, peitoraes, cigolas e cordões com muitas borlas d'ouro e torçaes; as muchilas com os jaezes e cobertas quando menos eram de veludo com mil franjas d'ouro e prata e os mandis de veludo.

Nem era menos ver como os fidalgos vestiram todos a sua gente, uns de grã, outros de raxa de mescla e tamete, isto assim a escudeiros e pagens como a lacaios e escravos, cada um de sua libréa de suas cores, e alguns os vestiram de calças e gibões de seda de cor de sua libréa, com meias de agulha de seda.»

«E porque não haja quem diga que não trataram os homens mais que de se enfeitarem, nem lhes lembrara mais que suas louçainhas e vaidade, sei dizer que o gasto que fizera nos vestidos foi pouco em comparação das armas e aparelhos para pelejarem.»

Publicado por Alexandre Herculano, em *Opúsculos*, t. VI, pp. 100-103.

Como se verifica, estava inteiramente esquecida a lei de 1570 contra o luxo e ostentação. O próprio rei, como sublinha a testemunha, «cavalgando, foi passando pelos fidalgos, pondo os olhos em

208 | ESTRUTURA DA ANTIGA SOCIEDADE PORTUGUESA

cada um com uma alegria e benignidade desacostumada»; quer dizer que aprovava esta pirotecnia de vaidades – de «gastos desnecessários», como os classificava a lei.

As classes dominantes do Antigo Regime prezam acima de tudo o entesouramento e a ostentação, um e outra com vista ao prestígio. Esta mentalidade mantém-se por séculos; vamos ver exemplos de começos do século XVIII. 1708: está-se na Guerra da Sucessão de Espanha, embora em tréguas limitadas. Assistamos às corridas de touros em Lisboa, em Novembro.

«Correram-se os três dias de touros reais em quinta, sábado e quarta feira 15, 17 e 21 do corrente, sendo o primeiro cavaleiro o Conde do Rio Grande, o segundo o Conde de S. Lourenço, e o terceiro o Visconde de Ponte de Lima; todos mui luzidos, e muito mais o Visconde, gastando à sua custa; e assim entrou este com doze trombeteiros e frauteiros adiante, tocando as suas trombetas e frautas, vestidos todos, e assim mesmo os quatro criados que lhe serviam os rojões, de veludo branco, com vestias e canhões de ló encarnado, plumas nos chapéus, gorovatas, e punhos de renda, espadins dourados, e meias de seda; trouxe mais vinte negros vestidos à mourisca, com asseio, e custo, e todos com as suas cartas de alforria atadas nos braços, porque o dito despois de os comprar por mui bom dinheiro, lhes deu liberdade a todos, e os vestidos, como também a todos os mais criados: acção mui digna da sua pessoa, ainda que não dos seus cabedais, por ter a sua casa muito de antes empenhada, e agora a deixar novamente empenhadíssima.

Os Condes também saíram com todo o luzimento, e com 24 criados cada um, vestidos os do S. Lourenço de veludo encarnado, com vestias e canhões de ló verde, e os do Rio, de damasco amarelo, com canhões e vestes de ló encarnado; mas estes gastaram à custa del-rei, e só o do Rio gastou quatorze mil e quinhentos cruzados. Os capitães da guarda entraram também custosos, com os mesmos 24 criados cada um, vestidos de bons panos, e mui bem guarnecidos, que foram D. Filipe de Sousa o primeiro dia, o Conde de Pombeiro no segundo (e

ANTOLOGIA: PONTOS DE VISTA E FONTES | 209

este vestiu os criados de veludo) e D. Luís Inocêncio de Castro no terceiro.

Aguaram a praça 20 carros, cada um fingindo sua fábula, todos mui próprios e mui galantes; como também as danças e mais festejos, etc.»

Em Outubro tinha chegado D.Mariana de Áustria, que a 27 casava com D. João V. Ora,

«Veio com a Rainha a cama em que se havia de deitar, a qual tinha El-Rei mandado fazer a Holanda, e lhe custou setenta e cinco mil cruzados, tam rica e tam custosa, que sem se ver a matéria do leito, apenas se conhece a da armação, que o cobre, coberta toda, tecida e bordada de tais florões e relevos de ouro, gentilmente dispostos, que não cabe na explicação a sua preciosidade, e se tem julgado pela obra mais singular e rara em semelhante género.»

Vejamos o reverso da medalha, em Fevereiro do ano seguinte de 1709:

«Continuam as tormentas e chuvas, como o ano passado, e no mar e na terra se sentem os seus estragos; não menos sentem as gentes a falta de pão, o qual já aqui pelo termo se vende a dez tostões, de cujo preço em Lisboa cuido que não há ninguém que se lembre; o que não esquece porém são os banquetes de palácio, com gasto de mil cruzados por dia na mesa do Estado; e com outros tantos nas dos particulares, como os alemães, e outros que el-rei está sustentando à sua custa; e talvez que ignorando semelhante despesa, e não lhe constando o miserável estado de todo o seu reino, que com uma guerra viva e uma fome aberta bem pode temer o terceiro castigo, que já se ameaça nas repetidas doenças e agudas que em toda a parte se sentem, que há lugares daqui fora, que estão meios despovoados, e aqui nesta cidade rara é a freguesia de donde não saia o Senhor fora cada dia repetidas vezes, e rara é a casa que se não veja coberta de lutos. Deus se lembre de nós.»

210 | ESTRUTURA DA ANTIGA SOCIEDADE PORTUGUESA

José Soares da Silva, *Gazeta em forma de carta*, 1701-1716, ed. Biblioteca Nacional, Lisboa, t. I, 1933, pp. 179, 176 e 187.

QUEM PERTENCE À FIDALGUIA E À NOBREZA

Para discutir quem tem direito a requerer a instituição de morgado, o jurista Manuel de Almeida e Sousa de Lobão averigua primeiro quem são os fidalgos e as pessoas da nobreza:

«§ 6
Permite porém o § 15 (primeira excepção da geral proibição) "se recebam requerimentos para instituições de morgados, sem que os suplicantes sejam Fidalgos, ou pessoas de distinta Nobreza". Neste Reino há diversas espécies de Fidalgos (além dos títulos de Duques, Marqueses, Condes, Vice-condes e Barões), como são Fidalgos de Solar, Fidalgos de Solar conhecido, Fidalgos de Cota de Armas, como largamente expõe Pinto Ribeiro no *Tratado sobre os Títulos da Nobreza de Portugal*. Também há Fidalgos Cavaleiros, Fidalgos Escudeiros, Moços Fidalgos, Cavaleiros Fidalgos, Escudeiros Fidalgos, como largamente se pode ver no nosso Moraes *de Execut*. L 4 C. 8. n.º 71 *et seqq*. E em ambos estes Doutores se poderão ver estas diversas jerarquias e suas respectivas honras e prerrogativas; porque a matéria de que trato e a brevidade que me proponho não permite essa exposição.

§ 7
Pode pois duvidar-se 1.º Se o § 15 na generalidade da palavra *Fidalgos* compreende todas estas espécies para a permissão da instituição dos vínculos? Parece que sim: 1.º Porque o genérico da palavra compreende todas as suas espécies, Barboz. et Tabor. L. 7 C. 9 Axiom, 9. 10 et 12; *Maxime* quando 2.º a Instituição dos vínculos é favorável e interessante ao Estado: (Cap. II). E muito mais quando todas, e a ínfima das espécies destes Fidalgos não tem menos Nobreza do que as outras a que nos §§ 16 e 17 se permite esta honrosa liberdade e faculdade,

como em similhante caso argumenta o citado Pinto Ribeiro a pág. 130 et 132.

§ 8

Pode ainda mais duvidar-se 2.º Se na palavra *Fidalgos* para este, e outros mais favores e privilégios concedidos aos Fidalgos se compreendem os de Cota de Armas. Thomé Valasc. *All.* 13 n.º 239 e com ele Moraes, *de Execut.* L. 4 C. 8 n.º 106, dizem que não são propriamente Fidalgos, nem se compreendem na geral nomenclatura de Fidalgos, não gozam de homenagem, etc. Porém esse erro de Thomé Valasc. e de Moraes, que o seguiu, está nervosamente confutado, não menos que com as Leis Pátrias, por João Pinto Ribeiro, *supra pag. (mihi)* 130 e seguintes.

§ 9

Pode duvidar-se 3.º Quais são as pessoas *de distinta Nobreza,* a que esta Lei permite a faculdade de instituírem vínculos? Eu vejo neste Reino, e nos Doutores recapitulados por Cordeiro *Dub.* 21 a n.º 1, e outros, admitidos um meio Estado de Nobreza entre pessoas da Plebe e Nobreza. Eu vejo uma simples Nobreza, que já excede esse meio Estado, como aquela que adquirem as pessoas, que relata a *Ordenação* L. 4 tít. 92 e a cada passo expõe os Doutores, *maxime* Moraes *dict.* C. 8, Carvalho de *Testam.* P. I. Eu vejo outra Nobreza mais distinta por Pais, Avós, etc., superior não só ao meio Estado, mas à simples Nobreza. E portanto é o objecto da dúvida se a Lei, que requer no impetrante da graça uma *distinta Nobreza,* requer a que é distinta daquela que coloca no ínfimo grau; ou se satisfaz com a mesma, que já é distinta de meio Estado?

§ 10

Parece-me que a Lei no § 15 trata dos que têm Nobreza hereditária; em diferença do § 16 em que vai permitir o favor aos que a têm por si mesmos, adquirida pelas próprias virtudes. Portanto a Nobreza distinta, de que fala o § 15 deve ser uma hereditária, antiga, distinta do primeiro grau, de que

212 | ESTRUTURA DA ANTIGA SOCIEDADE PORTUGUESA

fala a *Ordenação* Liv. 4 tít. 92, uma Nobreza equiparada à de qualquer Fidalgo.

§ 11

Permite também o § 16 da mesma Lei (segunda excepção da geral proibição) "os requerimentos daquelas pessoas, que se tiverem feito dignas desta útil e louvável aplicação ao Comércio, à Agricultura, ou às Artes Liberais".

§ 12

Pelas armas principam a ter Nobreza ainda mesmo "os capitães das Companhias das Ordenanças, e sargentos delas" pelo Regimento das Companhias § 45. Com tanto que vivam nobremente com bestas e criados, sem emprego em exercícios rústicos e mecânicos; veja-se Moraes L. 4 C. 8 n.º 13; e todos os mais oficiais da Milícia e Tropa Viva, que relata o mesmo Moraes n.º 12, 14 e 15.

Pelas Letras adquirem neste Reino Nobreza segundo as nossas Leis os Doutores em Teologia, Direito Canónico, Civil, e Medicina; os Licenciados, os Ministros, Juízes de Fora, e Superiores; porque todos servem ao Estado: Moraes a n.º 17; os Bacharéis, que advogam nas relações, ou no Reino com distinção em ciência e honra, à excepção dos rábulas, como com os mais reinícolas comprova o citado Moraes. Não menos os Médicos, como acaba de mostrar Moraes n.º 17. Aos quais com Guerreiro *For. Q.* 20 a n.º 25 acrescento os que em benefício público se propõem trabalhos, como este, em que me estou ocupando; trabalhos, que Guerreiro defende serem dignos de remuneração.

§ 13

Pelo Comércio: Mas não basta qualquer Comércio para ser interessante ao Reino e à Coroa, e para nobilitar ao comerciante. Não basta ser um negociante de retalho, de pequeno trato, etc. É sim preciso, como depois declarou o mesmo Legislador na Lei de 29 de Novembro de 1775 que sejam negociantes de grosso trato para se colocarem em grau de

ANTOLOGIA: PONTOS DE VISTA E FONTES | 213

Nobreza; é preciso que sejam matriculados e com os mais requisitos da Lei seguinte a esta de 30 de Agosto de 1770. Veja-se Moraes L. 2 C. 8 n.º 54, Carvalho *de Testam.* P. 1 a n.º 462, *Nobiliark. Portug.* C. 20.

§ 14

Pela Agricultura: Esta com efeito é a aplicação mais interessante à República, e digna dos maiores favores e privilégios, Gall. *de Fruct. Disp.* 9 art. 3 *optime* Leizer *Jus Georg.* L. I C. I et L 3 C. 8 e muito bem o moderno Nunes de Oliveira *Discurs. Jurid. Econom. Poltic.* § 1, e na sua nota; condiz a Lei de 4 de Fevereiro de 1773, e o Decreto de 15 de Junho de 1756. Lei do 1 de Abril de 1757. Director dos índios do Pará § 17, confirmado pelo Alvará de 17 de Agosto de 1758. Mas de que Agricultura, e aplicação a ela fala esta Lei? Não é daquela, a que se aplicam os lavradores das províncias da Beira, Minho, Trás-os-Montes, Estremadura, que comummente são lavradores pobres, trabalham por si e com seus criados, etc. Fala sim a Lei dos lavradores da Província de Além-Tejo, que têm ranchos de criados, muitas juntas de bois, semeiam muitos moios de sementes, etc. Estes sim são os de que fala a Lei; estes os que pela aplicação à Agricultura se fazem Nobres, e com as riquezas, que por ela adquirem. Veja-se Guerreiro *Tr.* 2 L. 1 C. 3 a n.º 20. Estes são, e não os das outras Províncias, que podem instituir vínculos em fundos que rendam o que a Lei requer que rendam nas diversas Províncias: uma riqueza tal por si bastaria para constituir Nobre o lavrador, que com ela se trata nobremente.

§ 15

Pela útil e louvável aplicação... ou às Artes Liberais: Tais são a Gramática, Retórica, Lógica, Aritmética, Música, Geometria e Matemática, Pereira *in Elucidar* n.º 128; outros juntam a Poética e Arquitectura, Moraes L. 4 C. 8 n.º 19 et 62. Estes vivendo nobremente o mais que adquirem de Nobreza é um meio Estado, como com Carvalho *de Testam.* P. 1 a n.º 325, Moraes d. n.º 62. Porém esta Lei os eleva a maior grau de

214 | ESTRUTURA DA ANTIGA SOCIEDADE PORTUGUESA

Nobreza; porque a felicidade das Monarquias depende da cultura das Ciências, Alvará de 28 de Julho de 1759, no princípio: Elas são o meio de conservar a Religião e a Justiça na sua pureza e igualdade: dict. Alvará. Os que mais se adiantam nas Ciências devem louvar-se pùblicamente para se animarem. Carta do Restabelecimento do Real Colégio de Nobres T. 2 § 4. E os homens doutos dão crédito à Nação, como diz a mesma Carta no princípio. É porém necessário que estes professores das Artes Liberais se façam distintos, e que, no sentir da nossa Lei, a sua aplicação a elas se faça útil ao Estado, e não fiquem nos termos de inúteis. Se bem que, qual será um destes artistas, que chegue a ter bens, e tamanho fundo, que possa instituir um vínculo com os rendimentos que a Lei requer?»

Lobão, *Tratado Prático de Morgados*, Lisboa, 2.ª ed. 1814, cap. 3.

QUEM NO SÉCULO XVII
SEGUE ESTUDOS UNIVERSITÁRIOS

«Tem as escolas, além destes, um bem, que favorece esta opinião, e é que de ordinário os que as buscam, ou são filhos segundos e terceiros da nobreza do Reino, que, por instituição dos morgados de seus avós, ficaram sem heranças e procuraram alcançar a sua polas letras; ou são filhos dos homens honrados e ricos dele, que os podem sustentar com comodidade nos estudos; ou religiosos escolhidos nas suas províncias, por de mais habilidade e confiança para as letras».

Francisco Rodrigues Lobo, *Corte na Aldeia* e *Noites de Inverno*, 1619, Diálogo 16.

No Alentejo, dos habitantes, «são lavradores os mais deles, poderosos em fazendas»; «dos filhos, sustentados com elas nos estudos do Reino, estão cheios os tribunais – por elas chegam a ministros, havendo de ser lavradores».

ANTOLOGIA: PONTOS DE VISTA E FONTES | 215

Faria e Sousa, *Europa Portuguesa* (reinado de Felipe III), t: III,
Parte III.

E O QUE ESTUDA NA UNIVERSIDADE

O historiador A. C. Ribeiro de Vasconcelos compôs o quadro dos alunos matriculados na Universidade de Coimbra de
1573 a 1772 por Faculdades:

Faculdade	N.º total de alunos	%
Teologia	10 138	3,2
Cânones	237 860	76,2
Leis	42 269	13,5
Medicina	21 842	6,9
Soma	**312 109**	

Note-se que:

a) O curso de Cânones habilita tanto para os cargos da Igreja
como para os do Estado, e magistratura e advocacia nos dois foros;

b) O curso de Leis habilita só para os cargos do Estado e magistratura e advocacia no foro civil. Estes dois cursos totalizam 89,7%
dos estudantes.

A INQUISIÇÃO CONTRA A BURGUESIA

Estamos em Elvas em 1661. Eis como o Conde de Atouguia
descreve ao rei a feição social da cidade e a sua situação de abastecimento durante estas campanhas das Guerras da Restauração:

«Os moradores desta praça de cabedal [isto é: os que têm
cabedal, dinheiro] têm mantimento para mais de um ano; os
menos ricos, para mais de seis meses; os necessitados, se têm
famílias, se mandam despejar, se as não têm, com suficiência
de servir são praças que ajudam à defesa.

A cidade faz um celeiro de duzentos moios, e eu do
que meto na praça demais do mantimento que em um sítio

216 | ESTRUTURA DA ANTIGA SOCIEDADE PORTUGUESA

[= cerco] ela não pode gastar, pelos persuadir e mostrar a benevolência do ânimo de Vossa Magestade, lhes ofereço cem moios.

Gente rica e mercadores, de que havia abundância, para poder seguir o que Vossa Magestade mandava tivessem mantimentos para sustentar o mais povo, não há ao presente nesta praça, que as diligências do Santo Ofício têm de todo assolado.»

Elvas, 10 de Março de 1661. Em *Cartas dos Governadores da Província do Alentejo a el-Rei D. Afonso VI, Lisboa*. Academia Portuguesa da História, t. III, 1940, p. 122.

Durante toda a Restauração o Santo Ofício combateu contra a independência de Portugal, perseguindo os meios de negócios em que a realeza se apoiava. Trata-se não só de posição política (veja-se o nosso esboço «Restauração» no t. II de *Ensaios*), mas também de luta da ordem tradicional, nobiliárquico-eclesiástica, contra o desenvolvimento da burguesia.

O BAIXO NÍVEL DE VIDA
DAS CLASSES POPULARES

Em 1580 vêm a Lisboa dois enviados de Veneza, Tron e Lippomani, cumprimentar Filipe II pela conquista de Portugal. Do relato da sua viagem vê-se que os impressionou a pobreza do povo português. Eis o que dizem, relativamente a Lisboa – e a capital atingia sem dúvida nível de vida superior ao das províncias:

«A gente miúda gosta que lhe dêem o tratamento de *senhor*, manha esta comum a toda a Hespanha. Vivem parcamente, porque a plebe pela maior parte é pobre, e os cavaleiros que se têm em conta de ricos fundam a opinião da sua riqueza em possuírem uma ou duas aldeias, com trinta ou quarenta vizinhos cada uma, no meio de campinas estéreis com vinte ou trinta folhas cultivadas, e o tudo o mais inculto, áspero

ANTOLOGIA: PONTOS DE VISTA E FONTES | 217

e coberto de pedras, com alguns casebres mesquinhos e mal concertados, como eu o experimentei durante muitas semanas daquela viagem.

Poucas pessoas se dão aí às letras; mas aplicam-se muitos ao comércio, género de vida aborrecido nos nobres, que não podem ouvir falar em tal, tendo por gente vilíssima os mercadores. Exercitam-se aparentemente nas armas, e algum tanto em cavalgar, contentando-se com ter leves princípios destas duas profissões, sem quererem suportar mui diuturno exercício.»

....

«O povo miúdo vive pobremente, sendo a sua comida diária sardinhas cozidas, salpicadas, que se vendem com grande abundância por toda a cidade. Raras vezes compram carnes, porque o alimento mais barato é esta casta de peixe que se pesca em notável cópia fora da barra, como se pesca muito outro de todas as qualidades e muito grande; mas em geral menos gostoso do que o das águas de Veneza, e tão caro que faz espanto aos estrangeiros e custa muito aos naturais, que passam mal pelo preço excessivo de tudo o que serve para sustento. Comem os pobres uma espécie de pão nada bom, que todavia é barato, feito de trigo da terra, todo cheio de terra, porque não costumam joeirá-lo, mas mandá-lo moer nos seus moinhos de vento, tão sujo como o levantam da eira.» «Nutre-se também a gente pobre de fruta, que abunda muito e é baratíssima.»

Publicado por A. Herculano, em *Opúsculo*, t. VI, pp. 121-124.

Em 1734, o cardeal da Mota, que servia de primeiro-ministro a D. João V, redigiu um Parecer sobre a instalação de uma fábrica de sedas. Entre as vantagens que daí resultarão e aquelas de que a instalação beneficiará, vem evidentemente o que respeita à mão-de-obra:

218 | ESTRUTURA DA ANTIGA SOCIEDADE PORTUGUESA

«Porque para o Norte nenhum outro Reino tem tanta gente ociosa e pobre por falta de emprego, o qual acharão nas fábricas.»

Publicado por Jorge de Macedo, *O Pensamento Económico do Cardeal da Mota*, na «Revista da Faculdade de Letras de Lisboa», III série, n.º 4, 1960, p. 92.

O desemprego e o baixo nível de vida das classes trabalhadoras caracterizam portanto a sociedade portuguesa, em contraste com as sociedades da Europa setentrional.

Em 1782 o intendente-geral da Agricultura, D. Luís Ferrari de Mordau; analisa as causas da decadência da agricultura portuguesa e propõe a sua modernização. Entre aquelas, destaquemos agora as que interessam ao nosso propósito:

«1 – Abatimento dos lavradores.
....
4 – Pouca gente de trabalho nos campos.
....
8 – Muita família pobre, e muita preguiça.
....
10 – Muitos vadios, muitos criados, muitos ociosos e muitos soldados extrahidos da lavoira.
....
12 – Muitos dias feriados, e muito vagar nas obras.»

Despertador da Agricultura de Portugal, 1782, ed. Amzalak, Lisboa, 1950, pp. 80-81.

O desemprego e o desemprego disfarçado, com os consequentes ranchos de mendigos e malandragem, mas também a pobreza geral; um sector de serviços – domésticos, de ostentação – hipertrofiado. No cap. 8 Mordau propõe precisamente que se despeça a maior parte da criadagem e vá cultivar os campos, e se mobilizem para o trabalho «os vadios, licenciados, e pobres de profissão, por outro

ANTOLOGIA: PONTOS DE VISTA E FONTES | 219

modo, vagabundos, e mendicantes, e mulheres públicas de má vida»
(pp. 119-122); e para calcular o âmbito da assistência pública, analisa
a situação do País (§ 22 desse cap. 8):

«Suposto pois, que por ser em grande número a Pobreza
do Reino, principalmente nos campos, onde na verdade tudo
é pobreza, seja a vintécima parte da Povoação, o que se deve
recolher de gente mendicante, vagabunda para se repartir
pelas Casas de Misericórdia...»

E no § 33 volta ao tema:

«porque posto não sejam os pobres, mendicantes, como
vai dito, senão a vintécima parte da Povoação, se esta é de
três milhões, eles são cento e cincoenta mil, os quais é bem
certo que para viverem, comem, e não se podendo suputar
o consumo e despesa de um por outro na miséria em que
agora estão, a menos do ínfimo valor de um pão de arrátel
por dia, entre os bocados e sopas e dinheiro que recolhem, é
por conseguinte o mesmo número de cento e cincoenta mil
arráteis de pão por dia, que reduzidos a grão, e medida entre
trigo pesado e leve, fazem o milhor de sete mil e quinhentos
alqueires, e estes anualmente perto de cincoenta mil moios,
que valem sempre três milhões de cruzados, o emprego com
mendicantes e gente inútil, para não professarem senão vícios,
destrubos [– distúrbios] e crimes, quando para a parte da
Nação útil e virtuosa, não há no Reino o pão suficiente.»

Assim, em todo o Portugal impera a miséria, e nomeadamente
nos campos, com a consequente mendicidade e vadiagem. Estima-se
o número de mendigos em 5% da população total – nuns 150 000
indivíduos, uma vez que esta é de 3 milhões.

Mas há mais: entre as classes trabalhadoras, nos campos, avultam
os simples assalariados. Sublinhando a vantagem de intensificar o
trabalho, escreve Mordau:

220 | ESTRUTURA DA ANTIGA SOCIEDADE PORTUGUESA

«Ganha nisto o Estado, porque se faz tudo mais depressa, há dobradas reproduções, e corre mais dinheiro; sendo certo, que se cem dias de trabalho na cultura produzem mil moios de trigo, duzentos dias produzirão dois mil moios; como tãobem, se cem jornais de trezentos mil jornaleiros, que poderá haver em toda a extensão do Reino, fazem circular nele, a razão de oito vinténs a seco uns por outros, doze milhões de cruzados, duzentos jornais ao mesmo preço farão circular vinte e quatro milhões, o que ainda mais mostra as vantagens dos dias de trabalho.» (§ 5 do cap, 16)

Os assalariados representam pois 10% da população total, uns 300 000 (por 1820 o coronel Franzini estima-os, na agricultura, em uns 215 000 jornaleiros; mas a este número haveria que somar pelo menos os 35 000 pastores). Ressalta o enorme desemprego disfarçado, pois o intendente considera norma muito menos de 100 dias de trabalho por ano, e já uma boa hipótese a de 200; neste caso, o jornal do assalariado agrícola equivaleria a 4 pães de arrátel por dia, ou seja, 4 vezes o nível do mendigo...

Por tal ordem de razões é que Herculano, estudando em 1874 as causas da emigração, esse flagelo permanente da nossa história, e encontrando-a na miséria, esse «vício» da economia social de Portugal, sublinha, entre as consequências das extorsões que pesavam sobre os agricultores:

«era o fugir-se à miséria pelo respiradouro das empresas marítimas e das conquistas, que consumiram as forças vivas do Reino e que, enriquecendo-o na aparência, o empobreceram na realidade, convertendo-o num grémio social, cujas feições características foram por séculos o madraço e o mendigo.»

Opúsculos, t. IV, p. 250.

O BAIXO NÍVEL DE VIDA
DAS CLASSES POPULARES

Uma aldeia do Minho em 1919

«O homem do campo não tem pão para todo o ano e são raros os que passam de caldo e pão. Tenho entrado em muitas destas casas: são pocilgas com as enxergas podres. Outro dia, aqui, ao pé, ao Vieira, morreu-lhe a sobrinha tuberculosa. O padre deu-lhe a extrema-unção numas palhas, na terra. Quase todos os jornaleiros têm fugido (1919) para Espanha.

O milho custa cinco mil réis o alqueire, e a Alcina ainda ontem me dizia: – A fome do ano passado, ela que lembre sempre mas que não torne cá. – Tem quatro filhos, e gasta o seguinte de doze em doze dias: rasa e meia de pão, um quartilho de azeite, algumas couves e batatas. Os homens velhos, sobretudo, fazem-me pena. Quase todos têm morrido este ano de fome. Não desta fome dos que não têm nada que comer; caldo e pão comiam, mas um pão escasso, um pão amargo, um pão que lhes fazia chegar as lágrimas aos olhos. Perguntava-se: – De que morreu o Bernardo, pedreiro? – Ouvia-se dizer: De fome. – As mulheres resistem mais, mais habituadas à desgraça. Algumas chegam aos noventa anos, como a Cristina que vem aqui pedir à porta, e que ainda hoje me disse que tinha parido vinte filhos. Piedade é uma palavra. Se a natureza é áspera, o homem é avaro. A geada destrói num dia os frutos de todo o ano (1918), e não há gritos nem súplicas que enterneçam o céu. Toda a gente poupa uma migalha e mete-a no fundo da arca, para não se haver com a fome, e o próprio amor está de tal forma ligado à natureza bruta que os moços não casam sem terras para fazer.

Ao lado destes jornaleiros e cavadores, enfileiram os operários, que não ganham também para comer, porque as mulheres têm filhos às ninhadas como os ratos. Refiro-me principalmente aos pedreiros, que foram sempre da minha predilecção – geração formidável que há séculos vem rachando a alvenaria para edificar a casa, erguer os socalcos e lagear as eiras. São homens só ossatura e pele, que na mesma cantilena – ou pedra-ou-oupa – lá têm erguido as cabanas de todos estes arredores. É o Tôrto, o Carvalhôa, o Bernardino, quase todos da mesma família, alguns velhos de poucas falas, e os filhos, que vão sucedendo aos pais no mesmo mister de cortar a lage e aperfeiçoar a pico e a cinzel, sempre cantando e trabalhando – ou pedra-ou-oupa-lá – para no fim da vida acabarem de fome. É a sorte que espera o cavador e o jornaleiro, logo que não podem trabalhar.

Lá vão pelas estradas, deformados pela terra, com uma doença especial (pelagra) do milho bolorento e da humidade das camas onde chove. O lavrador, por um hábito secular, entrega ao senhorio, no fim de cada ano, quase tudo o que a terra produz.»

Raul Brandão, *Sombras Humildes* (Nespereira, Novembro de 1919), em *Seara Nova*, n.º 1, de 15.X.1921. Reproduzido em *Seara Nova – Antologia*, vol. II, Lisboa, 1972, pp. 386-388.

OS EMIGRANTES

por Jaime Cortesão

Partir é quase morrer.
Pode ser pra nunca mais:
Dentro do peito a bater
Um sino toca a sinais.

Ir no vapor, embarcar...
Custa pouco, vai depressa;
Mas a saudade é um Mar,
E esse nunca se atravessa!...

A fome bateu-me à porta;
Oiço os filhos!. .. Pedem pão!...
Voz tão funda, que me corta,
Me retalha o coração!

Quem canta espalha a tristeza,
Suas mágoas acomoda;
Pobre terra portuguesa,
Deitas os filhos à roda!

Mal tu dirias então,
Oh! Pedro Álvares Cabral,
Que descobrias o pão
À fome de Portugal!

Oh! Mar, oh! chão agoirento,
Sementeira de presságios,
Anda-te a cavar o vento
Prá colheita dos naufrágios.

Correr por gosto não cansa.
— Em mim se prova o ditado:
Eu corro e não tenho esperança.
Vou a cair de cansado.

Oiço os filhos!... Que aflição!
E eu no vapor, pelo Mar...
Se hei-de morrer de paixão.
Vou-me deitar a afogar!

Oh! Mar, sagrado ladrão,
Diz a cantiga do Povo:
Tem ao menos compaixão.
Vê o que fazes ao roubo.

Se a mim me tirares a vida,
Olha: desfaze-me em água:
Seja eu onda, toda a vida,
A chorar de frágua em frágua!

224 | ESTRUTURA DA ANTIGA SOCIEDADE PORTUGUESA

Ou atira-me à coberta,
Longe da face do Mundo,
Duma nau da Descoberta,
Das que tu guardas no fundo...

Serei assim sepultado,
Mais que na aldeia natal.
Em chão remido e sagrado
Da terra de Portugal!

Obras Completas, vol. XI – *Poesia I* (Lisboa, 1967), pp. 149-151.
Pertence ao conjunto «Alma do Povo», de que as outras poesias são: «A mulher grávida», «O cavador» e «Desgraçado por amor». Inserto em *Glória Humilde*, 1914.

A MÃO-DE-OBRA ÍNFIMA
IDEOLOGIA E REALIDADES

Durante o Antigo Regime, enquanto milhares de portugueses têm de emigrar todos os anos, à metrópole afluem os escravos e nas colónias o trabalho destes «instrumentos com voz» é muitas vezes a base do desenvolvimento económico. O escravo é contado entre o gado e as cousas. Eis um conhecimento de entrega de carga assinado pelo futuro governador da Índia, em 1507:

«Afomso d'Albuquerque capitam desta armada delRey nosso senhor digo que he verdade que Pêro da Fonseca me emtregou homze carneyros y quatro vacas e vinte escravos e huns poucos de lymões e porque he verdade que me emtregou lhe dey este conhecimento por my assinado feito a oito dias do mês de fevereiro de mil quinhentos e sete.»

Em *Cartas de Afonso de Albuquerque*, Lisboa, ed. da Academia das Ciências, t. I, 1884, p. 50.

ANTOLOGIA: PONTOS DE VISTA E FONTES | 225

A escravização, o trato e o emprego da escravatura fundavam-se ideologicamente na ideia de justiça da guerra aos infiéis e no propósito de salvação das suas almas. Eis como em 1555 o P.e Fernando Oliveira confronta tais justificações com a prática efectiva:

«Onde se deve notar, que nam a todos os infiéis nem sempre podemos justamente fazer guerra, segundo a sancta madre Igreja em seus decretos determina. Nam podemos fazer guerra justa aos infiéis que nunca fôrão cristãos, como sam mouros e judeus e gentios, que conosco querem ter paz, e nam tomaram nosas terras, nem per alguma via prejudicam à cristandade. Porque com todos é bem que tenhamos paz se for possível, como diz o apóstolo Sam Paulo e pera isso de nosso parte façamos quanto em nós fôr qua [= porque] de nós se espera exemplo de paz e paciência fundada em fé que Deus nos vingará e fará justiça. Isto havemos de ter com os que nos mal fezerem, sofrer quanto em nós for, e esperar a justiça divina, quanto mais com aqueles que bem se derem conosco. Os quaes milhor converteremos à fé, e mais edificaremos nela com exemplo de paz e justiça, que com guerra nem tirania. Tomar as terras, empedir a franqueza delas, cativar as pessoas daqueles que nam blasfémão de Jesus Cristo, nem resistem à pregação de sua fé, quando com modéstia lha prègão, é manifesta tirania.

E não é nesta parte boa escusa dizer, que eles se vendem uns a outros, qua [= porque] nam deixa de ter culpa quem compra o mal vendido e as leis humanas desta terra e doutras o condénão, porque se não houvesse compradores não haveria maus vendedores, nem os ladrões furtarião pera vender. Asi que nós lhe damos ocasiam pera se enganarem uns a outros e se roubarem, e forçarem, e venderem poylos imos [= pois que os vamos] comprar, o que não fariam se lá não fôssemos a isso, nem jamais o fezeram senam despois que os nós a isso induzimos. Nós fomos os inventores de tam mau trato, nunca usado nem ouvido antre humanos.

Nam se achará nem rezam humana consinte, que jamais houvesse no mundo trato púbrico e livre de comprar e vender homens livres e pacíficos, como quem compra e vende alimárias – bois ou cavalos e semelhantes. Assi os tangem assi os constrangem, trazem e levão e provão e escolhem com tanto desprezo e ímpeto, como faz o magarefe ao gado no curral.

Nam sòmente eles, mas também seus filhos, e toda geração, despois de cá nascidos e cristãos nunca têm remissam. Já que damos a isto cor de piedade cristam, dizendo que os trazemos a fazer cristãos, nam seria mal usar com eles dessa piedade, e dar-lhes algum jubileu despois de servirem certo tempo limitado por lei. Mas bem sei que dizem algumas pessoas; se forem forros [= libertos] serão ladrões; porém nam adevinham bem, mais certo diriam, que eles sam os que os nam querem deixar de ser ladrões do serviço alheio. Façamos nós o que devemos, e eles sejam os que forem, que para isso ha justiça na terra pera castigar os maus.

Torno a dizer da cor piadoso que damos ao cativeiro desta gente, que a mim parece cor e nam razão suficiente pera nos escusar de culpa. Dizemos que os fazemos cristãos e trazemos a estado de salvaçam, e as almas valem mais que o serviço e liberdade corporal, e pois lhe ministramos espiritualidades nam é muito receber deles temporalidades. Assi o diz Sam Paulo. Mas nós nam temos a mesma rezam que Sam Paulo, nem semelhante, porque nam se faz assi como dizemos, nem como ele fazia. Os que vam buscar esta gente, quanto ao primeiro, nam pretendem sua salvaçam e consciência, porque se lhe tirarem o interesse não iram lá, e Sam Paulo pretendia mais salvaçam dos homens que o próprio interesse. Item, nós tomamos a estes as liberdades e vidas per força e engano, e Sam Paulo pedia àqueles esmola e subsídio voluntário de suas fazendas, o que eles quisessem.

Quanto mais que muitos nem ensinam a seus escravos como hã de conhecer nem servir a Deus, antes os constrangem fazer mais o que lhe eles mandão, que a lei de Deus nem da sua Igreja, tanto que nem os deixão ir ouvir missa, nem evangelho, nem sabem a porta de igreja pera isso, nem guardam domingos nem festas. Entam os mandão ò rio e à fonte e caminhar e fazer outros serviços. É seu cativeiro tanto mais

ANTOLOGIA: PONTOS DE VISTA E FONTES | 227

atribuído ao serviço de seus amos que ao de Deus, nem sua salvaçam, que se lhe mandam ferir ou matar, ou fazer qualquer outra cousa contra a lei de Deus, nam duvidão fazê-la. Nem lhes cumpre, porque assi lho ensinão, e assi lho mandão, e os constrangem fazer, e nam lhes ensinão lei de Deus, nem caminho de salvação. Pois quais sam as espiritualidades que lhe ministrão? O bautismo? Esse devem eles a Deus, e nam a seus amos, os quaes nem procuram por lho dar, nem sabem se sam bautizados. E, mais, estas cousas nam se devem ministrar por interesse, que Sam Paulo não nas faria por isso, mas pedia sustentamento, e às vezes o dava por caridade nas necessidades suas ou alheas.»

Fernando Oliveira, *Arte da Guerra do Mar*, 1555, parte 1.ª, cap. IV (reed. do *Arquivo Histórico da Marinha*, 1937, pp. 23-25). Ortografia simplificada, e abertura de parágrafos.

Eis o testemunho de um italiano em 1578, quanto ao que viu em Lisboa;

«É miséria il vedere com é [os escravos] sono quà condotti, chè sopra una nave ne saranno 25, 30 e 40, e tutti stanno qui sopra coverta ignudi, addosso luno allaltro; e sopra tutto si accostumano molto astinenti, che sino a qua danno loro da mangiare del medesimo di che vivono nella terra loro, che sono certe barbe come quelle del ghiaggiuolo, che crude e cotte, chi non lo sapesse, le giudicherebbe castagne.

Smontati in terra, stanno a una *solicandola* a turme, e chi ne vuol comperare vá quivi e guarda loro la bocca, fa distendere e racorre le braccia, chinarsi, correre e saltare, e tutti gli altri movimenti e gesti, che può fare un sano, che, considerando in loro la natura comune, non può essere che non se ne pigii spavento; e il prezzo loro è da 30 fino a 60 ducati l'uno.

Non mi pare da lasciare di contare a V. S. quello che mi fece restare attonito, considerando la miséria loro e la inumanità del padrone. Sopra una piazza erano in terra forse 50 di questi animali, che facevano di loro loro un cerchio; e'piedi

228 | ESTRUTURA DA ANTIGA SOCIEDADE PORTUGUESA

erano la circonferenza, e'l capo il centro: erano l'uno sopra l'altro, e tutti facevano forza d'andare a terra. Io m'accostai per vedere che giuoco fosse questo, e veggo in terra un grande cattino di legno, dove era stata dell'acqua, e que'miseri stavano, e si sforzavano di succiare i centellini e leccare l'orlo; e da loro, si nell'azione come nel colore, a un branco di porci che si azzuffino per ficcar la testa nel brodo, non era nessuna differenza.»

Sassetti, *Lettere*, pp. 126-7.

O Regimento da Casa da Guiné, em 1509, no seu cap. 23 (ed. Damião Peres, Coimbra, 1948, pp. 28-29) fixa a «maneira como se terá com os escravos que vem de Guiné». Ancorado o navio, os oficiais da Casa sobem a bordo, verificam os livros, e depois o feitor

«fará logo tirar sobre cobertas todolos escravos que no tal navio vierem, e os ditos Escrivaens assentaram logo todos em suas imentas sobre o dito nosso Tezoureiro, pera por elas serem depois levados aos livros de sua recepta, com declaração dos preços em que depois forem avaliados, y os tiraram em terra com qualquer mercadaria y ouro nosso [do rei] que hi vier...»

Desembarcados, logo nesse dia ou no seguinte

«o dito nosso Feitor, com os ditos Tezoureiros, Escrivaens, irão avaliar os dito escravos, scilicet [= isto é], cada peça por si em sua justa valha segundo melhor entenderem; escreveram os preços, que lhe forem postos, em escritos de purgaminho que se lançaram aos pescoços dos ditos escravos, pera se saberem polo escrito de cada um a valha que tem; e feita a dita avaliação, o ditto nosso Feitor a fará logo assentar no livro da recepta do dito almoxarife, na adição da recepta dos ditos escravos, scilicet, que os ditos escravos da vinda de tal navio valem por suas avaliaçoens tantos mil reis»

Ortografia simplificada

ANTOLOGIA: PONTOS DE VISTA E FONTES | 229

Quanto às consequências da vinda de escravos para o Reino, eis o que pensa frei Amador Arrais em 1595-1605:

«Bem me parece o que dizeis, mas essa conquista foi ocasião de uma grande desventura, qual é a multidão imensa de escravos, que se trouxeram a este Reino por falta de conselho e consideração, porque não tendo ele mantimentos bastantes para os naturais, admitiu estrangeiros, com que se deu ocasião a se não poderem agora sustentar uns e outros, havendo no Reino gente bastante para o trabalho dele. Quanto mais que por não haver quem se sirva de escravos, vivem toda sua vida ociosos, e se perdem uns vivendo mal, e outros mendigando, porque não têm outra vida. Antigamente, antes que esta canalha viesse ao Reino, havendo tanta gente portuguesa como agora, nenhuma mendigava, antes seguia pela maior parte a virtude, porque com isso achava agasalhado. Os pobres viviam com os ricos, e os ricos, os sustentavam, e todos tinham remédio para a vida. Tudo isto se perdeu com esta gente vir ao Reino. E o pior, é que muita dela se traz cativa fraudulentamente.»

Frei Amador Arrais, *Diálogos*, Diálogo IV (ed. «Clássicos Sá da Costa», p. 97).

Assim, para frei Amador Arrais, não é o trabalho dos pobres que sustenta os ricos (embora os pobres para os ricos trabalhem), mas sim os ricos que da sua renda sustentam os pobres, os que afinal para eles trabalham.

OS NEGROS NA POPULAÇÃO LISBOETA

O alemão Jerónimo Münzer está em 1494 em Lisboa:

«Ha em Lisboa muitíssimos homens e marinheiros que se empregam nesta navegação para a Etiópia [= Guiné] e é verdadeiramente extraordinária a quantidade de escravos negros

230 | ESTRUTURA DA ANTIGA SOCIEDADE PORTUGUESA

e acobreados que nesta cidade existem. Aqueles que são das cercanias dos trópicos de Câncer e Capricórnio são cor de cobre, e aqueles que são das regiões equatoriais são pretos retintos.»

E ao visitar a ferraria e fornos da fábrica de material naval:

«Eram tantos os trabalhadores negros junto dos fornos que nos poderíamos supor entre os Ciclopes no antro de Vulcano.»

Mas os escravos servem para tudo:

«Há também judeus riquíssimos que se dedicam à venda de quase todas as mercadorias, e que vivem só do trabalho dos seus escravos.»

«Itinerário» do Dr. Jerónimo Munzer, ed. Basílio de Vasconcelos, Coimbra, 1932, pp. 51, 27 e 30.

A meio do século XVI, em 100 000 habitantes, Lisboa conta com quase 10 000 escravos, e no derradeiro quartel do século, o holandês Van Linschotten indica que, numa população já agora superior a 120 000 habitantes, os mouros e escravos excedem 10 000 (cap. 6, p. 178).

Em 1736 observa D. Luís da Cunha:

«as cidades do Brasil não são povoadas desta miserável gente [índios], mas de muitos e bons portugueses, que dela se servem, como em Lisboa nos servimos de negros.»

Instruções a Marco António, ed. da Academia de Ciências, p. 217.

Mas ainda em 1842, eis o que observa o príncipe Lichnowski, a propósito da mania política que teria acometido todos os habitantes da capital:

ANTOLOGIA: PONTOS DE VISTA E FONTES | 231

«Apenas os pobres pretos das possessões portuguesas de África, que passeiam aos milhares pelas ruas de Lisboa, são os únicos que não discutem política, segundo o que me consta; mas também não são tratados como homens pelos portugueses, porém como uma raça ruim de animais domésticos. Caiam, durante o máximo ardor do sol, as paredes exteriores das casas, e no fim das corridas de touros lançam-se contra a fúria exacerbada daqueles animais. Quando chegam a envelhecer, arrastam-se mendigando pelas ruas de Lisboa, contaminados de enfermidades nauseabundas, com barbas encanecidas, que produzem um efeito hediondo, nos seus rostos negros.»

Príncipe Felix Lichnowski, *Portugal – Recordações do Ano de 1842*, ed. por Castelo Branco Chaves, Lisboa, 1946, cap. 2, p. 71.

DIFERENÇAS REGIONAIS

O contraste entre o latifúndio do Sul e a pequena exploração do Norte foi bem notado no século XVII, como notada foi a influência de travão ao desenvolvimento económico que esse regime latifundiário exercia. Eis, por exemplo, o que escreve Severim de Faria em 1624:

«Em Alentejo se pode prover com que haja mais pão, se se mandar pôr lei, que nenhum lavrador possa lavrar mais de uma só herdade, porque de um lavrador lavrar muitas juntas sucedem muitas vezes as esterilidades que ha nesta região, sendo assi que se fora bem cultivada por sua grandeza pudera ela só prover a todo Portugal. Notório é, que tendo um lavrador duas e três herdades, não se pode lavrar tam bem, nem semear nela tanto trigo, como se cultivara uma só, porque é regra certa entre os agricultores que muito mais pão dá uma herdade bem lavrada sendo piquena, que outra mal lavrada ainda que seja em dobro maior, porque muitas herdades juntas não se podem semear bem a um tempo, e assi se perde as conjunções da sementeira fazendo-a tarde e fora de cezão [= sazão, estação do ano] e imperfeitamente de maneira que

232 | ESTRUTURA DA ANTIGA SOCIEDADE PORTUGUESA

qualquer seca e invernada que dipois vem lança a perder a semente que está à frol da terra. Por onde, atribuindo já a isto Catam as esterilidades de Itália, disse por ela, segundo refere Plutarco, *latifundia Italiam perdidere* – que é o mesmo que: por as herdades serem grandes se deitou a perder Itália. E Virgílio aludindo a isso, diz que «se lavrem as herdades piquenas», e os jurisconsultos que «partindo-se as herdades se fazem mais fértis». *Per divisionem ager redditur fertilior.*

Além disto, não lavrando um lavrador mais que uma só herdade, de força se há-de desfazer de muito gado e pão que lhe sobeja, e assi haverá muito mais lavradores e muito mais gado, porque como cada um tiver menos gado, curará milhor dele; e muito mor riqueza é de uma República haver muitos lavradores piquenos que poucos e grandes, como se vê entre Douro e Minho, que não havendo homem que tenha cem ovelhas nem vinte vacas, é muito mais abundante de carne que Alentejo sendo muito menor a região. E as grandes mortandades de gado que ha em Alentejo quasi todos os anos, vêm de cada lavrador ter muito, e não o poder guardar em casas e currais, como fazem em toda a Estremadura, Entre Douro e Minho; e assi deixando-o às inclemências do céu, em vindo qualquer invernada, muitos frios, ou tempo muito seco, morre a mor parte dele, como aconteceu os anos passados e principalmente este próximo, o que não sucedeu do Tejo para aquém, onde por cada lavrador ter pouco, reparou o seu.

E sendo cousa notória que a multidão dos povos em uma província a faz ser muito abundante, pudera-se acudir a Alentejo fazendo-se povoar esta comarca que está pela mor parte deserta. Isto podia ser, ou trazendo colónias da Beira e Entre Douro e Minho, como já conta Estrabo [Estrabão] que os Romanos fizerão neste mesmo Alentejo, ou trazendo-as de fora, como fez elRei dom João 1.º em Lavre e seus vizinhos, ou, o que parece por ora mais fácil, obrigando a que os fregueses das freguesias do campo das vilas e cidades de Alentejo se ajuntem e vivão em casas junto às igrejas de suas freguesias, e com isto ficará Alentejo com mais de 300 vilas muito populosas, e se seguirão todas as conveniências pelas quais os

ANTOLOGIA: PONTOS DE VISTA E FONTES | 233

homens se ajuntarão nos povos em vida política [= civilizada] deixando a agreste, que são haver mais gente, maior comércio, exercitarem-se mais as artes mecânicas e liberais, crecerem os tributos para elRei, evitarem-se os roubos que se fazem nos campos, e o que mais é, evitarem-se grandes pecados escandalosos com que muitos deles vivem nas suas herdadas sem terem mais testemunhas de sua vida que a gente de sua família. E nem por isso se cultivarão menos os campos, pois vemos que em Castela vivem todos os lavradores desta maneira em vilas e lugares, e não há em toda a Estremadura uma herdade, e contudo é das mais cultivadas de toda Castela; e sem lhe vir trigo de fora se sustenta e vende pão a todos seus vizinhos.

Os lugares que em Portugal padecem mor falta de trigo são os marítimos, como Lisboa, Setúbal, Porto, e outros: a rezão é porque nestas partes concorre muito mor número de gente do que pode sustentar a própria terra, e assi não lhe basta o que se colhe nos campos, e é necessário vir-lhe de fóra.»

Severim de Faria, «Arbítrios pera abundância de pam em Portugal» no *Livro de Notícia de Portugal*, Biblioteca Nacional de Lisboa, Fundo Geral, ms. 917, ff. 111-115.

Ortografia simplificada (e modernizada a forma da palavra pam = pão).

O tema é retomado pelo académico Henriques da Silveira, em 1789, que compara o Alentejo e o Minho:

«Não obstante esta providência [concessão às Ordens Militares], a província de Além-Tejo é a menos povoada do Reino: porque tendo trinta e seis léguas de comprimento, e quasi as mesmas de largura, nela se contão sòmente quatro cidades, cento e cinco vilas, trezentas e cincoenta e outo paróquias, e trezentas mil almas; número bem limitado para uma tão grande extensão de país. Não há dúvida que as vilas de Além-Tejo são populosas, e que em número de habitadores excedem a muitas cidades do Reino: porém faltão as aldeias,

234 | ESTRUTURA DA ANTIGA SOCIEDADE PORTUGUESA

e lugares, que são os que fazem crescer o número dos cidadãos, e o dos cultores: pássão-se muitas léguas, nas quais não se descobre uma aldeia, lugar, ou ao menos um casal. Estas pequenas povoações são as que utilizão, e adiantão a cultura do campo, e não as cidades e vilas, as quais entretém grande número de ociosos, inimigos do trabalho, e inúteis para a cultura dos campos.

A província d'entre Douro e Minho, sendo a mais pequena de Portugal, é a que mais tem crescido em número de habitadores: toda ela tem dezoito léguas de comprimento, e onze de largura; não tem mais que três cidades, e vinte cinco vilas; porém as aldeias, e lugares são tantos, que parece ser uma povoação continuada: ela contém novecentos mil habitadores. A vila de Guimarães tem quatro paróquias, nas quais se contão cinco mil almas, porém, o seu termo tem noventa e seis freguesias habitadas por trinta mil pessoas. Todos os aldeãos são cultores [= agricultores], e se emprégão no serviço rural: deste geral cuidado, e desvelo com que os Minhotos se emprégão na cultura do campo, nasce a abundância da província do Minho, na qual não ha terreno inútil; e por esta causa não só sustenta o crescido número de seus habitadores, mas ainda emigrão para outras províncias. Eles casão quasi todos; e por este modo conservão a população no estado mais florente. A emigração anual de muitos milhares de homens, que saiem desta província para se estabelecerem nas outras do Reino, ou nas suas Conquistas, não é sensível; porque a multiplicidade dos matrimónios repara logo aquela perda. A um povo numeroso nunca falta a indústria: assim se observa na província do Minho, aonde se conservão fábricas de cutelaria, de chapéus, e de outras úteis mercadorias: a maior parte dos homens de negócio do Reino e das Conquistas são nascidos naquela província; as mesmas mulheres são laboriosas, ocupando o dia na cultura do campo, no qual ajudão aos maridos, e empregão a noite em fiar linho, fabricando inumeráveis teias de pano, que se vende em todo o Reino, e ainda se exporta para o de Castela.

O contrário se experimenta na província de Alem-Tejo, mais fértil por natureza do que a do Minho; porque dando a

ANTOLOGIA: PONTOS DE VISTA E FONTES | 235

natureza prodigamente os frutos, que bastão para a subsistência dos seus habitadores, deixão a maior parte do terreno sem cultura, e os homens se fazem naturalmente preguiçosos, e faltos de indústria. Esta falta se deve atribuir à da população. A província de Alem-Tejo serve ordinariamente de teatro da guerra entre Espanha e Portugal: ela tem maior número de praças de armas, do que qualquer outra província do Reino, entretém dez regimentos de Infantaria, e quatro de Cavalaria, que é a terceira parte das forças militares do Reino; toda esta tropa se recluta [= recruta] na província, sendo necessário para o fazer, tirar os filhos aos lavradores e cultores, com manifesto prejuízo do público, e havendo-se seguido esta prática por mais de um século, naturalmente se havia fazer sensível a falta de habitadores. Se com atenção se virem as povoações da província, conheceremos, que todas elas (exceptuando as praças de guerra) têm menor número de moradores, do que tinhão nos princípios do nosso século: em todas elas se descobrem edifícios sem habitadores, ou espantosas ruínas, que estão mostrando esta falta. As aldeias e lugares não forão mais privilegiados; porque todos eles vão em decadência, e por esta causa ficão os campos sem cultura, e o Estado sem os frutos, de que necessita para a sua subsistência.»

António Henriques da Silveira, «Racional Discurso sobre a Agricultura, e População da Província de Alem-Tejo», em *Memórias Económicas da Academia Real das Sciencias*, t. I, (1789). 2.ª ed 1885, pp. 43-127 (transcrição, pp. 32-54)

Ortografia simplificada.

LUTAS DE PODEROSOS E MOTIM POPULAR

Estamos em Ovar em 1737. Eis como um neto do visado pelo levante do povo relata os acontecimentos.

António Pereira Valente, familiar do Santo Ofício desde 1729, e alferes da Companhia de Ovar fora o único herdeiro da casa de

236 | ESTRUTURA DA ANTIGA SOCIEDADE PORTUGUESA

Manuel Valente Fragoso; fazia de renda por ano perto de 700 000 reis em pão, de 8 vinténs o alqueire [logo, 4375 alqueires]; foi por muitas vezes juiz ordinário. Em Junho de 1737 os pescadores das praias vizinhas levantam-se contra esta personagem:

«Porque a cauza do motim foy porque émullos de meu Avô mandarão dizer às companhas que trabalhávão no Furadouro, Torreira e Espinho, que o ditto meu Avô fizera lavrar hum Acórdão em que os inibia de servirem na República.»

Esses émulos que maquinaram o levante seriam talvez os filhos do capitão da Companhia.

Em 19 de Junho vieram os pescadores e as mulheres, armados de pedras e paus, direitos à casa de Pereira Valente. Este prevenira-se com muitas armas de fogo e pólvora, criados e caseiros. Deixando a família em casa bem guardada, saiu bem armado e acompanhado, passou pela praça por entre o Povo sem se atreverem a atacá-lo, e foi para casa do juiz ordinário João José Gomes Fontes. O povo quebrou as portas e janelas, de modo que se viram obrigados a retirar-se para a residência do Vigário; daqui de novo o Povo com pedras os obrigou a fugir para a igreja. Vendo Pereira Valente que o Povo se levantava contra ele e sua casa, retirou-se para Vila da Feira. Mas o Povo em motim prendeu o Escrivão da Câmara Manuel de Oliveira Pinho – da nobreza e abastado – e o Procurador do Concelho; mais: foram à Casa da Câmara e lançaram tudo pelas janelas para a praça. Mas não investiram as casas de Pereira Valente com medo das armas.

O motim durou 3 dias. Ao fim desses dias, veio o Ouvidor de Vila da Feira bem acompanhado. Chamou os amotinados à Câmara e fez-lhes ver que o acórdão não lhes dizia respeito, com o que ficaram satisfeitos e sossegados. Entretanto Pereira Valente trouxe cavalaria de Aveiro, cujo intervenção já não foi necessária. Depois veio o Provedor da Comarca de Esgueira devassar: culpou sete homens que fugiram, e aliás não tinham sido os verdadeiros cabeças, pois quanto a estes, como não

ANTOLOGIA: PONTOS DE VISTA E FONTES | 237

aparecaram no levante, nada lhes aconteceu; quem pagou foram os que quebraram e prenderam...

Livro das idades de meus filhos. Também dos nascimentos de meus Avós e algumas antiguidades desta Villa de Ovar. Por António José Pereira Chaves Valente, 1799; depois continuado pelos descendentes. Arquivo da família. Ovar. Ff. 42-45 v.

O POVO LUTA CONTRA
A APROPRIAÇÃO DE PINHAIS

Estamos na região de Ovar, em 1804.

Em Julho de 1804 João Pereira de Sousa, que viera para alcaide de Vila da Feira e depois foi escrivão das sisas, toma posse de metade do Monte que é pinhal.

O povo vem à Casa da Câmara de Ovar em gritos com as mulheres, dizendo que o pinhal era seu, e instando com a Câmara para que representasse este direito ao Príncipe, que os arraizes *(sic)* se obrigavam à despesa. O procurador do Concelho, António Pereira de Lima, promete ir a Lisboa, e efectivamente vai com António José Pereira Chaves Valente, escrivão da Câmara, a fim de fazer recolher o prazo que João Pereira de Sousa obtivera. Acompanham-nos 8 arraizes. São recebidos por Sua Alteza em Queluz, não obstante a ordem de que só receberia dois de qualquer corporação que lhe quisessem falar. Con informação favorável do governador da Relação do Porto, Pedro de Melo Breiner, que estava em Lisboa e a quem falou Chaves Valente, obtiveram decreto a dar-lhes satisfação. A chegada a Ovar deitaram muitos foguetes. E em 29 de Agosto de 1805 é definitivamente resolvido o caso: fica sem efeito o prazo e estabelece-se que o Pinhal nunca se afore a pessoa alguma.

As companhias de pescadores pagaram as cavalgaduras e estalagem e Chaves Valente gastou 10 moedas de sua bolsa.

Livro das idades de meus filhos. Também dos nascimentos de meus Avós e algumas antiguidades desta Villa de Ovar. Começado em 1799 por

238 | ESTRUTURA DA ANTIGA SOCIEDADE PORTUGUESA

António José Pereira Chaves Valente, e depois continuado pelos descendentes. Ff. 92-95 v. Arquivo da família, Ovar.

NO RESCALDO DA PATULEIA

As revoltas populares – de camponeses sobretudo, mas também de massas urbanas – da Maria da Fonte e da Patuleia, nos anos de 1846-1847, não são talvez mais do que as erupções visíveis de movimentos profundos mal conhecidos e que em muitos casos não chegaram a alterar sensivelmente a superfície aparentemente tranquila. Vimos já exemplos de lutas populares no século XVIII e em começos do XIX, à escala local ou de pequena região.

Gentil da Silva teve razão em escrever: «As *jacqueries* [motins camponeses] rebentaram no momento das invasões francesas e da grande confusão que provocaram, confusão de esperanças e de interesses, seguida das atrocidades e vinganças nascidas da guerra. No Noroeste, os camponeses entravam nas cidades, abandonadas pelos homens válidos que tinham partido ao encontro do invasor, tiravam as armas reais das Câmaras, deitavam os móveis pelas janelas, queimavam os arquivos. Fonte de inquietação para os generais ingleses, as milícias populares tinham uma guerra diferente a fazer por sua conta, e continuaram-na até meio do século XIX. Encontramo-las ora ao lado de um, ora ao lado de outro dos partidos *burgueses*.» E em nota explica, luminosamente: «O que permite aos historiadores dizer que não houve revoltas camponesas.»

Annales – Économies, Sociétés, Civilisations, 1969. n.º 2, p. 257.

Vamos ver, possivelmente ainda no rescaldo da Patuleia, um episódio local que revela esse mal-estar das massas, disposto a manifestar-se quando as circunstâncias o favorecerem. O caso passa-se na vila de Ovar.

«Em 4 de Abril de 1848 aniversário dos annos da Rainha D. Maria 2.ª havendo à noute, huma esplendida Illuminação,

ANTOLOGIA: PONTOS DE VISTA E FONTES | 239

huma banda de Múzica, e na Praça de trezentas a quatrocentas pessoas, e nos Paços do Concelho a Camara, e mais authoridádes comigo Secretario da Camara, quando se descubriu o Retracto da Rainha que se acháva collocado em hum trono no meio da Iluminação; chegou a huma das janelas o Presidente da Camara Serafim de Oliveira Cardoso, com alguns Vereadores e entuando na forma do costumes os vivas seguintes = Viva a Rainha a Senhora D. Maria 2.ª = Viva ElRey o Senhor D. Fernando = Viva a Carta Constitucional = Viva a Santa Relligião; Nem hum só viva se ouviu do Povo; nem mesmo correspondido por hum outro rapás de muintos que ali se achávão.

Escusado hé dizer, que todos os Camaristas ficarão pállidos, cheios de espanto, e que se retirarão para suas cázas emediatamente.

Na noute seguinte aparesserão Pasquins – como era de esperar – atrevidos, e análogos ao silencio dos vivas do Povo.»

Livro das idades de meus filhos. Também dos nascimentos de meus Avós, já citado, ff. 98-99.

Sobre a Patuleia, veja-se o artigo de Miriam Halpern Pereira, na Seara *Nova*, n. 1505, Março de 1971.

A AFIRMAÇÃO DOS VALORES BURGUESES – 1834

Culturalmente, a sociedade burguesa, que entre nós está em gestação desde finais do século XVIII sem conseguir sobrepujar a estrutura tradicional, afirma-se acima de tudo pela economia política, que é para ela a base da teoria da civilização. Economia política anti-intervencionista, de unidades independentes em concorrência entre si, supõe e implica a liberdade – política e civil – e a propriedade. Toda a civilização assentaria na troca – de bens e serviços – e pelo desenvolvimento das trocas é que adviria o progresso geral. No Oitocentismo português, esta consciência actuante da burguesia manifesta-se, mais do que em qualquer outro, em Ferreira Borges, o autor do nosso primeiro Código Comercial (1836); as suas *Instituições de Economia Política*, de 1834, são o monumento em que se exprime

240 | ESTRUTURA DA ANTIGA SOCIEDADE PORTUGUESA

a nova ordem de valores. Se quisermos condensar em três nomes o esforço consciente da burguesia portuguesa para moldar à sua imagem a nova estrutura social e civilizacional, nomearemos Ferreira Borges, Herculano e Júlio Dinis. Nas linhas que vão ler-se, chamamos a atenção para a seguinte frase: «Logo este sistema [o constitucional] é uma consequência necessária e infalível do moderno sistema económico»; vê-se que se preparava a atmosfera em que se formou o materialismo histórico.

«Quisemos assim escrever para *todos*, e familiarizar destarte uma ciência [a economia política], que influi e reflecte sobre o bem-estar de cada um, ensinando o modo d'alcançar a prosperidade geral da nação.

Nenhuma nação mais carecedora do estudo e ensino desta ciência do que o nosso Portugal e o Brasil. Nenhum destes dois países saiu ainda da *primeira* época da divisão do trabalho: a *subdivisão* é-lhes absolutamente desconhecida ainda. Neles, neste respeito, há *tudo* a fazer; ao mesmo passo que já tem *dívidas públicas*, já se acham debaixo do peso necessário dos tributos para amortizá-las, já tem necessariamente gravadas as fontes da riqueza, e mores dificuldades portanto a vencer no progresso da sua prosperidade.

Mas as riquezas, que se criam pelo trabalho, se acumulam pelas economias, se aumentam pelas trocas, e renascem com nova força, e aumento pela acção dos capitais e da indústria, nem se podem criar, nem acumular, nem conservar em aumento se não são protegidas e amparadas por garantias legais, isto é, pela segurança das pessoas, e emprego; garantias que só podem obter-se no sistema constitucional. Logo este sistema é uma consequência necessária e infalível do moderno sistema económico. Logo só com ele podem as nações prosperar: sem ele a ciência económica é sem objecto, é inútil: – sem ele a decadência e inteira ruína do nosso Portugal, e do Brasil, é inevitável.

O seu estado pois de dívida e d'atraso não lhes deixa já outro meio de salvação: o serem administrados sob um sistema constitucional tornou-se uma necessidade imperiosa em suas

ANTOLOGIA: PONTOS DE VISTA E FONTES | 241

circunstâncias. É necessário trabalhar para existir e pagar o que se deve: mas não se poderá trabalhar não havendo segurança no produto e liberdade no trabalho.

Eis-aí como o despotismo se suicidou: eis-aí como a liberdade triunfou do arbítrio. O despotismo levou os povos à miséria: a míngua restitui aos povos a liberdade.

Uma ciência pois, que vem dar a mão aos povos na sua desgraça, descarece outro elogio da sua prestância.»

Instituições de Economia Política, Lisboa, 1834, pp. XXIV-XXVI.

«Debaixo deste ponto de vista, a sociedade não consiste, senão numa série contínua de *trocas*, e a troca é uma transacção tal, que os dois contraentes sempre ganham ambos nela. (a)

(a) «O homem, diz o Dr. Whately, pode definir-se um *animal que faz trocas*. Nenhum outro as faz. E é neste ponto de vista só que a Economia política o contempla: *Lectura* 1, p. 6.» [Essa definição figura até em exergo no livro de Ferreira Borges.]

Idem, Prolegómenos, n.° LXIV

«241. Assim o esforço constante, uniforme e nunca interrompido de todo o indivíduo para melhorar a sua sorte; este princípio, que é a origem primitiva da opulência pública, tem muitas vezes poder sobejo, para manter, a despeito das loucuras do governo e erros da administração, o progresso natural das cousas para uma condição melhor.

242. Todavia este esforço dos particulares tem necessidade de ser protegido pela lei.

243. Só onde há *segurança de propriedade*, e o emprego dos capitais é da *livre escolha* de seus donos: – só então é que os particulares serão animados a sujeitar-se às privações as mais duras para compensar por suas economias os atrasos, que a profusão do governo possa ter oposto aos progressos da riqueza nacional.

242 | ESTRUTURA DA ANTIGA SOCIEDADE PORTUGUESA

244. As classes, que em regra contribuem mais para a riqueza nacional pelo meio da economia [= poupança], são, entre nós, os empresários d'indústria, e os que trabalham.»

Idem. liv. II, cap. VIII

«1508... há *duas* sortes de consumos: um industrial ou produtivo; e o outro que o não é.

1509. O consumo produtivo é o *precedente* necessário da produção das riquezas; assim em quanto é bem entendido, é claro que mais ele aumenta, mais multiplica as riquezas.

1510. O consumo, que não é produtivo, destrói as riquezas sem substituição: assim, bem entendido que seja, ele diminui a quantidade das riquezas existentes.

1511. As riquezas, que o trabalhador industrial consome, reproduzem-se com aumento; as que o consumidor improdutivo consome não se reproduzem: elas são perdidas para a riqueza nacional.

....

1514. Quem se não assenhoriar bem desta distinção não pode conceber como as riquezas teriam saída, se os ricos se limitassem sem consumos. As riquezas seriam sempre consumidas e, o que melhor fora, sê-lo-iam por pessoas produtivas.

1515. É verdade, que os ricos consomem muitas cousas, de que o pobre operário não saberia, que fizesse; mas tãobem produzir-se-iam menos objectos de luxo, e mais géneros de primeira necessidade.

1516. É portanto erro o imaginar, que o pobre não tem recursos, senão na despesa do rico.

1517. O verdadeiro recurso do pobre existe na sua indústria: para exercer esta indústria não carece dos consumos do rico: carece somente de seus capitais.

1518. Cumpre portanto não olhar indistintamente os consumos úteis em relação à produção, porque só os reprodutivos o são.

1519. É por este erro, que muitas vezes os governos foram levados a favorecer o luxo e a dissipação entre os súbditos.

ANTOLOGIA: PONTOS DE VISTA E FONTES | 243

1520. Se ha hábito, que mereça ser animado tanto nas monarquias, como nas repúblicas, tanto nos grandes, como nos pequenos estados, é a *economia* [= poupança].
1521. Mas a economia não carece d'animação. Basta para a animar não honrar a dissipação e o fausto. Basta respeitar inviolàvelmente todas as sobras poupadas, e os seus empregos, isto é, a *segurança das pessoas e da propriedade e o pleno exercício de toda a indústria não criminosa.* (a)

(a) Eis-aqui a grande mola de toda a prosperidade da máquina social. Sem ela, sem a *segurança* das pessoas e das cousas, e sem a *liberdade,* não pode haver *riqueza,* não pode haver *prosperidade.* Logo o amigo do arbítrio, do despotismo é o inimigo do homem, da sociedade.»

Idem, liv. VII, cap. IV

Para bem compreender o texto que antecede, é preciso reparar em que, por consumo reprodutivo, Ferreira Borges designa o que na terminologia actual é o investimento. A ideia basilar é, pois, a de que o consumo, especialmente o de luxo, não gera o desenvolvimento económico, antes este implica a poupança aplicada em investimento. Tenha-se presente a transcrição que fizemos da *Gazeta* de Soares da Silva, relativa a 1708-1709: a ostentação e prodigalidade eram os valores da classe dominante no Antigo Regime; a esses valores contrapõe a burguesia a poupança e o investimento. Leiam-se ainda os seguintes parágrafos das *Instituições:*

«1537. O luxo, de qualquer género que seja, é sempre um vício político.
1538. O luxo é um grande consumidor, porque faz glória de consumir muito.
1539. O luxo, em regra, destrói as cousas antes de cessarem d'existir; e assim sem haver em nada cooperado para a reprodução.
1540. Nós mostrámos, que o consumo improdutivo, longe de ser favorável à produção e aos produtores, lhes era nocivo: ora o consumo improdutivo abrange a satisfação de necessi-

244 | ESTRUTURA DA ANTIGA SOCIEDADE PORTUGUESA

dades muito *reais*; entretanto o luxo só satisfaz as *factícias*, e destrói, ajuntando pouco ou nada ao bem-ser duns, valores, que, consumidos debaixo doutra forma, teriam poderosamente concorrido ao bem-ser dos outros.

1541. É portanto inexacto o que mil vezes se repete, que as profusões do rico fazem viver o pobre.

1542. As profusões dos ricos só prestam para esgotar os mananciais da produção, os *capitais*.»

Idem, liv. VII, cap. V

A NEGAÇÃO ROMÂNTICA DOS VALORES BURGUESES – GARRETT 1843-1853

O romantismo, se exprime a nova ordem política da liberdade e da constitucionalidade, bem como, pela busca histórica, o princípio das nacionalidades, sob outros aspectos representa uma certa reacção, de valores tradicionais perante a nova sociedade. Na apologia da exuberância fantasista e afectiva opõe-se à mentalidade calculadora e ao espírito empresarial da burguesia, aos valores que este advoga de poupança, trabalho reprodutivo e investimento. Entre nós, Almeida Garrett incarna bem esta contradição do movimento romântico; longe de constituir um dos paladinos da consciência burguesa, levanta-se incansavelmente contra aquilo que melhor sintetiza a mensagem dessa classe que pretendia modelar uma nova civilização: a economia política. Vamos em tantas das páginas garreteanas encontrar a antítese de Ferreira Borges.

No Prefácio de *Flores sem Fructo* ironiza que deixará de ser poeta, e em vez de plantar flores,

«o meu horto vou plantá-lo de luzerna e beterrabas. E arranquemos estas *flores sem fructo*, não as veja algum utilitário que me condene de relapso, a ir, de carocha e sambenito poético, arder nalgum auto-da-fé que por aí celebrem em honra de Adam Smith ou de João Baptista Say, ou dos outros grandes homens cuja ciência é como a do Horatio de Shakespeare

ANTOLOGIA: PONTOS DE VISTA E FONTES | 245

que não vê «mais coisa nenhuma entre o céu e a terra do que as que sonha a sua filosofia.»

E uma nota esclarece:

«São justamente essas coisas de cuja existência não sonha a filosofia humana, as com que não contou, em seus cálculos, esta moderna ciência da Economia Política; ciência que há-de estragar a civilização e o mundo, porque nos lançou no individualismo absoluto e exclusivo, consequência inevitável das doutrinas dos utilitários.

Já se vai percebendo no coração da Europa, não tardará a sentir-se em toda ela amargamente, a fatal verdade desta observação...»

Flores sem Fructo, Novembro de 1843.

«Depois de Adam Smith, que foi do século passado, a Economia Política, desde o princípio deste, degenerou, exagerou-se, fez-se toda material e materialista. Ela fez da agiotagem elemento político, instituiu o sistema feudal dos capitalistas, condenou o espírito a servo da gleba, anulou a inteligência, a moral, a religião, e reduziu tudo neste mundo a cifras. O socialismo e o comunismo são a reacção, são a protestação – violenta quanto quiserem, – não mais exagerada por certo do que a acção que tiveram sobre a sociedade as perniciosas doutrinas da mal-aventurada Economia Política.»

O Arco de Sant'Ana, 2.º vol. (1849), 1.ª ed 1850, nota K.

Ao tema da riqueza volta no esboço de novela em que trabalhava ao morrer. *Helena*. Aludindo a um episódio com que abre o *Gil Blas* (a alma é afinal uma bolsa com dinheiro), escreve:

[O General conde de Bréssac, referindo-se às parisienses:] «aquelas almas estão todas como a do Licenciado... enterradas

246 | ESTRUTURA DA ANTIGA SOCIEDADE PORTUGUESA

na *Bourse*, onde suas altas e suas baixas são regularmente cotadas... almas que já estão ardendo nas caldeiras de Pedro Botelho dos caminhos-de-ferro, penando por oiro, oiro e oiro, que é a mania única da Europa desde o palácio dos reis até o falanstério dos comunistas!

[Visconde de Itahé] E a da América também meus amigos. O mundo foi sempre assim... Aqui está ainda a riqueza em poucas mãos; e algum que tem consciência e pudor pode ainda afastar-se, como eu aqui fiz, para longe das asquerosas oficinas onde se trituram as carnes e as vidas humanas, brancas e negras segundo os países, para fazer delas o oiro, o poder, as riquezas, e que sob a forma de engenhos de açúcar, de manufacturas, de fábricas, de batalhas, são todos o mesmo: feudo de milhares de escravos, sujeitos na miséria ao poder de um homem que a sorte fez rico, poderoso e senhor. Tenho a infelicidade de crer que este destino da espécie humana é fatal, inevitável, irremediável; que se lhe podem mudar as formas e os nomes, outras coisa não. Moderá-lo, suavizá-lo podia o cristianismo, e especialmente a sua mais pura, mais velha e mais perfeita comunhão, a católica. Parece que o não quer Deus... pois permite que por um lado a filosofia regeneradora do século renegue da cruz, seu único estandarte, sua força, sua legitimação e seu poder imenso, e por outro que os sacerdotes de Cristo tomassem medo à Civilização e ao Progresso, à Liberdade que nasceu à sombra dos altares e tarde ou cedo há-de voltar a eles... O dia de Deus ainda não chegou, há-de chegar; mas antes que chegue pressinto grandes calamidades...»

Garrett, *Helena*, 1853.

Os malefícios da «economia política» são ainda denunciados nas *Viagens na Minha Terra*, ao escalpelizar o advento dos «barões» que comeram os frades.

A CIVILIZAÇÃO BURGUESA
IMPLICA A EXISTÊNCIA DO POVO
NA CIDADANIA E NO DIREITO AO TRABALHO

Frente ao Antigo Regime e às suas teimosas sobrevivências, a burguesia necessita que se forme o povo, conjunto de trabalhadores com cidadania, substituindo a tradicional plebe que o clero e os poderosos manejavam a seu belo-prazer, dada a sua miséria e a extensão do desemprego disfarçado e da mendicidade. Por isso, José Estêvão, na sessão de 12 de Março de 1851, combatendo o Governo corrupto e corruptor, diz:

«Fingiram a burguesia atacada e defendem-na, ao mesmo tempo que se corrompem, para se afastarem dela e a oprimirem.

A burguesia é uma classe como as outras. Se tem direitos respeitáveis, tem obrigações que deve cumprir. Adulam-na porque a julgam feliz, lisonjeiam-na para lhe levar o que é dela. Dizem que querem a sua prosperidade e querem mas é o seu dinheiro.

A justiça não é só para uma classe. A humanidade não está na classe média, está no povo que começa no primeiro magistrado e acaba no último cidadão. A burguesia não veio para substituir os senhores feudais e os frutos do trabalho não dão a ninguém o direito de oprimir o seu semelhante. Há muito burguês que nunca trabalhou; há muito proletário que consome os seus dias no trabalho, a quem vós não concedeis sequer os direitos de cidadão. E a esse proletário a quem não concedeis nenhum direito, esmagai-o com impostos. Os géneros que ele consome são os que tributais com mais impiedade porque são os que vos rendem mais. Não lhe dais o voto nas assembleias, não lhe dais assento nos jurados, é um pária entre seus irmãos e não o admitis entre vós porque nasceu no estábulo como Cristo. Sois os fariseus que não consentis que ninguém mais se sente na cadeira de Israel.

Não queremos a escravidão nem a opressão da burguesia, mas não a queremos também opressora nem dominadora.

248 | ESTRUTURA DA ANTIGA SOCIEDADE PORTUGUESA

A burguesia não está na sanção da usura e da agiotagem que se torna forte com o trabalho que não é dela. O trabalho honrámo-lo nós, mas não honramos somente o trabalho feliz e lucroso, honramos a vida laboriosa embora não possa despedir-se nunca da pobreza.

Vós honrais a burguesia, mas é nas palavras fementidas, honrai-la mas não lhe concedeis o voto se não houver dado a bendita esmola do tributo.

Honrais a burguesia, mas é dando indemnizações aos afilhados do dinheiro votado no orçamento para essa burguesia. Honrai-la tirando das alfândegas sem direitos os objectos que vos pertencem para depois serem pagos por todo o povo. Honrai-la fuzilando-a na urna e não a deixando chegar aos colégios eleitorais. Honrais a burguesia riscando-a das listas dos recenseamentos e metendo nelas os vossos proletários.

A Oposição toca pois o governo. Se o conde de Tomar, se o sr. Ávila sisam a receita do Estado, devemos nós por esmolas matar a fome às classes desvalidas. Se as leis são más, se as boas não são cumpridas, a Oposição tem a iniciativa! Por exemplo, tem a iniciativa das incompatibilidades e a maioria a iniciativa da reconsideração. Para que há-de o Governo largar as pastas se as oposições podem pôr em prática os seus princípios sem decreto do executivo ou sem correio atrás? Para dar uma esmola é preciso isso

O povo não quere esmolas insipientes, quere trabalho e meios de o obter. A esmola avilta na ordem social. A esmola é para o que não pode ganhar o pão, é para o que não tem forças; mas o bom governo e só ele é que promove os meios para que haja trabalho para os cidadãos e para que esse trabalho seja profícuo. A caridade é para a ordem religiosa, não é para a ordem política e civil. Os estados não se salvam pelas obras de caridade, salvam-se pelas grandes medidas económicas; porque a caridade deve exercer-se para o inválido e não para o homem robusto, que não a pode aceitar sem desonra.

Não queremos pobres, nem queremos que estes sejam administrados pelos ricos, queremos que ninguém precise. Queremos que se proporcione ao povo o meio de viver com

ANTOLOGIA: PONTOS DE VISTA E FONTES | 249

comodidades, se não com abundância. Não queremos que a burguesia seja privada do que tem, queremos que ao povo se concedam os direitos da burguesia e assim como combatemos ao lado desta contra o roubo da porcelana e outras concussões, combatemos igualmente ao lado do povo para que os direitos da mesma burguesia se realizem estendendo-se a todos os cidadãos, porque a humanidade e a ordem pública assim o exigem.»

Em José Estêvão, *Obra Política*, ed. organizada por José Tengarrinha, t. I, Lisboa, 1962, pp. 126-127.

Assim combatia o tribuno aveirense o último governo de Costa Cabral, Conde de Tomar, que representava a entrega do poder à oligarquia dos «barões». Com esse e outros ataques, e a actuação de Herculano, o Governo seria em breve derrubado, substituindo-se-lhe a Regeneração – mas o fontismo, se por um lado realiza algumas das aspirações burguesas (política de circulação interna, apontada desde 1834 por Ferreira Borges), por outro continua, o predomínio das mesmas forças sociais oligárquicas, desiludindo Herculano.

O PORTO EM 1855 – GEOGRAFIA SOCIAL

Júlio Dinis (1839-1871) é talvez o escritor português do século XIX que, na ficção, melhor exprime a ideologia e a mentalidade burguesa, os valores, que a civilização forjada pela burguesia traz a uma velha sociedade. Enquanto Garrett se lança em objurgatórias contra a «economia política» e o primado das preocupações «materialistas», Júlio Dinis propugna pelas transformações realizadas pela busca da eficiência (como é o caso, relativamente à agricultura, em *Os Fidalgos da Casa Mourisca*) e com base na valorização do trabalho. De mãe inglesa e tendo vivido (como sublinham Óscar Lopes e António J. Saraiva) na atmosfera do *home*, estava por isso melhor preparado do que muitos portugueses para compreender as aspirações dessa classe burguesa, algo marginal ainda no Portugal oitocentista. Portuense (embora arguto observador do campo, como revela *A Morgadinha dos*

250 | ESTRUTURA DA ANTIGA SOCIEDADE PORTUGUESA

Canaviais), deu-nos em *Uma Família Inglesa* (1868, mas começado em 1858) uma análise da morfologia social do Porto de então:

«Esta nossa cidade – seja dito para aquelas pessoas que porventura a conhecem menos – divide-se naturalmente em três regiões, distintas por fisionomias particulares:
A região oriental, a central e a ocidental.
O bairro central é o portuense propriamente dito; o oriental, o brasileiro; o ocidental, o inglês.
No primeiro predominam a loja, o balcão, o escritório, a casa de muitas janelas e extensas varandas, as crueldades arquitectónicas, a que se sujeitam velhos casarões com o intento de os modernizar, o saguão, a viela independente das posturas municipais e à absoluta disposição dos moradores das vizinhanças; a rua estreita, muito vigiada de polícias; as ruas, em cujas esquinas estacionam galegos armados de pau e corda e as cadeirinhas com o capote clássico; as ruas ameaçadas de procissões, e as mais propensas a lama, aquelas onde mais se compra e vende; onde mais se trabalha de dia; onde mais se dorme de noite. Há ainda neste bairro muitos ares do velho burgo do Bispo, não obstante as aparências modernas, que revestiu.
O bairro oriental é principalmente brasileiro, por mais procurado pelos capitalistas que recolhem da América. Predominam neste umas enormes moles graníticas, a que chamam palacetes; o portal largo, as paredes de azulejo – azul, verde ou amarelo, liso ou de relevo; o telhado de beiral azul; as varandas azuis e douradas; os jardins cuja planta se descreve com termos geométricos e se mede a compasso e escala, adornados de estatuetas de louça, representando as quatro estações; portões de ferro, com o nome do proprietário e a era da edificação em letras também douradas; abunda a casa com janelas góticas e portas rectangulares, e a de janelas rectangulares e portas góticas; algumas com ameias e mirante chinês. As ruas são mais sujeitas à poeira. Pelas janelas quasi sempre algum capitalista ocioso. O bairro ocidental é o inglês, por ser especialmente aí o habitat destes nossos hóspedes.

ANTOLOGIA: PONTOS DE VISTA E FONTES | 251

Predomina a casa pintada de verde escuro, de roxo-terra, de cor de café, de cinzento, de preto... até de preto! – Arquitectura despretensiosa, mas elegante; janelas rectangulares; o peitoril mais usado do que a sacada. – Já uma manifestação de um viver mais recolhido, mais íntimo, porque o peitoril tem muito menos de indiscreto do que a varanda. Algumas casas ao fundo de jardins assombrados de acácias, tílias e magnólias e cortados de avenidas tortuosas; as portas da rua sempre fechadas. Chaminés fumegando quasi constantemente. Persianas e transparentes de fazerem desesperar curiosidades. Ninguém pelas janelas. Nas ruas encontra-se com frequência uma inglesa de cachos e um bando de crianças de cabelos louros e de babeiros brancos.

Tais são nos seus principais caracteres as três regiões do Porto; sendo desnecessário acrescentar que nesta, como em qualquer outra classificação, nada há de absoluto. Desenhando o tipo específico, nem se estabelecem demarcações bem definidas, nem se recusa admitir algumas, e até numerosas excepções, hoje [1868] mais numerosas do que então, em 1855.»

Júlio Dinis, *Uma Família Inglesa*. 1868, cap. IV. Ortografia actualizada.

O TRABALHO DOS MENORES NAS FÁBRICAS

Por alturas de 1860-1866

Eis como o jornalista e escritor Silva Pinto (1848-1911), que tanto se bateu pela defesa das crianças como primeira etape na luta contra a iniquidade social, descreve, com base nas próprias recordações, o trabalho de menores numa fábrica de Lisboa, por 1860-1865:

«Foi na minha saída da infância para a mocidade que eu assisti, como filho do patrão – uma espécie de Poder Moderador, – à entrada daqueles infelizes no Sofrimento. Iam as mães

252 | ESTRUTURA DA ANTIGA SOCIEDADE PORTUGUESA

apresentá-los de seis a sete anos, alguns dos rapazitos tão enfezados que diríeis pequeninos esqueletos movidos por mola oculta debaixo dos farrapos. Recusava admiti-los o patrão, mas as mães, ou simples empresárias de enjeitados, alegavam em caramunha – que o pequeno comia por um homem, e que, apesar daquele feitio, era robusto e desembaraçado, e não havia remédio senão ganhar o pão. Precedentes considerações assim humanas, eram admitidos os neófitos da Desgraça.

Distribuía-se-lhes trabalho de sol a sol. Nas horas de descanso iam fazer recados aos oficiais – buscar-lhes o almoço e o jantar a consideráveis distâncias, pelo que recebiam seus pontapés aplicados com a prodigalidade de besta-fera à imagem e similhança de Deus. Dava-me para cismar a satisfação dos homens em maltratar os seus dependentes, e só vinguei orientar-me quando ouvi o caso de certo indivíduo – que comprara um cão para ter alguém em quem bater.

De Inverno, ao romper da manhã, já os pequenitos esperavam, às escuras, debaixo de chuva, ou enregelados pelo frio, que se lhes abrisse o portão da fábrica. Alguns vinham de longe – lembro-me dos que vinham de Belém aos Terramotos. Tinham de levantar-se às duas horas da noite e vir descalços e rotos, tiritando, às vezes encharcados, para chegarem ao toque da sineta e não perderem um quartel. E de seis a sete anos de idade! Era uma fábrica de estamparia e tinturaria pelos processos manuais. Ganhavam os pequenitos 70 réis por dia e davam tinta aos estampadores. Pouco maiores, ganhando 6 a 8 vinténs, lavavam fazendas nos tanques, metidos, desde o romper da manhã d'Inverno, na água à temperatura de 4 graus. Quasi todos os martiresinhos tinham os pés chagados pelas frieiras.

À hora das refeições nunca vi nenhum, deles tomar um caldo. Pão e uma sardinha frita: era o invariável *menu*. Quando as manhãs eram mais frias, eu ouvia-os da minha cama chorar na rua, debaixo da minha janela, à espera de que se abrisse o portão.

*

* *

ANTOLOGIA: PONTOS DE VISTA E FONTES | 253

Já lá vão mais de trinta anos. Acontece-me às vezes encontrar por aí alguns dos pequenitos de então, e reconhecê-los sem dificuldade. Ficaram enfezados – todos. Parecem os esqueletosinhos de outrora, um quasi nada crescidos, e com barbas e cabelos russos. Têem um ar idiota os que o não têem agressivo: são estes os que deram em semi-fadistas, os bairristas de Alcântara. Sei que de há trinta anos para cá deram os governos providências sérias em favor dos menores nas fábricas – nomeando inspectores especiaes que nunca os menores viram, nem eu, mas de cuja existência testemunha o contribuinte. Estes cuidados oficiaes pela sorte dos pequenitos trabalhadores nos estabelecimentos particulares não destoam da vigilância e dos carinhos de que têem sido alvo os menores, em diversas épocas, nos estabelecimentos do Estado. É ver ali a casa da Correição.»

Noites de Vigília, n.º 2. Lisboa, 1896, pp. 35-37.

Orientação de Leituras

1

PENÍNSULA IBÉRICA

Antes de mais, integrar Portugal na Península Ibérica:

a) UMA EXCELENTE INICIAÇÃO GEOGRÁFICA:

Drain (Michel), *Géographie de la Péninsule Ibérique*, Paris, ed. PUF, Col. «Que sais-je?», n.º 1091, 1964; Trad. portuguesa, na «Colecção Horizonte», n.º 1, 1969.

Desenvolvida:
Terán (Manuel de), direcção de *Geografia de España y Portugal*, Barcelona, vários vols. (o V, sobre Portugal, de Orlando Ribeiro, 1954), 1952 ss.

b) DAQUELE GEÓGRAFO FRANCÊS, UMA BOA APRESENTAÇÃO DOS PROBLEMAS ECONÓMICOS:

Drain (Michel), *L'économie de l'Espagne*. Paris, ed. PUF, Col. «Que sais-je?», n.º 1321, 1968.

A desenvolver, por exemplo, com:
Tamames (Ramón), *Introducción a la economia española*, Madrid, ed. Alianza Editorial, Col. «El Libro de Bolsillo», 4.ª ed., 1969.

c) UMA EXCELENTE INICIAÇÃO HISTÓRICA:

Vilar (Pierre), *Histoire de l'Espagne*, Paris, ed. PUF, Col. «Que sais-je?». n.º 275, 2.ª ed., 1952. Trad. portuguesa, na «Colecção Horizonte», n.º 9, 1971.

256 | ESTRUTURA DA ANTIGA SOCIEDADE PORTUGUESA

Introduções menos sumárias:
Ubieto (António), Reglá (Juan), Jover (José Maria), Seco (Carlos), *Introducción a la Historia de España*, Barcelona, 2.ª ed., 1965.

Vives (J. Vicens), *Aproximación a la Historia de España*, Barcelona, 3.ª ed., 1962.

Sobre toda a história, uma obra de base (infelizmente, nada de análogo, nem de longe, para Portugal):

Historia social y económica de España y América, dirigida por J. Vicens Vives, Barcelona, ed. Teide, 5 vols., 1957-1959.

E uma outra, analítica, aparentemente mais restrita, mas magistral e de não menor importância:

Vilar (Pierre), *La Catalogne dans l'Espagne moderne*. Paris, ed. S.E.V.P.E.N, 3 vols., 1962.

d) ENTRE OBRAS ABORDANDO PROBLEMAS DE CONJUNTO:

Entralgo (Pedro Lain), *Una y diversa España*, Col. El Puente, ed. Edhasa.

Vilar (Pierre), *Crecimiento y Desarrollo – Economia y Historia. Reflexiones sobre el caso español*, Barcelona, Ediciones Ariel, 1964.

Chaunu (Pierre), «Les Espagnes périphériques dans le monde moderne», na *Revue d'Histoire économique et sociale*. 1963, n.º 2, pp. 145-182;

«Civilisation ibérique et aptitude à la croissance», em *Tiers--Monde*, t. VIII, 1967, n.º 4, pp. 1093-1110.

Silva (José Gentil da), *En Espagne. Développement économique, Subsistance, Déclin*, Paris, ed. Mouton, 1965; trad. espanhola: *Desarrollo, subsistência y decadência en España*, Madrid, Editorial Ciencia Nueva, 1968.

ORIENTAÇÃO DE LEITURAS | 257

e) COMO HISTÓRIA ECONÓMICA DE CONJUNTO:

Vives (J. Vicens), *Historia económica de España*, Barcelona. Editorial Teide, 4.º ed., 1965.

Klein (Julius), *The Mesta* 1273-1836, Cambridge, 1820. Há trad. espanhola, Madrid, 1936.

f) UM CASO ARCAIZANTE, EM ESTREITA RELAÇÃO COM O NORTE PORTUGUÊS:

Beiras (Xosé Manuel), *O atraso económico de Galicia*, Vigo, Editorial Galaxia, Col. «Alén Nós», 1972. Muito importante para nós.

g) POR ORDEM CRONOLÓGICA DAS ÉPOCAS TRATADAS, EIS ALGUNS DOS PRINCIPAIS ESTUDOS:

Elliot (John H.), *Imperial Spain 1469-1716* (1963), Pelican Books, Harmondsworth, 1970.

Lynch (John), *Spain under the Habsburgs* 1576-1700, Oxford, ed. Basil Blackwell, 2 vols, 1964-1969.

Larraz (José), *La época del mercantilismo en Castilla* 1500-1700, Madrid, 3.º ed., Aguilar, 1963.

Vives (J. Vicens), «Estructura administrativa estatal en los siglos XVI y XVII», (1960), em *Coyuntura económica y reformismo burguês*, 1968.

Hamilton (Earl J.), *El Florecimiento del capitalismo y otros ensayos*, Madrid, Revista de Occidente, 1948.

Viñas y Mey (Carmelo), *El problema de la tierra en ta España de los siglos XVI y XVII*, Madrid, 1941.

Álvarez (Manuel Fernández), *La sociedad española del Renacimiento*. Salamanca, ed. Anaya, 1970.

258 | ESTRUTURA DA ANTIGA SOCIEDADE PORTUGUESA

Pérez (Joseph), *La Révolution des «Comunidades» de Castille 1520-1521*, Bordeaux, Instituí d'Études Ibériques, 1970. Renova aspectos essenciais.

Guilarte (Alfonso Maria), *El Regimen señorial en el siglo XVI*, Madrid, Instituto de Estúdios Políticos, 1962.

Bennassar (Bartolomé), *Valladolid au Siècle d'or. Une ville de Castille et sa campagne au XVI⁵ siècle*, Paris-La Haye, ed. Mouton, 967.

Braudel (Fernand), *La Méditerranée et le monde méditerranéen à l'époque de Philippe II*, Paris, ed. A. Colin, 2.ª ed., 2 vols., 1966. A obra fundamental para todo o século XVI.

Atard (Vicente Palácio), *Derrota, agotamiento, decadencia en la España del siglo XVII*, Madrid, Ediciones Rialp. 2.ª ed.

Elliot (John H.), *The Revolt of the Catalans. A Study in the Decline of Spain 1598-1640*, Cambridge, 1963.

Maravall (José A.), *Teoria española del Estado en el siglo XVII*, Madrid. 1944.

Ortiz (Antonio Domínguez), *Las Clases privilegiadas en la España del Antiguo Régimen*, Madrid, Ediciones Istmo, 1973.;

La sociedad spanola en el siglo XVIII, Madrid, 1955.

Martín (Felipe Ruiz), *La Banca en España hasta 1782*, Madrid, 1970.

Herr (Richard), *The Eighteenth Century Revolution in Spain*, New Jersey, 1958; trad. espanhola: *La Revolución española del siglo XVIII*, Madrid, ed. Aguilar, 1964. Fundamental.

Reglá (Juan), «Spain and her Empire», no vol. V (1648-1688) da *New Cambridge Modern History*, 1961;

ORIENTAÇÃO DE LEITURAS | 259

Introducció a la Historia de la corona d'Aragó, Palma de Mallorca, Editorial Moll, 1969;

Aproximació a la Historia del Pais Valenciá, Valencia, L'Estel, 1968.

Desdevises du Dezert (G.), *L'Espagne de l'Ancien Régime*, Paris, 3 vols., 1897-1904; reed. na *Revue Hispanique*, 1925-1928.

Vives (J. Vicens), *Coyuntura económica y reformismo burgués*, Barcelona, Ediciones Ariel, 1968.

Atard (Vicente Palacio), *Fin de la sociedad española del Antiguo Régimen*, Madrid, 1952.

Carr (Raymond), *Spain 1808-1939*, Oxford, 1966.

Suárez Verdeguer (Federico), *La crisis política del Antiguo Régimen en España 1800-1840*, Madrid, Ediciones Rialp, 1950.

Jutglar (Antoni), *Ideologias y clases en la España contemporanea 1808-1931*, Madrid, Cuadernos para el Dialogo, 2 vols. 1968-1969. Fundamental;

La era industrial en España, Barcelona, 1962.

Aranguren (José Luis), *La moral social española del siglo XIX*, Madrid, Cuadernos para el Dialogo, 1967.

San Migual (Luis G.), *De la sociedad aristocratica a la sociedad industrial en la España del siglo XIX*, Madrid, Cuadernos para el Dialogo, 1973. Caso das Astúrias.

Tortella (Gabriel), Anes (Gonzalo), etc., *Ensayos sobre la economia española a mediados del siglo XIX*, Madrid, Servicio de Estúdios del Banco de Espana, 1970.

Sánchez-Albornoz (Nicolás), *España hace un siglo: una economia dual*, Barcelona, Ediciones Peninsula, 1968.

260 | ESTRUTURA DA ANTIGA SOCIEDADE PORTUGUESA

Rodríguez (Pedro Sainz) *Evolución de las ideas sobre la decadencia española*, *Madrid*, Ediciones Rialp, 1962.

Mallada (Lucas), *Los males de la patria y la futura revolución española (1890)*, Selecção, prefácio e notas de F. Flores Arroyuelo, Madrid, Alianza Editorial, 1969.

Anlló Vasquez (Juan), *Estrutura y problemas del campo español*, Madrid, Cuadernos para el Dialogo, 1966.

Delgado (José L. Garcia) e Muñoz (A. Lopes), *Crecimiento y crisis del capitalismo español*, Madrid, Cuadernos para el Dialogo, 1968.

h) POPULAÇÃO:

Nadal (Jordi), *La población española. Siglos XVI a XX*. Barcelona, 2. ed., 1971.

Nadal (Jordi) e Giralt (Emilio), *La population catalane de 1553 à 1717*, Paris, ed. S. E. V. P. E. N., 1969.

i) EMIGRAÇÃO

Fernández (Jesus Garcia), *La emigración exterior de España*, Barcelona, Ediciones Ariel, 1965.

j) INQUISIÇÃO

Kamen (Henry), The *Spanish Inquisition*, Londres, Weidenfeld and Nicholson, 1965. Trad. francesa: *Histoire de l'Inquisition Espagnole*. Paris, A. Michel, 1966.

k) EXPANSÃO ULTRAMARINA

Além da *Historia social y económica de España y América:*

Parry (J. H.), *The Spanish Seaborne Empire*, Londres, ed. Hutchinson, 1966. Reed. nos Pelican Books.

ORIENTAÇÃO DE LEITURAS | 261

Mesa (Roberto), *El colonialismo en la crisis del siglo XIX español,* Madrid, Editorial Ciencia Nueva, 1967.

l) CIVILIZAÇÃO TRADICIONAL

Há que aconselhar todos os trabalhos de Julio Caro Baroia.

2

PORTUGAL

a) INICIAÇÕES E SÍNTESES

Dispomos hoje de uma síntese de boa qualidade:

Marques (A. H. de Oliveira), *História de Portugal,* Lisboa, 2 vols., 1972-1973; 2.ª ed., 1975. Mais rápida quanto ao séc. XIX, e menos convincente quanto ao salazarismo e caetanismo.

Encontrou-se, e foi publicado, o original português da sumária síntese sergiana que tanta influência teve na trad. espanhola de 1929; aquele é mais completo:

Sérgio (António), *Breve Interpretação da História de Portugal* (posterior a 1929), Lisboa, Clássicos Sá da Costa, 1972.

Não esquecer todavia o grandioso fresco traçado por Oliveira Martins, que forma uma totalidade com as seguintes obras:

História da Civilização Ibérica (1879), 3. ed. 1885; *História de Portugal* (1879), 2 vols., 4.º ed. 1886-1888, completada cronològicamente por *Portugal Contemporâneo* (1881), 2 vols., 3.ª ed., 1894; *O Brazil e as Colónias Portuguezas* (1880), 3.ª ed. 1887; *Portugal nos Mares* (1889), 3.ª ed., 1924 (póstuma, mas mais completa que as duas em vida).

Dicionário de História de Portugal, Lisboa, ed. Iniciativas Editoriais, 4 vols., 1961-67. Direcção Joel Serrão.

262 | ESTRUTURA DA ANTIGA SOCIEDADE PORTUGUESA

b) QUANTO À GEOGRAFIA

Ribeiro (Orlando), *Portugal, o Mediterrâneo e o Atlântico*, Lisboa, ed. Sá da Costa, 2.ª ed., 1933. Aguarda-se com impaciência a edição refundida deste ensaio capital; *Ensaios de Geografia Humana e Regional*, Lisboa, ed. Sá da Costa, vol. l, 1970 (mais dois previstos).

Sérgio (António), *Introdução Geográfico-Sociológica à História de Portugal* (1947), Lisboa, ed. Sá da Costa, 1973. Esta ed. incorpora as correcções e aditamentos manuscritos do autor.

c) QUANTO À ETNOLOGIA (ANTROPOLOGIA CULTURAL)

Dispomos já de um acervo de estudos altamente revelador das nossas cousas e gentes, devido a Jorge Dias, Ernesto Veiga de Oliveira, Benjamim Pereira, Fernando Galhano, etc. É o meritório trabalho dos Centros de Antropologia Cultural e de Etnologia Peninsular. Sem esquecer a grande obra de Leite de Vasconcelos, *Etnografia Portuguesa* (Lisboa, Imprensa Nacional, 5 vols.).

d) POPULAÇÃO

Nenhum estudo ainda utilizável sem extremas precauções para toda a história até o 1.º Recenseamento (1864): o de Soares de Barros (1789) e o de Rebelo da Silva (1868) marcaram data mas não correspondem às exigências actuais. É indispensável ir directamente às fontes, como o numeramento dos fogos de 1527-1531, o cálculo do Conselho de Guerra de 1641, as tabelas anexas à *Geografia* de D. Caetano de Lima (1732), as *Taboas Topográficas e Estatísticas* de 1801, etc. Nenhum bom estudo a partir de arquivos paroquiais (como há tantos lá fora). Uma colectânea de algumas das fontes para os dois terços de Oitocentos:

Serrão (Joel), *Fontes de Demografia Portuguesa 1800-1862*, Lisboa, «Colecção Horizonte», 1973.

Para o século desde o 1.º Censo:

ORIENTAÇÃO DE LEITURAS | 263

Franco (António L. de Sousa), *A População de Portugal*, Lisboa, Boletim do Banco Nacional Ultramarino, 1968.

Silva (F. Marques da), *O Povoamento da Metrópole observado através dos censos 1864-1960*, Lisboa, Centro de Estudos Demográficos, INE, 1970.

Evangelista (João), *Um Século de População Portuguesa 1864-1960*, Lisboa, 1971.

e) EMIGRAÇÃO

Godinho (V. Magalhães), *L'émigration portugaise – Histoire d'une constante structurale* (resumo em *Conjoncture économique, Structures sociales*, Paris, ed. Mouton, 1974), 1973.

Serrão (Joel), *A Emigração Portuguesa – Sondagem Histórica*, «Colecção Horizonte», 2.ª ed. refundida, 1974 (não utilizar a 1.ª).

Bettencourt (José de Sousa), *O Fenómeno da Emigração Portuguesa* [1900-1957], Luanda, Instituto de Investigação Científica de Angola, 1961.

f) CIDADES

Girão (A. de Amorim), «Origens e evolução do urbanismo em Portugal», Lisboa, *Centro de Estudos Demográficos – Revista*, n.º 1, 1945.

Ribeiro (Orlando), artigo «Cidade», no *Dicionário de História de Portugal*, vol. I.

g) ALGUNS ASPECTOS DA LITERATURA, ARTE, PENSAMENTO TEÓRICO E DOUTRINÁRIO, ETC.

Saraiva (António José), *História da Cultura em Portugal*, ed. Jornal do Foro, 3 vols., 1950-1962. Infelizmente só até o ocaso de Quinhentos; a completar com a colectânea:

264 | ESTRUTURA DA ANTIGA SOCIEDADE PORTUGUESA

Para a História da Cultura em Portugal, Lisboa, ed. Europa-América, 1949-1961.

Bataillon (Marcel), *Études sur le Portugal au temps de l'Humanisme*, Coimbra, 1952.

Cidade (Hernâni), *Lições de Cultura e Literatura Portuguesa*, Coimbra, 2 vols., 1948.

Dias (José S. da Silva), *Portugal e a Cultura Europeia – Séculos XVI a XVIII*, Coimbra, 1953;

Correntes do Sentimento Religioso em Portugal (Séculos XVI a XVIII), Coimbra, 2 vols., 1960.

Ricard (Robert), *Études sur l'Histoire Morale et Religieuse du Portugal*, Paris, Fundação Gulbenkian, 1970 (sobretudo o 1.º estudo).

Sobre a arte barroca, todos os estudos de Robert C. Smith. Sobre os solares, os de Carlos de Azevedo e Adriano de Gusmão.

Amzalak (Mosés B.), *Do Estudo e da Evolução das Doutrinas Económicas em Portugal*, Lisboa, 1928. Trata-se de um repertório. Para o estudo das ideias económicas, há que nos reportarmos directamente aos textos dos autores (não obstante a tentativa de Calvet de Magalhães para o mercantilismo). O mesmo no que diz respeito às ideias políticas, salvo quanto a alguns aspectos do século XIX.

Hespanha (António Manuel), «Prática Social, Ideologia e Direito nos Séculos XVII a XIX», em *Vértice*, n.º 340 e 341-2, Coimbra, 1972.

Carvalho (Joaquim de), «Formação da Ideologia Republicana (1820-1880)» na *História do Regime Republicano em Portugal*, Lisboa, 1930.

Serrão (Joel), *Do Sebastianismo ao Socialismo em Portugal*, «Colecção Horizonte», 3.ª ed. rev. e ampliada, 1973.

ORIENTAÇÃO DE LEITURAS | 265

Saraiva (António José), *Herculano e o Liberalismo em Portugal*, Lisboa, 1949.

Carvalho (Joaquim Barradas de), *As Ideias Políticas e Sociais de Herculano*, Lisboa, ed. Seara Nova, 2.ª ed. corrigida e aumentada, 1971.

Sá (Victor de), *A Crise do Liberalismo e as Primeiras Manifestações das Ideias Socialistas em Portugal 1820-1852*, Lisboa, ed. Seara Nova, 1969. Contestável na interpretação (não é período de «crise» do liberalismo mas sim de crescimento) e com deficiências.

Tengarrinha (José), *História da Imprensa Periódica Portuguesa*, Lisboa, Portugália Editora, 1965.

França (José Augusto), *A Arte em Portugal no Século XIX*, Lisboa, ed. Bertrand, 2 vols., 1967-1968. Importante.

A Arte em Portugal no Século XX, Lisboa, 1974;

O Romantismo em Portugal – Estudo de factos socio-culturais, Lisboa, Livros Horizonte, 4 vols., 1974.

Saraiva (António José), *As Ideias de Eça de Queiroz*, Lisboa, 1947.

Medina (João), *Eça Político*, Lisboa, Seara Nova, 1973.

Serrão (Joel), *Temas de Cultura Portuguesa*, Lisboa, t. II, 1965.

Valente (Vasco Pulido), *Uma Educação Burguesa – Notas sobre a ideologia do ensino*, Lisboa, «Colecção Horizonte», 1974. Sugestivo, infelizmente mal arrumado e com lacunas graves (faltam Rodrigues de Freitas, Adolfo Coelho, António Arroio, por ex.). Completar com os estudos de Rogério Fernandes sobre Adolfo Coelho, etc.

h) EVOLUÇÃO POR ÉPOCAS

A bibliografia relativa a Portugal é paupérrima. Só a Idade Média é razoavelmente conhecida, graças a Herculano, Gama Barros, Costa

266 | ESTRUTURA DA ANTIGA SOCIEDADE PORTUGUESA

Lobo, Alberto Sampaio, Jaime Cortesão e, recentemente, Oliveira Marques (a que vêm juntar-se estrangeiros como Robert Durand). Para os séculos da modernidade, continua a ser indispensável partir das fontes e recorrer a obras oitocentistas, como as de Herculano e Oliveira Martins (não esquecer *Portugal e o Socialismo,* Lisboa, 1873).

Godinho (Vitorino Magalhães), *Os Descobrimentos e a Economia Mundial,* Lisboa, Arcádia Editora, 2 vols., 1963-1971;

Ensaios sobre História de Portugal, Lisboa, ed. Sá da Costa, 1968;

Introdução à História Económica, Lisboa, «Colecção Horizonte», 1970 (2.ª Parte).

Boxer (Charles R.), *The Portuguese Seaborne Empire 1415-1825,* New York, ed. Alfred Knopf, 1969. Retomado em livro de bolso, Pelican Books.

Mauro (Frédéric), *Études économiques sur l'expansion portugaise 1500-1900,* Paris, Fundação Gulbenkian, 1970;

Nova História e Novo Mundo, São Paulo, Editora Perspectiva, 1969.

Estranhamente, nem numa nem noutra colectânea figura o importante estudo «L'Atlantique Portugais et les esclaves 1570-1670», publicado na *Revista da Faculdade de Letras de Lisboa,* 1956.

Magalhães (Joaquim Romero), *Para o Estudo do Algarve Económico durante o século XVI,* Lisboa, Edições Cosmos, 1970.

Rodrigues (José Albertino), *Travail et société urbaine au Portugal dans la seconde moitié du XVI*e*,* Paris, Thèse de 3ème cycle, policopiado, 1968.

Sérgio (António), *Antologia dos Economistas Portugueses – Século XVII,* Lisboa, Biblioteca Nacional, 1924; nova ed., Sá da Costa, 1974.

ORIENTAÇÃO DE LEITURAS | 267

As obras de Jaime Cortesão (a edição completa começou a ser feita pela Portugália Editora, e prossegue em Livros Horizonte), em especial *Geografia e Economia da Restauração*, 1940, e o tomo I de *Alexandre de Gusmão e o Tratado de Madrid*, Rio de Janeiro, 1952.

Cintra (Luis F. Lindley), *Evolução das Formas de Tratamento em Português*, Lisboa, 1967, (Da Idade Média à actualidade). Retomado, com outros estudos conexos, em *Sobre «Formas de Tratamento» na Língua Portuguesa*, Lisboa, «Colecção Horizonte». Merecia ser desenvolvido e aprofundado, em ligação com análises sociológicas.

Saraiva (António José), *Inquisição e Cristãos-Novos*, Porto, Editorial Inova, 1969. Sugestivo, muitas vezes incompreendido e mal criticado.

Oliveira (Aurélio de), *A Abadia de Tibães e o seu Domínio 1630-1680*, Porto, Publicações da Faculdade de Letras, 1974. Útil monografia.

Rau (Virgínia), *A Exploração e o Comércio do Sal de Setúbal*, Lisboa, 1951.

Sideri (Sandro), *Trade and Power – Informal Colonialism in Anglo-Portuguese Relations*, Rotterdam University Press, 1970. Do final do séc. XVII ao XX. Importante.

Macedo (Jorge Borges de), *A Situação Económica no Tempo de Pombal*, Porto, 1950;

Problemas de História da Indústria Portuguesa no Século XVIII, Lisboa, 1953.

Santos (Raul Esteves dos), *Os Tabacos – Sua Influência na Vida da Nação*, Lisboa, ed. Seara Nova, 2 vols., 1974.

Godinho (Vitorino Magalhães), *Prix et Monnaies au Portugal 1750-1850*, Paris, S.E.V.P.E.N., 1955.

268 | ESTRUTURA DA ANTIGA SOCIEDADE PORTUGUESA

Marcadé (Jacques), *Une Comarque portugaise – Ourique – entre 1750 et 1800*, Paris, Fundação Gulbenkian, 1971.

Carreira (António), *As companhias Pombalinas de Navegação, Comércio e Tráfico de Escravos entre a Costa Africana e o Nordeste Brasileiro*, Lisboa, 1969. E os outros estudos deste profundo conhecedor das ilhas de Cabo Verde e África Ocidental portuguesa.

Silbert (Albert), *Le Portugal méditerranéen à la fin de l'Ancien Régime – XVIIIe – début du XIXe siècle*, Paris, S.E.V.P.E.N., 2 vols., 1966. Indispensável a todo o estudo da evolução social-económica nos séculos que precederam o liberalismo, na metade sul do país;

Do Portugal de Antigo Regime ao Portugal Oitocentista, Lisboa, Livros Horizonte, 1973. Colectânea de estudos essenciais para conhecer a passagem do Setecentismo para o século xix e evolução deste século.

Santos (Fernando Piteira), *Geografia e Economia da Revolução de 1820*, Lisboa, ed. Europa-América, 1962. Trabalho pioneiro.

Azevedo (Julião Soares), *Condições Económicas da Revolução de 1820*, Lisboa, 1944.

Castro (Armando de), *Introdução ao Estudo da Economia Portuguesa (Fim do Século XVIII a princípio do XX)*, Lisboa, Biblioteca Cosmos, 1947. Nova ed., ampliada e corrigida, com novo título: *A Revolução Industrial em Portugal*, Lisboa, ed. Dom Quixote, 1971.

Pereira (Miriam Halpern), *Livre Câmbio e Desenvolvimento Económico – Portugal na Segunda Metade do Século XIX*, Lisboa, Edições Cosmos, 1971;

Assimetrias de Crescimento e Dependência Externa, Lisboa, ed. Seara Nova, 1974.

Serrão (Joel), *Temas Oitocentistas*, Lisboa, 2 vols., 1959-1962.

ORIENTAÇÃO DE LEITURAS | 269

Castro (Armando de), *A Economia Portuguesa no Século XX*, Lisboa, 1973.

Marques (A. H. de Oliveira), *A Primeira República Portuguesa – Para uma visão estrututral*, Lisboa, «Colecção Horizonte», 1971.

3

FONTES

a) ALGUMAS DESCRIÇÕES GERAIS:

Relazione de Lunardo da Chà Masser, publicada por Peragallo (Prospero), em *Carta de El-Rei D. Manuel ao Rei Catholico*, Lisboa, Academia Real das Sciencias, 1892, pp. 67-98. De 1506.

Fernandes (Rui), *Descripção do terreno em roda de Lamego duas léguas* (1531), em *Inéditos de História Portugueza*, Academia Real das Sciencias, Lisboa, 2.ª ed., 1936, pp. 546-613.

Barros (Dr. João de), *Geographia d'entre Douro e Minho e Tras-os-Montes* (1549), Porto, ed. Biblioteca Pública Municipal, 1919.

Oliveira (Christovam Rodrigues de), *Summario em que brevemente se contem alguas cousas assi ecclesiasticas como seculares que ha na cidade de Lisboa* (1551), reed. por Vieira da Silva, Lisboa, 1938.

Góis (Damião de), *Lisboa de Quinhentos* (1554), texto latino e trad. por Raul Machado, Lisboa, 1937.

São José (frei João de), *Chorographia do Reyno do Algarve* (1577), Biblioteca Nacional de Lisboa, Fundo Geral, Ms. n.º 109.

Leão (Duarte Nunes de), *Descripção do Reino de Portugal*, Lisboa, 1610 (ed. póstuma; o texto data de 1599).

Vasconcellos (Luiz Mendes de), *Do sitio de Lisboa; sua grandeza, povoação e comércio*, Lisboa, 1608.

270 | ESTRUTURA DA ANTIGA SOCIEDADE PORTUGUESA

Oliveira (frei Nicolau de), *Livro das Grandezas de Lisboa*, Lisboa, 1620.

Faria e Sousa (Manuel de), *Europa Portugueza*, vol. III, Partes III e IV – Descripção do Reino de Portugal. Data do Reinado de Felipe III. 2.ª ed., Lisboa, 1680.

Viagem de Cosme de Médicis a Portugal, 1669. Ed. por Angel Sánchez Rivero, Madrid, 1933.

Estat du Royaume de Portugal en 1684, provàvelmente de Colbert de Torcy. Publicado por Serrão (Joaquim Veríssimo), «Uma Relação do Reino de Portugal em 1684», no *Boletim da Biblioteca da Universidade de Coimbra*, vol. XXV, 1960.

Costa (P.ᵉ António Carvalho da), *Corografia Portugueza e descripçam topográfica do Reyno de Portugal*, Lisboa, 3 vols., 1706, 1708, 1712; 2.ª ed., Braga, 1868-1869.

Description de la ville de Lisbonne. Chez Pierre Humbert, Amsterdam, 1730.

Costa (Agostinho Rebelo da), *Descripção Topográfica e Histórica da Cidade do Porto*, Porto, 1789. Contém uma descrição do Minho e Douro.

No final do século XVIII e começo do XIX a Academia Real das Ciências de Lisboa promoveu a elaboração de memórias regionais e locais que constituem manancial inesgotável e de excelente qualidade.

Balbi (Adrien), *Essai statistique sur le royaume de Portugal et d'Algarve*, Paris, 2 vols., 1822;

Variétés politico-statistiques sur la monarchie portugaise, Paris, 1823.

Tomás (Manuel Fernandes), *A Revolução de 1820*. Antologia organizada por José Tengarrinha, Lisboa, ed. Seara Nova, 1974. Contém nomeadamente o Relatório sobre o estado do Reino.

ORIENTAÇÃO DE LEITURAS | 271

Silbert (Albert), *Le Problème agraire portugais au temps des premières Cortès libérales 1827-1823*, Paris, Fundação Gulbenkian, 1968. Publica os cadernos de agravos reunidos pela Comissão de Agricultura.

Monteiro (José Maria de Sousa), *Diccionario Geographico das Províncias e Possessões Portuguezas no Ultramar*, Lisboa, 1850. Contém uma descrição de Portugal e ilhas.

Vogel (Charles), *Le Portugal et ses Colonies*, Paris, 1860.

Freitas (J. J. Rodrigues de), *Notice sur le Portugal*, Paris Imprimerie P. Dupont, 1867.

Silva (L. A. Rebello da), *Compendio de Economia Rural*, Lisboa, Imprensa Nacional, 1868;

Compendio de Economia Politica, Lisboa, Imprensa Nacional, 1868;

Compendio de Economia Industrial e Commercial, Lisboa, Imprensa Nacional, 1868.

Pery (Gerardo A.), *Geographia e Estatistica Geral de Portugal e Colónias*, Lisboa, Imprensa Nacional, 1875.

Costa (Cincinato da) e Castro (D. Luís de), direcção de, *Le Portugal au point de vue agricole*, Lisboa, 1900.

Notas sobre Portugal. Exposição do Rio de Janeiro, Lisboa, Imprensa Nacional, 2 vols., 1908.

Bonança (João), «Geografia e Estatística de Portugal», na *Encyclopedia de Applicações Usuaes*, Lisboa, 1903.

Carqueja (Bento), O *imposto e a riqueza publica em Portugal*, Porto, 1898;

O Futuro de Portugal, Lisboa, 1900;

272 | ESTRUTURA DA ANTIGA SOCIEDADE PORTUGUESA

O Povo Português. Aspectos sociaes e economicos, Porto, 1916.

Brito (Elvino de), *Regime da Propriedade Rural*, Lisboa, Imprensa Nacional, 1900.

Biagioni (C. C. de), *Le Portugal. Aperçus financiers, économiques et statistiques*, Paris, 1909.

Marvaud (Angel), *Le Portugal et ses Colonies*, Paris, ed. Alcan, 1912.

Andrade (Anselmo de), *Portugal Económico*, Coimbra, 1918.

Pereira (José de Campos), *A Propriedade rústica em Portugal*, Lisboa, Imprensa Nacional, 1915;

Portugal Industrial, Lisboa, 1919.

Rocha (Vieira da), *Le Portugal au Travail*, Paris, 1921.

Portugal na Exposição de Sevilha de 1929, 2 vols.

b) FONTES JURÍDICAS

Ordenações Manuelinas. 1512-1513; 2.ª ed. corrigida, 1514. Nova ed., Coimbra, Real Imprensa da Universidade, 5 vols., 1792.

Leão (Duarte Nunes de), *Leis extravagantes, collegidas e relatadas pelo licenciado...*, Lisboa, 1569; nova ed., Coimbra, Real Imprensa da Universidade, 1796.

Leys e provisões que el Rei Dom Sebastião fez. Nova ed., com a Reformação da Justiça de 1582, e outros apêndices. Coimbra, Real Imprensa da Universidade, 2 vols., 1819-26.

Ordenações Filipinas, 1603, 9.ª ed., Coimbra, Real Imprensa da Universidade, 3 vols., 1824.

Systema ou Collecção dos Regimentos Reaes, Lisboa, 6 vols., 1724.

ORIENTAÇÃO DE LEITURAS | 273

Andrade e Silva, *Colecção Chronologica de Legislação Portugueza*, Lisboa. 16 vols., 1854.

E evidentemente as compilações ou sumários da legislação posterior às Ordenações Filipinas, devidas a João Pedro Ribeiro (6 vols., 1805-1820), Manuel Fernandes Tomás (Coimbra, 1815-1819) e Delgado da Silva (1825-1847).

Este aspecto é bastante esclarecido por obras como:

Freire (Pascoal de Mello), *Institutiones Juris Civilis et Criminalis Lusitani*, 1789.

As numerosas obras de Manuel de Almeida e Sousa de Lobão.

Carneiro (Manuel Borges), *Direito Civil de Portugal*, Lisboa, Impressão Régia, 3 vols., 1827.

Telles (J. M. Corrêa); *Digesto Portuguez*, Coimbra, Imprensa da Universidade, 3 vols., 1835.

Importante seria o exame comparado dos Códigos Comerciais – o 1.º, de Ferreira Borges (1833) e o 2.º, de Beirão da Veiga (1888); detectaríamos assim alguns dos traços da evolução da sociedade portuguesa.

c) TESTEMUNHOS DE ESTRANGEIROS

Agentes ao serviço de outros Estados, simples viajantes de esclarecida curiosidade, estudiosos que entre nós estiveram deixaram-nos testemunhos do que observaram e das informações que recolheram, em geral de inestimável valor. Mostram-nos especialmente as condições das comunicações internas, as paisagens, as cidades, os costumes, as produções e toda a economia, traços da mentalidade dos nossos grupos, e dão-nos até insubstituíveis análises da constituição do Estado e da organização social. Citámos já o veneziano Cà Masser, ao abrir o Quinhentismo, o toscano Lorenzo Magalotti,

274 | ESTRUTURA DA ANTIGA SOCIEDADE PORTUGUESA

que descreve a viagem de Cosme de Médicis em 1669, os franceses Charles Vogel e Angel Marvaud, em 1360 e ao implantar-se a República, respectivamente.

Desde o derradeiro terço do século XVII os cônsules franceses redigem pormenorizados relatórios sobre a economia e a conjuntura (Paris, Archives Nationales, B[1] e B[3]).

Os relatos de estrangeiros multiplicam-se desde a época pombalina para cá. Indiquemos apenas, a título de exemplo:

Gorani (conde Joseph), *Portugal – A Côrte e o País nos anos de 1765 a 1767*, Lisboa, Editorial Ática, 1945. Trad., introd. e notas de Castelo Branco Chaves.

Costigan (Arthur William), *Cartas de Portugal 1778-1779*, Lisboa, Editorial Ática, 2 vols., Trad. de A. Reis Machado.

Cornide y Saavedra, *Estado de Portugal en el año de 1800*, Madrid, Academia Real de la Historia, 3 vols., 1893-1897. Particularmente importante.

Lichnowski (Felix), *Portugal em 1842*, Lisboa, Editorial Ática, 1946. Introd. e notas de Castelo Branco Chaves.

Andersen (H. C.), *Uma visita em Portugal em 1866*, Lisboa, 1971. Trad. do dinamarquês de Silva Duarte.

Mas já desde o século XV há importantes relatos: assim, de Jorge Ehingen (1457), Rosmithal de Blatna (1467), Jerónimo Munzer (1494), etc. Apontemos ainda uma descrição de particular relevância:

Colbatch (Reverendo John), *An Account of the Court of Portugal under the Reign of King Pedro II*, Londres, 1700.

Índice geográfico

Abissínia 66, 68
Açores 51, 62, 65, 67-8, 70, 72, 85
África Oriental 62
África Portuguesa 58-9
Alcácer Ceguer 62, 67
Alcáçovas 97
Além-Pirenéus 47, 61, 105, 132, 164
Alentejo 39, 46, 51, 72, 93-7, 154, 187, 214, 216, 231-3
Algarve 65, 72, 85, 88, 90, 95
Almada 42, 51
Almeirim 51
Alter do Chão 96
Alvito 97
Amadora 42
Amieira 96-7
Amsterdão 50
Andaluzia 38, 48, 100, 104
Angola 22, 62, 68, 90, 153, 162, 177
Angra 45, 68
Antuérpia 50, 62
Aragão 38, 93, 100, 158
Argentina 58-9
Arguim 62
Arzila 62, 82
Áustria 148

Astúrias 38, 93, 100, 147, 160
Aveiro 39, 44, 49, 72, 95-6, 158, 161
Ávila 93
Azamor 62, 90
Baghdade 66
Banda 62, 90
Barcelona 42, 159
Bairrada 162
Barreiro 42
Bassaim 62
Beira 39, 46, 72, 94-5, 174, 187, 213, 232
Beira Alta 72
Beira Baixa 72
Beira Litoral 72-3
Beja 49, 72, 78, 96, 161, 165
Belver 96
Bengala 62, 66, 126
Biscaia 38, 93, 100
Braga 39, 42, 44, 46-7, 72-3, 87, 158, 161
Bragança 44, 72, 161, 174, 187
Brasil 22, 26, 35-6, 51-2, 56-64, 66, 68, 70-1, 82-4, 90-1, 104, 107, 123-5, 133, 138, 151, 154, 166, 174, 176, 178-82, 184, 189, 201-3, 230, 240
Cabo da Boa Esperança 62

276 | ESTRUTURA DA ANTIGA SOCIEDADE PORTUGUESA

Cabo de Guer 62
Cabo Verde 62, 65, 68, 70-2, 84, 90, 153
Caldas da Rainha 51
Canadá 59
Cananor 62
Canárias 22, 63, 66
Caramulo 97
Cascais 51, 161
Castela 26, 38, 68, 93, 95, 100, 158, 233-4
Castela-a-Velha 93
Castelo Branco 44, 72, 96, 161, 165
Catalunha 38, 93, 100, 104, 119, 147
Ceilão 90
Ceuta 62-3
Chaul 62
China 51, 53, 62, 90, 126
Chios 63
Cochim 62, 66, 78
Coimbra 39, 42-5, 47, 49, 51, 72, 95-6, 159, 161, 203, 215
Constantinopla 50
Coromandel 62
Coulão 62
Covilhã 42, 187
Crato 96-7
Diu 62, 66
Douro 44, 46, 52, 72, 162, 179
Egipto 158
Elvas 44, 47, 49, 78, 154, 215-6
Entre Douro e Minho 39, 51, 72, 95, 179, 232, 234
Espanha 26, 35-8, 42-3, 47-9, 51, 64, 83, 87, 93, 166-8, 174, 184, 203, 208, 216, 221, 235

Estados Unidos da América 48, 70, 124, 136
Estreito de Meca 35
Estremadura (Espanha) 38, 94, 100, 158, 233
Estremadura (Portugal) 39, 72-3, 94, 213, 232
Estremoz 49
Évora 42, 44, 47, 49-51, 72, 96-7, 161, 165
Faial 65
Faro 44, 72, 161
Filipinas 68
Flandres 35, 51, 194
Florença 50
França 16, 20, 36-7, 59, 71, 88, 102-3, 119, 132, 137, 148, 151, 158, 161
Funchal 45
Gáfete 96
Galiza 38, 93, 100
Gavião 96
Génova 147
Goa 62, 66, 68, 91
Golfo Pérsico 62
Gontijas 97
Grã-Bretanha 20, 36, 48, 77, 102-3, 119, 133, 136, 148
Guadalajara 38
Guarda 44, 67, 72-3, 95, 161, 187
Guardão 97
Guiana Inglesa 58
Guimarães 42, 44, 49, 234
Guiné 21-2, 51, 62, 67-8, 70, 84, 90, 153, 202, 228-9
Idanha 95

ÍNDICE GEOGRÁFICO

Ilhas Adjacentes 45, 55, 70, 72, 182
Ilha de Moçambique 66
Índia 62-3, 68-9, 84, 90, 153, 185-6, 224
Inglaterra 36-7, 75, 119, 147-8, 151, 176-8
Japão 62, 68, 90, 166
Jugoslávia 164
Lagos 49
Lar 66
Leiria 39, 46, 72-3, 96, 159, 161
León 38, 46, 158
Lima 69
Lisboa 26, 35-6, 39, 42-6, 53, 64, 72-3, 76, 79, 81, 84-5, 91-2, 96, 105-6, 108, 122, 139, 145, 160-1, 173, 176, 178, 180, 183, 185, 193, 198-200, 206, 208-9, 216, 227, 229-31, 233, 237, 251
Londres 48, 50, 126, 174, 178
Macau 66, 68
Madeira 51, 62-3, 65, 67-8, 70, 72, 78, 84-5
Madrid 38, 42, 48
Malaca 62, 66
Mancha 38
Maranhão 69
Marrocos 19, 62, 84, 205-6
Mascate 66
Matosinhos 42
Mazagão 62
Mediterrâneo 17, 35
Meseta 37-8, 40, 76, 158
México 51, 69
Mina/S. Jorge da Mina 17, 51, 62

Minho 46, 72, 93-4, 120, 180, 213, 221, 233-4
Moçambique 68, 70, 85, 90, 153
Molucas 35, 62, 90
Mondego 162
Moscavide 42
Múrcia 38
Nápoles 50
Navarra 38, 93, 100, 158
Noroeste de Portugal 72
Norte de África 125
Oceania 58
Olinda 69
Ormuz 62, 66, 68
Oviedo 100
Países Baixos 64, 68
Paris 50
Pedrogão 97
Pedrogão Pequeno 97
Penafiel 46
Península Ibérica 30-1, 76, 89, 148, 158, 255
Pernambuco 60, 64, 72
Pérsia 66, 68
Peru 51, 63, 68-9, 166
Pias 97
Pico 65
Ponta Delgada 45, 68
Portalegre 44, 49, 72, 96, 161, 165
Porto 35, 39, 42, 44-9, 51-3, 60, 64-5, 72-3, 81, 85, 139, 158, 160-1, 173, 175, 180, 183, 194, 233, 249-51
Porto Santo 63, 67
Proença-a-Nova 96
Prússia 148

278 | ESTRUTURA DA ANTIGA SOCIEDADE PORTUGUESA

Recife 69
Ribatejo 46, 154, 162
Rio da Prata 35, 63, 68
Rio de Janeiro 58, 64, 69, 71
Roma 50, 86, 175
Rússia 148
Sáara 84
Safim 62, 66
Salamanca 93
Santa Maria 68, 72
Santander 38
Santarém 44, 48-9, 72, 96, 159, 161, 165
Santiago 65, 87
Santos 58
Santo Tirso 46
São Miguel 68, 72
São Paulo 58, 69
São Salvador da Baía 69
São Tomé 51, 62, 65, 68, 71, 79, 84, 90, 153, 200
São Tomé de Meliapor 66
Sena 66
Senegal 17, 21, 90
Serra Leoa 22, 62
Sertã 96-7
Setúbal 36, 42-4, 47, 49, 96, 159, 161, 165, 233
Sevilha 49, 62, 68-9, 166
Sintra 51

Solor 62
Soure 94
Tavira 44, 49
Tejo 39, 96, 127, 232
Terceira 68
Terra Ferma veneziana 147
Terra Nova 35, 63, 68
Timor 62, 68, 71, 153
Toledo 38, 100
Tolosa 96
Tomar 51, 97, 225, 248
Trás-os-Montes 39, 72, 94, 213
Valada 97
Vale de Lobos 46, 144
Vascongadas 38
Valência 38, 42, 93, 147
Valladolid 93, 159
Veneza 50, 62, 216-7
Venezuela 59
Viana do Castelo 39, 44, 49, 52, 72-3, 96, 158, 161, 179-80
Vila de Álvaro 96
Vila de Oleiros 96

Vila do Conde 49
Vila Nova de Gaia 42
Vila Nova dos Cardigos 96
Vila Real 72, 161
Viseu 39, 44, 48, 72, 95-6, 159, 161

Índice onomástico

Jaime Cortesão 31, 103, 108, 173, 203, 222, 266-7
Malthus 36
René Dumont 36
D. João III 39, 82, 99, 200
Rebelo da Silva 42, 132, 135-6, 143, 262
Amorim Girão 43, 45
Miriam Halpern 44, 152, 239, 268
Angel Marvaud 44, 153, 165, 274
Guerra Junqueiro 45-6
Miguel Torga 45-6
Rodrigues Lobo 46, 214
Alexandre Herculano 46, 60, 92, 131, 137, 142-4, 207, 217, 220, 240, 249, 265-6
Camilo Castelo Branco 46, 61
Almeida Garrett 137, 137, 143, 244, 246, 249
Antero de Quental 143-4
Eça de Queiroz 46, 143
Júlio Diniz 46, 53, 109, 140, 145, 152, 240, 249, 251
Alves Redol 46
Rodrigues Miguéis 46
Augusto Abelaira 46
Sassetti 50, 84-5, 105, 228
Kirk Stone 41
Botero 23

Gil Vicente 23, 46, 51, 76, 94
Damião de Góis 52, 84
Nicolau de Oliveira 52, 64, 85
Pero Vaz de caminha 52
Pedro Álvares Cabral 52, 223
Joel Serrão 52, 261
Alice Canabrava 58
Oliveira Martins 60, 131-2, 135-8, 143-4, 153, 157
Miguel Quina 60
Fernand Braudel 13, 21, 61
D. João II 62, 65, 81
Garcia de Rèsende 62, 64, 69, 84, 107, 198
Costa Lobo 63, 107, 194, 196
Empoli 63
D. Sebastião 66, 78-9, 102, 199, 205
Diogo de Couto 66
G. de Melo Matos 66
João Roiz de Castelo-Branco 67
Gonçalo de Reparaz 69, 166
Van Diemen 69
João Galego 69
Jorge Dias 71, 262
Orlando Ribeiro 71
Fernão Cardim 72
Lindley Cintra 76
António Diniz da Cruz e Silva 77

Pero de Alcáçova Carneiro 78
Freire de Oliveira 78
Álvaro de Brito 80, 196, 198
João Barbato 80
D. Martinho da Silveira 82
Du Verger 82
Duarte Nunes de Leão 84
Thevet 51, 85
Damião Peres 85, 107, 228
João de São José 85
Hamilton 16, 87
Van Linschotten 52, 82-3, 230
Ferreira de Almeida 86
D. Luís da Cunha 86, 93, 177-8, 185, 187, 230
Frei Bartolomeu dos Mártires 88-9
Abade de Mornay 88, 91
Mendes da Luz 89
Gonçalo de Paiva 90
Infante D. Henrique 19, 90
D. Fenando (filho adoptivo do Infante D. Henrique) 90
Jorge de Melo 90
D. Álvaro de Noronha 90
D. João de Castro 90
Luís de Mendonça 90
De Montagnac 91
D. Lourenço de Almeida 91
D. João V 91, 177, 181, 184, 204, 217
Sá de Miranda 94
Severim de Faria 81, 94-5, 121-2, 231, 233
Faria e Sousa 94-5, 215
Coronel Franzini 95, 138, 220
Balbi 95, 270

Bartolomeu Marchione 99
Catanho 99
João Fogaça 102, 205
Veiga Simões 15, 104
Alexandre de Gusmão 104, 127, 181, 185, 191
Juan Reglà 104-5
Filipe II 86, 105, 216
Descartes 105
José Ferrater Mora 105
Nicot 105
J. Pedro Ribeiro 107
João Baptista Bonavie 108
Sebastião José de Carvalho e Melo / Marquês de Pombal 108, 115, 117, 122, 127, 176-7
Prior do Crato 96
Manuel Teixeira Cabral de Mendonça 109
Nuno Daupias 109
José Augusto França 109
José Bonifácio de Andrade e Silva 113
Abade Correa da Serra 114
António Henriques da Silveira 115, 233, 235
Luís Ferrari de Mordau 115, 117-8, 121-2, 128, 218
Domingos Vandelli 115-8, 120-3, 128
Boulainvilliers 116
Sully 116
Henrique IV 116
Colbert 113, 116-7, 270
Luís XIV 116
Boesnier de l'Orme 116
Paul Bairoch 118-9

ÍNDICE ONOMÁSTICO

Mac Adam 119
Michel Morineau 119
Pierre Vilar 119, 149
Francisco Velho 122
Duarte Ribeiro de Macedo 122-3, 127
Conde da Ericeira 122
Mouzinho da Silveira 122, 137, 152
Albert Silbert 123, 138, 152
Moisés Amzalac 123
Acúrcio das Neves 122, 123, 126-8, 143
Azeredo Coutinho 122-6
Silva Lisboa 123
Rodrigues de Brito 122, 125
Adam Smith 127-8, 244-5
Jean-Baptiste Say 127, 244
Sismondi 127
Bacon 127
Bento da Silva 128
Oliveira Marreca 132, 143
Rebelo da Silva 42, 132, 135-6, 143, 262
Rodrigues de Freitas 132, 143, 265
Alphonse de Figueiredo 135
Joaquim António de Aguiar 137
D. Miguel 137
António Sérgio 15, 140
Ávila e Bolama 145, 248
E. N. Williams 148
Desdevises du Dézert 148
Vicencio Palacio Atard 148
Federico Suárez 148
Henry Kamen 148
Vicens Vives 148
Coornaert 148

Bennassar 148
Jacquart 148
Michel Vovelle 148
Le Roy Ladurie 149
Ramón Tamames 150, 152, 159-60
António de Avelar Severino 151
Rodrigues de Freitas 132, 143, 153, 265
Simiand 153
Nogueira (funcionário do banco Ultramarino) 153
Basílio Teles 152, 162
José Estevão 152, 247, 249
Ernesto de Vasconcelos 153
Burnay 153
António Carreira 153
David Gorazzi 155
Andrade Corvo 155
Magalhães Lima 155
Teixeira Bastos 155
Mello d'Azevedo 155
Thomaz Bordallo Pinheiro 155
Anna de Castro Osório (Anna de Castro Ozorio) 155
Raul Brandão 155, 222
João da Câmara 155
Maximiliano de Azevedo 155
Victor Ribeiro 155
Pedro Bordallo Pinheiro 155
Salazar 156-7, 168
Capistrano de Abreu 156
Lúcio de Azevedo 156, 187
Manuel Bello 163
Ribeiro de Carvalho 163
Odette Esteves de Carvalho 163
Dr. Santos Bessa 164
Teixeira Ribeiro 165

Bento Carqueja 165
Marcelo Caetano 168
Henrique de Barros 177
D. Pedro II 174-5, 181
D. João V 91, 177, 181, 184, 209, 2017
Antonil 182
Fr. Gaspar da Encarnação 181
Simonsen 182
António José da Silva (o Judeu) 184, 187
Conde de Vilar Maior/Marquês de Alegrete 184
Visconde de Ponte de Lima 184, 208
Marquês de Marialva 184
Conde de Atouguia 97, 184, 215
Luís Montez Matoso 185
Marquês de Louriçal 185
Jacob de Castro Sarmento 187
Ribeiro Sanches 187
G. Dumézil 191
D. Duarte 98, 191, 193, 196
Joseph Piel (editor) 193
Gonçalves Guimarães (editor) 198
Gaspar Barreiros 199
Rodolfo Garcia (editor) 203
José Albertino Rodrigues 203, 205
Conde de Rio Grande 208
Conde de S. Lourenço 208
D. Filipe de Sousa 208
Conde de Pombeiro 208
D. Luís Inocêncio de Castro 209
D. Mariana de Áustria 209
José Soares da Silva 210, 243
Manuel de Almeida e Sousa de Lobão (jurista) 94, 210, 214

João Pinto Ribeiro 210-1
Moraes 210-3
Barboz. et Tabor. 210
Thomé Valasc. 211
Nunes de Oliveira 213
Carvalho 211, 213
Guerreiro 212-3
A.C. Ribeiro de Vasconcelos 215
Jorge Borges de Macedo 18, 95, 218
Cardeal da Mota 95, 217
Afonso de Albuquerque 224
Padre Fernando Oliveira 225, 227
Frei Amador Arrais 23, 229
Jerónimo Münzer 229-30, 274
Príncipe Felix Lichnowski 230-1
Catão (Catam) 232
Plutarco 232
Estrabão 232
Manuel Valente Fragoso 236
João José Gomes Fontes 236
Manuel de Oliveira Pinho 236
António José Pereira Chaves Valente 235-8
João Pereira de Sousa 237
Gentil da Silva 238
Ferreira Borges 239-41, 243-4, 249
Dr. Whately 241
General Conde de Bressac 245
Pedro Botelho 246
Visconde de Itahé 246
Costa Cabral, conde de Tomar 248-9
Óscar Lopes 249
António José Saraiva 249
Silva Pinto 251

Índice temático

Absolutismo 37, 75, 122, 128-9, 149, 187, 189
Agro-cidades 41
Aldeia 40, 46, 61, 120, 140, 159, 216, 221, 234-5
Antigo Regime 16, 25, 30-1, 47, 50, 52, 65, 75-6, 81-2, 84, 88, 96, 101, 103, 106, 108, 112, 121-2, 129-31, 1238, 140, 142, 147-50, 152, 161, 164-5, 199, 208, 224, 243, 247
Atraso 48, 112, 127, 142, 164
Bacharel 136-9
Bandeiras 62, 68
Barão 136-9
Bens alodiais (ou a prazos) 94, 107
Bens de mão morta 107
Brasileiros 60, 70, 140-1, 250
Burguesia 31, 53, 108, 109, 129, 131-2, 136-44, 150-2, 154, 156, 163, 173-6, 182-3, 187, 190, 196, 215-6, 239-40, 234-4, 247-9
Cabeças de concelho 44-5
Capela 92, 107, 131, 137, 156
Capitalismo 23, 49, 51, 61, 75, 111-2, 140, 149-50
Castiços 107, 143-5

Cavaleiro-mercador 99, 150
Cesarismo 137, 144
Cidadania 24-5, 31, 47, 50, 102, 129, 154, 156, 247
Cidadãos 50, 77-8, 99, 143, 151-2, 154, 157, 234, 249
Cidade 40-3, 46-50, 52-3, 215-7
Cidades satélites 41-2
Classificação administrativa (das cidades) 41, 44-5
Clero 78, 85-9, 93, 100-2, 104, 106, 173, 175, 182, 186-9, 193, 247
Comendas 87, 89, 91-2, 94, 131
Complexo histórico-geográfico 14, 22, 29, 147
Concelhos rurais 42, 44-5, 49, 159
Concelhos urbanos 42, 49
Conurbação 41
Corrente industrialista 113, 128
Cristãos velhos e cristãos novos 64, 82, 105, 184, 226
Critério económico-sociológico (classificação das cidades) 41
Economia agrícola e mercantil 31, 111-28
Economia do capitalismo moderno 75

Emigração 30, 55-9, 61, 63, 70, 72-3, 150, 153-4, 160, 165, 167, 179-80, 234

Enfiteuse / Bens enfitêuticos 93-4, 142

Escravos 51, 64-6, 70, 82-6, 90, 107, 196, 200-2, 207, 224, 226-30, 246

Estados ou Ordens 76, 83, 85-99, 191, 196

Estrangeirados 106, 143-5

Fidalguia 89, 98, 104, 185, 188, 190, 210

Fisiocracia 113, 118, 126, 128

Fontismo 122, 131, 161, 249

Formas de tratamento 76, 81-2, 150

Freguesias rurais 44-5, 159

Gente limpa 98-9, 195

Grau de urbanização 42

Grupos sociais 201-3

Homens bons 77-8, 99, 199

Império oceânico português 49

Jugada 87, 94, 97

Latifúndio e Minifúndio 93-4, 142, 152, 161, 231

Laudémio 94

Marismas 39

Megalópolis 41

Mercantilismo 113, 123-8, 150

Mesteirais 81, 98-9, 194, 196-7

Modernidade 30, 47, 75, 135-6, 143, 156-7, 161, 266

Morgadio 92, 137

Oligarquia fundiário-bancária 140

Ordem clerical-nobiliárquico-mercantilista 140

Pacto colonial 124

Propriedade fundiária 89, 104, 128, 161

Realidade económico-social (cidades) 29, 144

Recenseamento de fogos 49

Réditos ânuos 94

Retornados 59-61

Revolução Francesa 37, 47, 124, 147-8, 157

Revolução agrícola 103, 119-20, 151

Revolução Industrial (primeira) 30-1, 48, 77, 101, 103, 111, 114, 119, 129, 133, 147-8, 164

Revolução Industrial (segunda) 37

Revolução Francesa 37, 47, 124, 147-8, 157

Restauração 35-6, 39, 64, 66, 69, 86, 174, 215-6

Saldo fisiológico 55, 61, 160

Saldo migratório 55

Sector terciário do Antigo Regime 101, 121

Senhorio 68, 96-7, 183, 192, 205, 222

Setembrismo 154

Socialismo 111, 144, 245

Subida longa dos preços 131

Terceiro Estado 80, 96-9, 199

Urbanização 40-4, 47, 150

Vida Nova 154

Vínculos 91-2, 131, 140, 142, 210-1, 213